产业结构软化、生产性服务业与先进制造业耦合研究

刘小军 著

浙江工商大學出版社
ZHEJIANG GONGSHANG UNIVERSITY PRESS
·杭州·

图书在版编目（CIP）数据

产业结构软化、生产性服务业与先进制造业耦合研究 /
刘小军著 . — 杭州：浙江工商大学出版社，2022.1
ISBN 978-7-5178-4686-4

Ⅰ . ①产… Ⅱ . ①刘… Ⅲ . ①产业结构优化—研究—
中国 ②生产服务—服务业—研究—中国 ③制造工业—研究
—中国 Ⅳ . ① F269.24 ② F726.9 ③ F426.4

中国版本图书馆 CIP 数据核字（2021）第 204027 号

产业结构软化、生产性服务业与先进制造业耦合研究
CHANYE JIEGOU RUANHUA、SHENGCHANXING FUWUYE YU XIANJIN ZHIZAOYE OUHE YANJIU
刘小军 著

责任编辑	沈敏丽	
封面设计	林朦朦	
责任印制	包建辉	
出版发行	浙江工商大学出版社	
	（杭州市教工路 198 号　邮政编码 310012）	
	（E-mail：zjgsupress@163.com）	
	（网址：http://www.zjgsupress.com）	
	电话：0571-88904980，88831806（传真）	
排　　版	杭州市拱墅区冰橘平面设计工作室	
印　　刷	杭州宏雅印刷有限公司	
开　　本	710mm×1000mm　1/16	
印　　张	18	
字　　数	286 千	
版 印 次	2022 年 1 月第 1 版　2022 年 1 月第 1 次印刷	
书　　号	ISBN 978-7-5178-4686-4	
定　　价	63.80 元	

天津市哲学社会科学规划资助项目重点项目"产业结构软化、生产性服务业与先进制造业的耦合机制研究"（TJYY19-012）研究成果

前　言

　　本书在文献分析方法基础上，运用产业经济学、发展经济学、区域经济学相关理论，结合我国产业发展的现实，对生产性服务业和先进制造业耦合问题进行较为系统的跨学科研究。本书综合运用定性和定量方法，对产业结构软化相关问题进行了全面梳理；对技术革命和知识经济给产业结构软化带来的新变化进行了阐释；在对生产性服务业和先进制造业耦合进行了全面理论诠释的基础上，对我国产业结构软化和生产性服务业与先进制造业耦合相关情况进行了实证分析。通过上述分析，本书对制约我国生产性服务与先进制造业耦合的因素进行了剖析，并提出了相应的对策。

　　产业结构软化一直是学术界关注的问题，随着以信息技术为代表的新技术加速发展和应用，生产性服务业和制造业耦合成为产业结构软化的高级形态，从而给产业结构带来了新变化，成为推动产业结构优化和高度化的重要力量，本书对此进行了阐释，弥补了该方面的不足。本书以相关研究为基础，从产业结构软化的角度重新审视了新技术革命和知识经济带来的影响，突出强调了"互联网＋"和人工智能在产业结构软化中起到的作用，以及在实践中给我国带来的变化。本课题对生产性服务业与制造业耦合的理论研究进行了全面总结和系统归纳，尤其是对二者耦合的两种机制，即价值链重组耦合和协同集聚耦合两种模式的机理及其对区域经济的影响进行了全面深入的剖析，为相关领域的研究提供了有价值的分析基础。值得一提的是，本书在对上述两种机制的剖析中，凸显了网络技术革命及其应用给生产性服务业和制造业耦合带来的巨大变化，并将其融合在分析过程当中。

生产性服务业和制造业耦合的实证分析，应随社会经济发展的新变化而有新的成果。本书正是基于这一考虑，对我国生产性服务业发展水平、制造业发展水平、生产性服务业集聚对制造业竞争力的影响、制造业结构软化以及生产性服务业与制造业耦合进行了测度或实证分析。这些研究结论，对于相关领域的工作推进，具有一定的参考价值。

在理论分析和实证检验的基础上，本书结合我国社会经济发展现实，分析了制约我国生产性服务与制造业耦合的内部因素和外部因素，并有针对性地提出了对策，因而具有现实意义和应用价值。

目 录

第一章　导论

研究的背景与意义

一、研究背景

伴随着第三次工业革命的结束，21 世纪开始第四次科技革命逐步兴起，这是继蒸汽技术革命、电力技术革命、信息技术革命后的又一次科技革命。技术的巨大进步必然对经济产生根本性的影响，世界经济的格局出现了新的变化，尤其是新的产业不断涌现，原有产业也会因技术的变革而调整或升级，产业结构的改变成为必然。在新技术的驱动之下，产业结构的重心向信息技术产业和知识产业等高附加值的行业倾斜，并逐渐建立起以知识为核心的各产业之间的新关联，从而导致产业结构软化。

所谓产业结构软化，是相对产业结构"硬"度而言的。工业革命以来，在生产过程中，由于技术不断进步，不断由"硬"的机器替代人工，以福特式的生产流水线成为标志的大规模批量生产模式替代了小作坊式的生产，生产效率大大提升。与此相适应，以科学管理为代表的新管理模式出现，这种模式强调"科学"的精确性，以制度代替人的经验，虽然能够有效地排除人为因素的随意性，但却缺乏人性的柔和，充满"硬"度和刚性，本质上有违人性。"硬"的标准化生产模式和管理模式，是以牺牲个性化和人性化为代价的，其结果也必定会带来人性的异化而难以持续。丰田的精益化管理模式虽风靡一时但最终失败就是这方面的典型。

产业结构的软化可以从三个维度来观察。一是从总体上看，服务经济在经济中所占比重越来越大。从 20 世纪后半叶以来，美国服务业在国民经济中所占的比重超过工业，从而率先进入服务社会和服务经济时代，其他发达国家也出现类似的趋势。因此，人类社会由"硬"的工业经济，日益向"软"的服务经济过渡，这种经济总体"服务化"，可以看作是宏观层面的三次产业的结构软化。二是从中观层面看，与生产相关联的生产性服务业呈现两种趋势：其一是独立为新兴的现代服务业，其二是不断内化到生产过程中，且发挥越来越重要的作用，甚至成为关键因素。中观层面的发展趋势，导致了生产性服务业扩张，成为新的"软"产业。而内化于生产过程中的新服务，也使充满机器设备的"硬"生产过程更具有柔性。上述两种趋势共同促使产业结构软化。三是从微观层面，即企业产品角度看，产品中包含的服务越来越多，这可以看作产业结构软化的产品体现。本书所要思考和探索的产业结构软化，主要从中观层面展开，并兼顾其他两个层面。

通常把服务划分为生活服务、生产性服务和公共服务。生产性服务业随着分工细化而成为独立门类的服务业，主要包括金融、物流、信息、中介、广告等。生产性服务业的发展，有力地推动了经济软化，尤其是产业结构的软化。21世纪以来，全球经济逐渐呈现出由工业经济向服务经济加速转型的趋势，生产性服务业也在这一过程中成为促进世界经济增长的重要驱动力。生产性服务业通过改变原有服务业生产和经营方式促使其转型升级，并呈现新的特点和发展趋势。由于技术不断进步，越来越多的服务业开始使用信息技术手段，并借助于网络发展，从而信息化、网络化程度越来越高，出现了服务业的新"硬"化和新"软"化，成为新形式的产业"软化"。与此同时，生产性服务业通过与先进制造业融合，也促进了制造业的"软化"，亦即制造业服务化。通过上述过程，制造业和服务业的边界变得模糊，催生了新的"软硬兼施"的新产业。

1949年以后，通过进口替代和优先发展重化学工业的发展战略，我国形成了较为完备的国营工业生产体系，但受要素禀赋的制约，总体上技术相对落后，效率低下。改革开放以后，经过不断调整，我国制造业发生了巨变，其中变化非常明显的是先进制造业所占的比重越来越高。近年来，我国制造业取得了显著的成绩，实现了由小到大的重大跨越，从制造业产值来看，2010年我国制造业总产值稳居世界第一。但我国的制造业发展存在诸多不足，比如：装备制造业相对落后，信息、服务、技术和管理等软要素投入不足，先进制造业比重不高，竞争优势不明显，从而使得产品的附加值不高，在全球价值链当中，大部分产品处于低端，这也使得我国尚未实现由制造大国向制造强国转变。最近几年，以人工智能为代表的新一代技术正在促使生产和消费逐步发生范式变革，现代服务业与先进制造业融合的内涵和方式发生了深刻的变化，我国制造业，进而是服务业的发展面临双重挑战，也面临新的机遇。

产业软化是通过产业融合来实现的，而耦合是其中最为重要的方式。现代服务业与先进制造业耦合，随着新技术革命，尤其是以计算机技术和网络技术为代表的现代信息技术革命，出现了新变化。如何把握这些新变化，从而有力地推动先进制造业转型、升级和快速发展，并在未来竞争中处于有利地位，以获得更高的附加值，是我们必须要研究的问题。

基于以上背景，本书以产业结构软化趋势及其与生产性服务业与制造业尤其是先进制造业之间的关联为主要研究对象，重点分析产业结构软化的内涵与机理，尤其是在以人工智能为代表的新的技术范式所引领的趋势下，先进制造业与现代服务业耦合的新变化、新趋势、新模式、新途径。研究上述问题，必定会涉及生产性服务业与制造业及其竞争力之间的关系、生产性服务业集聚与制造业产业结构转型升级以及生产性服务业与先进制造业的耦合的动力机制、融合模式，探索二者融合协调发展的路径。

二、研究意义

（一）理论意义

本书从产业结构软化入手，多角度、多层次分析生产性服务业和先进制造业二者之间的互动机制。现有的研究成果大多从生产性服务业和先进制造业的互动及协同发展的角度来进行研究，也有产业结构软化对经济促进作用方面的研究，但是很少对产业结构软化、生产性服务业与先进制造业耦合机制进行研究。因此，本书借鉴物理学中的概念——耦合，来将产业结构软化的进程及其制约因素与生产性服务业和先进制造业的耦合纳入一个整体研究框架，寻求理论分析上的突破。

产业结构软化是生产服务化和经济服务化的结果，这是一个不断深化、不断融合的过程，随着以计算机技术、通信技术和网络技术为代表的信息技术不断进步，并在经济社会中的运用不断渗透和扩展，给经济和社会运行带来了根本性的变化，尤其是催生了新的经济运行的模式，带来了新的产业形态，因而，产业结构软化有了新的内涵，软化有了新的途径和模式，值得进行新的探索和思考，尤其生产性服务业和先进制造业是其中最为核心和关键的驱动力量，因而，具有重要的意义。

耦合是物理学上的概念，是指两个或两个以上的体系或两种运动形式间通过相互作用而彼此影响以至联合起来的现象。生产性服务业和先进制造业显然属于两个体系。制造业所提供的是有形的产品，先进制造业是指生产技术的高端或其产品的高新，或者拥有高附加值，但本质上，其产品是有形的，是看得见摸得着的。与之相反，服务业提供看不见摸不着的无形产品。有形的产品主要通过人类的直观感知来体现其功能和价值，包括基本功能、性能、外观材质等。无形的服务产品的功能和特征要通过人的感知与消费的氛围来同时体现。因此，它们的生产属于不同的体系。

上述两种体系，通过"生产性"服务形成相互作用。服务业和制造业彼此相互关联并作用，是不言而喻的。产业集群和产业集聚，能够很好地分析它们之间的关联。生产性服务业，直接作用和服务于制造业，尤其是先进制造业。因此，它们彼此之间的影响更为全面和深入，进而能够通过融合形成深度的"耦合"。这种耦合，从单向，逐渐到双向，进而演化到彼此共生，最后到完全新的形态，此时，则很难区分其为服务业还是制造业。

以人工智能和5G技术为代表的新一代的技术，本身是高技术、高度知识密集的，是"先进的制造"和"现代服务"的高度融合，其生产环节包含了生产和服务，其提供的服务业包含了看得见的"产品"，并同时借助这种产品提供"服务"。这种新的模式，打破了制造和服务的界限，也打破了有形产品和无形产品的界限。其"耦合"也具有不同的模式和"特征"，其耦合度也呈现不同的内涵，需要不同的方式进行测度。对于这些问题的思考和探索，有利于我们进一步认识生产性服务业和先进制造业的耦合机制，进而能够赋予耦合以新内涵，并通过抽象化和系统化，得出耦合的新途径和新范式，从而为先进制造业和生产性服务业未来的发展方向提供新的思考角度。

本书写作过程中，恰逢新冠肺炎疫情在全球肆虐，不仅重创了各国经济，也从根本上影响了人们的生活方式。尽管其最终结果还难以预料，但对于经济运行的方式，对于创新，对于福利和效用，人们不得不重新思考，对于经济全球化、一体化也需要反思。因此，生产性服务业和先进制造业之间的关系，也会对其"耦合"带来影响。以实证为主流的经济学分析方法，其"只见树木，不见森林"的不足之处也得以放大。通过疫情，需要重新整合人文思想和价值于经济学分析中，从而再度体现规范分析的重要性和意义。因此，从更高层次来审视生产性服务业和先进制造业的耦合机制，就更为必要，也更具有时代的价值。

（二）现实意义

随着技术的不断进步、分工的日益深入，制造业呈现复杂性和多样性，加之生产的全球化和竞争的日益激烈，现代制造业融入了越来越多的生产性服务作为中间投入要素来提高其生产效率，完善其生产保障并最终提高其生产竞争力。反之，现代制造业，尤其是先进制造业的发展大大提升了对生产性服务业的需求，从而加速了生产性服务业的发展。因此，生产性服务业和制造业已进入高度相关和互补的阶段。

但在我国，从实践层面看，我国先进制造业相对落后，生产性服务业，尤其是高技术高知识密集型的生产性服务业发展缓慢、不充分。从两者的相互关联看，生产性服务业对先进制造业缺乏推动力，先进制造业对生产性服务业拉动不足，因而使得二者在经济发展中并没有形成良好互动和融合发展的趋势。因此，从研究角度看，对于生产性服务业和制造业的互动问题，特别是对生产性服务业与先进制造业互动和融合的研究仍处在起步阶段。

为了迎接新技术驱动下的新一轮国际制造业的发展，打造具有国际竞争力的制造业，更好地参与到国际贸易和分工之中，从而提升综合国力、保障国家安全、建设世界强国，国务院正式印发了《中国制造2025》，其中明确提出中国制造业仍然大而不强，在自主创新能力、资源利用效率、产业结构水平、信息化程度、质量效益等方面差距明显，必须通过转型升级和跨越发展，从根本上着力解决我国制造业长期以来存在的产业结构不合理、高端装备制造业和生产性服务业发展滞后等方面的问题。其中，通过积极发展服务型制造和生产性服务业，加快推进制造业服务协同发展，加强商业模式和业态创新，促进生产型制造向服务型制造转变，同时，推动服务功能区和服务平台建设，是最为重要的途径之一。《中国制造2025》以体现信息技术与制造技术深度融合的数字化网络化智能化制造为主线，通过增加现代信息技术以及科技创新等战略对策，增加制造业的中间投入，使制造业产业结构不断优化升级，向"软化"趋势调整，从而获得成本优势、技术创新优势、服务优势、规模经济优势和产业集聚优势。

基于生产性服务业技术创新能力、知识管理能力、知识异质性等层面，与制造业尤其是先进制造业的发展和应用结合，研究二者在多样化和高层次领域进行互动耦合，形成互相作用的螺旋性上升趋势，提升产业结构升级、生产性服务业发展与先进制造业的协同运行效率，对于提升我国制造业产业竞争力具有较强的实际意义和应用价值。

目前，《中国制造2025》计划已实施5年多，在实践中，需要不断发现问题和总结经验。本书的研究成果，有助于该计划的稳步推进，从而为我国经济进一步发展提供新的视角和思路。

第二节 国内外的研究现状

一、关于产业结构软化的研究

现代经济发展的总体趋势是第一、二产业占比下降，第三产业占比上升，并表现为第三产业就业人数的增加。因而，经济从总体上由"硬"的工业经济转变为"软"的服务经济，这是宏观层面的产业结构软化。

产业结构软化，首先是经济活动的软化。马云泽将产业结构软化定义为：在社会生产和再生产过程中，体力劳动和物质资源的消耗相对减少，脑力劳动和知识的消耗增长。与此相适应，由劳动和资本所决定的竞争优势逐渐被知识和技术所取代。所以，"软化"是相对于生产过程中，以资本密集型的生产方式，进而是机械化普遍使用带来的经济活动"硬化"而言的。广义地理解，产业结构软化包括两个层面：对三次产业的软化以及对整个经济体系的软化。就三次产业而言，以对制造业和服务业的软化为主体，对农业的软化虽然也不同程度地存在，但不是本书研究的主要方面。

从要素投入来看，产业结构软化主要表现为软要素投入增加。软要素是和硬要素相对而言的，其中软要素主要包括信息、知识、技术、人才等。产业结构软化，从狭义上来讲，就是指在各产业的发展中，自然资源、体力劳动等硬生产要素的作用日益降低，而知识、技术、服务和信息等软生产要素的作用日益提高，在各产业中的投入量迅速增大；从广义上来说，产业结构的软化表现为产业结构的高技术化、服务化、融合化和国际化。

（一）产业结构软化的内涵与度量标准

计算机包括软件和硬件两个部分，而且，软件部分日益重要，所以，"软化"一词最早起源于计算机领域。1981年，日本的田地龙一郎将这一概念正式用于经济领域的相关研究中。

国内直到21世纪初才开始重视产业结构软化问题，并开始进行相关研究。当时的大背景是知识经济和服务经济得到了广泛关注，而知识或服务，被认为是"软"的产品。2004年，在总结李健和罗肇鸿等人对产业结构软化定义的基础上，马云泽进一步提出了产业结构软化趋势主要表现为产业结构服务业化、高技术化、融合化和国际化，并明确指出，产业结构软化是一个工业时代以物质生产为关联的硬件产业结构向以技术、知识生产为关联的软件产业结构转变的过程，这是社会消费结构变化、经济发展水平提高和科学技术进步的必然结果。他的观点得到了施祥正和吴进红的响应，其关于产业结构软化动力机制的观点，也得到了陈晓涛的赞同，并分别从这四个角度阐述了产业软化演进的趋势，认为产业软化将逐渐从需求层次低的行业向需求层次高的行业演进，从技术含量低的产业向技术含量高的产业演进，从知识密集程度低的行业向知识密集程度高的行业演进，从国际竞争能力弱的产业向国际竞争能力强的行业演进。

在随后的研究中，马云泽在总结当时国内学者研究基础上，进一步规范了产业结构软化两方面的内涵：其一为，在产业结构的演进过程中，软产业的比重不断增加，出现了所谓的"经济服务化"趋势；其二为，随着高加工度化过程和技术集约化过程的发展，对信息、服务、技术和知识等"软要素"的依赖程度加深。在此基础上，他进一步丰富和完善了对产业结构软化的相关研究。他提出了产业结构软化可以通过"前向软化"和"后向软化"两种途径来实现。前者是指通过产业结构高度化，软产业比重上升，硬产业比重下降。后者则是指传统产业的软化，它又分为外延式软化和内涵式软化。外延式软化是指传统产业内部通过调整生产方向，使生产的产品向新型产业转移；内涵式软化是指在硬产业中，产业内部直接从事生产的劳动的比重减少，而研发和信息服务等服务型劳动的比重增大。

为了度量产业结构软化的程度，日本财政部研究和规划司研究委员会构造了两个经济软化度指标。李健区分了产业软化度与产业结构软化度，并且分别提出了产业软化度和产业结构软化度的计算公式。

从上述情况看，很显然，李健的研究借鉴了日本学者的研究。总体来看，软化度的测度比较简单，没有继续在理论上深入展开，因而，对于现实的解释和对产业发展及政策的选择缺乏足够的影响。

随着我国经济的发展，技术不断进步，非物质投入对经济发展的影响越来越大，经济软化、产业结构软化问题再次引起学者们的关注。后续的研究，在软化度测度方法基础上，根据马云泽等人关于产业结构软化对于经济发展的影响的思考，结合定量分析方法，对相关问题进行了验证。2013 年，王然采用软化度指数来分析农业软化度，并以此对中部五省的农业发展与全国进行对比研究。

邓于君和李美云则从需求角度，以实证的方法验证了消费结构软化能够促进产业结构软化。通过对我国以及主要发达国家 1992—2010 年服务业比重与消费结构软化系数的计量分析，他们发现居民消费需求软化传递到供给，即提高收入需求弹性高的产业的占比，从而推动产业结构软化升级。他们的研究，将产业结构软化的研究从定性研究转向定量研究。

（二）产业结构软化的影响

早在 1992 年，国内学者就开始关注产业结构软化对经济的影响。产业结构软化对世界经济总体上的重要影响主要包括四个方面，即提升了发达国家经济发展的质量；对稳定增长起到一定程度的促进作用；对就业结构产生巨大影响，一方面造成了大规模的结构性失业，另一方面也提供了全新的就业岗位；会伴随"产业空心化"风险。产业结构软化与区域经济发展之间的关系也引起了国内学者的注意。产业结构软化从三个方面对我国区域经济发展产生了积极作用。首先，以"软化"的知识密集型产业取代"硬化"的劳动和资本密集型产业，使区域经济主导产业结构软化，有利于区域产业结构高级化。其次，能够促进工业发展，形成多样化的产业分布，进而增加就业岗位，吸纳更多剩余劳动力。再次，能够提升区域产业竞争优势，优化服务贸易结构，增加贸易附加值，从而带动区域对外贸易发展。

近年来，姚婷婷等人利用实证研究方法，将产业结构软化与产业结构合理化、区域经济发展水平结合起来研究，虽然从理论上并未突破马云泽等人前期的研究，但从研究方法上更加完善。他们基于我国省会城市以及直辖市 1985—2014 年面板数据进行实证研究，发现我国的产业结构软化趋势明显，体现在第三产业的比重逐步上升，第一产业的比重逐步下降，但区域之间差异较大，东部城市的产业结构明显比中、西部地区更为合理。

二、关于产业融合的研究

（一）产业融合的起源与内涵

随着产业融合不断深化，学者们对其内涵的认识也在不断完善。

最早关注到融合问题的是美国学者罗森伯格（Rosenberg，1963）。他的研究角度是技术融合。通过对美国机械设备制造业发展演变过程的分析，他发现技术融合对于新技术的形成、发展及扩散都非常重要。借助技术的融合可以使机械的专业化得以顺利实现，同时还能够带来外部经济效应。技术融合对技术进步的推动作用得到了美国麻省理工学院媒体实验室尼古路庞特（Negrouponte，1978）的验证。他的研究表明，在计算、印刷和广播三个技术领域的交叉融合部分是成长最快、创新最多的领域。

技术融合是产业融合的核心，也是产业融合的根本推动力量。沿着这一思路，Gaines 将融合视为新技术不断产生和旧技术不断退出的替代过程。而格林斯坦（Greenstein，1997）和康纳（Khanna，1997）认为产业融合是"为了适应产业增长而发生的产业边界的收缩或消失"，是将某一产业的技术应用到相关产业之中，在此过程中技术不断扩散，并实现融合、创新的过程。在这一定义中，技术融合和产业融合互为因果，携手发展，因而深化了技术融合和产业融合的关系。

首先进行产业融合研究的是布兰德（Brand，1987）。通信技术包含了计算机技术、光缆、无线通信等信息处理技术，随着相关技术的不断进步，伴随着技术的交叉融合，同时也催生了产业融合。通信技术及其相关领域，成为技术融合和产业融合的引领者。后来的数字经济领域，也同样如此。约菲（Yoffie，1997）将融合定义为"在应用数字经济后原来各自独立产品之间的整合"，因此他认为需要制定具有创新性的技术战略来实现产业融合。

随着产业融合趋势日益明显，对产业融合进行定义并揭示其内涵，成为必要的工作。经济合作与发展组织（OECD，1992）将产业融合定义为：产品功能改变而致使产品的供应商或公司组织中间的边界模糊。该定义是从组织机构融合角度来进行定义的，并未就产业融合的"产业"内涵提供更多的信息。欧洲委员会"绿皮书"（Green Paper，1997）认为产业融合是指"产业之间的联盟和合并、技术网络平台以及市场这三个角度的融合"。显然，这一产业融合的内涵，不仅涉及了组织机构的融合，更涉及了通过技术网络平台以及市场来实现产业融合的新途径。阿方索（Alfonso，1998）和塞尔瓦托（Salvatore，1988）对产业融合的定义，其内涵就丰富得多。他们把产业融合划分为互相衔接、彼此促进的技术融合、产品与业务融合和市场融合三个阶段。这三个阶段完成后才能实现产业融合。而且，他们还发现，计算机、通信、半导体以及其他电子产品行业在20世纪80—90年代期间发生了明显的产业融合现象，最为重要的是，产业绩效与产业融合状况存在正相关关系。从这一路径出发，哈克林（Hacklin，2010）等学者将产业融合分为四个阶段，分别是知识融合、技术融合、应用融合和产业融合。柯伦（Curran，2013）将产业融合定义为科学、技术、市场或产业领域之间的产业边界的模糊。

日本学者植草益则从技术创新和产业规制的角度来诠释产业融合。他认为，通过技术创新和放宽管制能够降低行业之间的壁垒，加速产业融合，并促进各行业之间的竞争合作关系。在产业融合的过程中，由于其他企业的进入，会使竞争更加激烈，但产业融合也为企业扩大规模，开发新产品等提供了契机。

我国学者从 2000 年后才开始在借鉴国外相关研究的基础上展开对产业融合的研究。周振华认为产业融合是在 20 世纪 90 年代后，随着信息技术尤其是互联网技术的广泛应用而出现的产业边界模糊甚至消失的一种现象。这种产业融合首先在电信、广播电视和出版等产业出现。李浩和聂子龙指出，产业融合是通过不同产业或同一产业内不同行业之间的相互交叉、融合，并最终形成新产业的动态发展过程。他们特别强调了新产业的形成，以及过程的动态性。同时，他们也明确指出，产业融合是通过产业之间的相互渗透，导致产业界限逐渐模糊。产业融合不是产业间的简单叠加，而是在相互作用的基础上，逐渐融为一体，并焕发出新的生机和活力的过程，因此，产业融合也是推动传统产业改造升级的重要途径。厉无畏和王慧敏则将产业融合方式归纳为高新技术的渗透融合、产业间的延伸融合和产业内部的重组融合三种。詹浩勇明确提到了产业融合是伴随信息化过程而出现的一种重要经济现象，它以技术进步为前提，以业务融合和市场融合为归宿。产业融合不仅使传统产业的边界模糊化和经济服务化，同时促使产业间建立一种新型的竞争协同关系并带来复合经济效益。

（二）产业融合的驱动因素

如前所述，产业融合起源于技术融合，技术是驱动产业融合的重要力量。基于此，学者们对产业融合的驱动因素进行了多方探索。

布罗林（Broring，2007）和莱克（Leker，2007）再次肯定了技术进步在产业融合过程中的关键作用，并得到了近年来希卡 (Sicka，2018) 实证研究的支持。希卡的研究表明，随着技术进步，产业融合过程不断深化，二者之间是正向相关的关系。约菲将产业融合看作技术进步、管理创新及管制放松三者共同作用的结果，显然这一结论已意识到非技术因素在产业融合过程中的重要性。列伊 (Lei，2000) 强调了共同的技术基础是技术融合，进而是产业融合的前提条件，此外，他也发现降低市场准入壁垒能够引发新的商业模式，从而推动产业融合。植草益则认为技术的革新以及互联网的广泛应用是推动信息通信业融合的关键因素。互联网的出现与快速发展并在经济社会中的广泛应用，成为产业融合新动力。

在国内，张磊特别强调了管理创新在产业融合中的重要性。他认为，在电信、广电及传媒产业中，推动产业融合的动力是管理创新，因为通过管理创新才能够促进技术进步和管制放松，进而使他们推动产业融合的力量得以发挥。于刃刚把产业融合归结为跨产业并购、技术创新、宽松型经济规制和战略联盟共同作用的结果。陈柳钦的观点也大同小异，除了强调技术创新和放松管制在产业融合过程中的作用，他还提到了跨国公司的不断发展，以及企业竞争合作的压力和范围经济的追求两个方面的作用。

（三）关于产业融合的实证研究

对于产业融合，除了定性的理论分析，学者们也进行了实证分析。谢康等人以2000—2009年我国31个省（区、市）面板数据为基础，构建了完全竞争和不完全竞争条件下的工业化与信息化融合模型，来实证分析其对经济运行质量的影响。分析表明，工业化与信息化融合对我国转变经济增长方式、三次产业结构调整、GRP电力消费和能耗降低有不同程度的影响。

"耦联"是生物学中的化学反应的概念，指两个或多个实体（或单位）结合形成一个执行一定功能的分子。陶长琪、周璇（2015）借用了这一概念，对我国信息产业和制造业间的融合进行了产业结构升级的空间效应研究。他们认为，区域产业耦联对产业结构优化升级具有空间相关性，并与区域经济发展有一致性；除广东、江苏两省外，我国信息产业与制造业之间的耦联协调度都不理想。因此，我国绝大部分地区，信息产业与其他产业间的融合还较为肤浅，融合的直接效应和外部经济效应未得到充分发挥，信息产业发展潜力还非常大。

陆燕春和张瑾瑜则借鉴物理学的耦合概念构建耦合模型来分析技术融合和产业融合对区域经济的影响。从我国区域技术吸纳效率与产业结构空间特征看，二者耦合水平整体偏低，耦合度与耦合协调度存在空间非对称性，但耦合协调度与区域经济发展水平存在空间对称性。他们的研究验证了技术融合与区域产业发展水平、区域总体经济发展水平之间的密切关系，也为区域经济的发展提供了政策选择上的重要依据。

三、关于生产性服务业的研究

生产性服务业是为制造业，尤其是高端制造业提供服务的产业，它脱胎于制造业内部服务，这些服务内化在制造业的各个生产环节中。当制造业发展到一定阶段，部分制造业企业内部服务逐渐脱离制造业而独立，成为生产性服务业。生产性服务业通常是人力资本和知识资本密集型的行业，能够加速第二、三产业融合发展。

（一）生产性服务业的内涵与分类

1. 生产性服务业的内涵

"二战"以后，以美国为代表的发达国家，其服务业在国民经济中所占比重不断上升，出现经济服务化的趋势，因此对服务业的研究越来越深入，对服务业的分类也越来越清晰，出现了生产者服务业（Producer Services）的概念。该概念由美国学者格林菲尔德（H.Greenfield）1966年剖析服务业分类时提出，在我国学术界，一般使用生产性服务业。

生产性服务和生产性服务业的概念在我国出现较晚，"十一五"规划纲要采用了这一概念后，才被普遍推广，并引起了高度重视，相关研究也越来越多。

从内涵上看，格林菲尔德提出的生产者服务业是相对于最终消费服务而言的，指可用于商品和服务的再生产的市场化中间投入的服务。这一观点后来被国内学者所采纳。程大中（2006）认为对生产者服务业的定义应从内涵与外延两个角度来展开。从内涵上来说是指市场化的非最终消费服务，从外延上来讲是指相关的具体产业（产品）或贸易。显然，程大中的观点吸收了格林菲尔德的成果。

法雷尔（Farrell，1990）和希钦斯（Hitchens，1990）认为对生产性服务业需求的不断增多，是因为市场竞争日趋激烈，导致了差异化产品需求增加。

唐强荣在对生产性服务业的研究进行归纳后指出，生产性服务业的形成是劳动分工、经济发展和竞争加剧等诸多因素共同导致的。他指出，生产性服务业实际上是企业把不具备竞争优势的生产性服务环节分离出去，并与外部生产性服务资源结合后形成的结果。这是当外部交易成本低于内部管理成本时，企业为降低成本做出的理性选择。这一观点受到了科斯交易成本理论的影响，也代表了国内学者的共识。

2007年，我国首次发布了《中国生产性服务业发展报告》。该报告将生产性服务业定义为：为保持工业生产过程的连续性、促进工业技术进步、产业升级和提高生产效率提供保障服务的服务行业。它是与制造业直接相关的配套服务业，是从制造业内部生产服务部门独立发展起来的新兴产业，本身并不向消费者提供直接的、独立的服务效用。

2. 生产性服务业的分类

随着对生产性服务业研究的不断发展，对生产性服务业的分类也在不断完善，并基本上在学术界形成了一致观点。

Browning和Singelmann（1975）从产业关联的角度把生产性服务业界定为向第一产业、第二产业和其他第三产业提供服务的产业，并认为这种服务业可以看作中间投入品。因此，他们把金融、保险、法律、工商服务、经纪服务等专门性服务业看作生产性服务业，并认为具有知识密集型的特征。

Hubbard和Nutter（1982）、Daniels（1985）等人把消费性服务业以外的服务领域看作是生产性服务业，因此，他们把货物储存与分配、办公清洁和安全服务也包括在内，但却没有提及公共服务。

随后，Howells和Green（1986）、香港贸易发展局、马歇尔（Marshall，1987）和伍德（Wood，1987）、科菲（Coffey，2000）等对生产性服务业分类不断进行了探讨和完善。

2015年，我国国家统计局依据《国民经济行业分类》（GB/T 4754–2017），颁布了《生产性服务业分类（2015）》，明确规定了生产性服务业的范围。2019年，根据实践中发现的问题，以及国民经济的实际情况进行了修订，形成《生产性服务业统计分类（2019）》。这一法规把生产性服务业定义为为生产活动提供的研发设计与其他技术服务，货物运输、通用航空生产、仓储和邮政快递服务，信息服务，金融服务，节能与环保服务，生产性租赁服务，商务服务，人力资源管理与职业教育培训服务，批发与贸易经纪代理服务，生产性支持服务，共十个大类，各大类下共有35个中类、171个小类。这一文件为我国研究生产性服务业提供了新规范。随着科技的不断进步，生产性服务业的结构会日益完善，但总体趋势是通过技术融合和产业融合，以延长产业链、提高效率、增加产品的附加值等方式来推动产业结构升级并带动经济增长。

（二）生产性服务业与经济发展

城市能够对服务业进行聚集并产生规模经济、外溢等集聚效应，从而有利于促进服务业发展，尤其是生产性服务业的发展。反过来，生产性服务业的繁荣对促进制造业以及城市经济其他方面的发展具有明显的带动作用。帕斯卡（Pascal，1985）等学者从国际大都市经济结构调整角度出发进行的研究发现，服务业开始逐步取代工业成为推动城市经济发展的主要动力。而哈尔伯特（Halbert，2007）的实证分析表明，各种类型的产业集聚能够引发范围经济，促进生产性服务业快速发展。他以巴黎都市地区生产性服务业地理分布和区位选择为案例对生产性服务业专业化模式和特征进行了实证检验。实证研究结果显示，多中心的产业集聚是欧洲城市经济发展普遍模式，专业化的分工和服务外包发展是都市地区经济发展的重要推动力。

从国家层面来看，生产性服务业和经济增长之间形成了很好的良性互动。

阿莱森（Aslesen，2007）和伊萨克森 (Isaksen，2007) 把高新技术服务看作生产性服务的代表。一方面，高新技术的不断涌现及在生产过程中的广泛使用有利于促进经济增长；另一方面，经济的高速增长又会对高技术提出更高的要求，从而反过来促进生产性服务业的改造升级。伦德奎斯特（Lundquist）和奥兰德（Olander）则通过对过去 30 年瑞典的经济发展历程进行研究发现，不同类型的生产性服务业对于经济发展和经济转型起的作用也不同。基于实证分析，他们得出结论，在近 10 年，生产性服务业对于经济增长的促进作用不断加强，并呈现出显著的上升态势。

随着贸易自由化程度的提升，贸易对于一个国家经济的增长，尤其是对发展中国家经济的增长的促进作用逐渐明显。发展中国家对于服务贸易的管制程度下降，其作用也在日益提升。发展中国家主要进口生产性服务，而生产性服务业贸易正是发展中国家经济发展过程中所稀缺的。霍奇（Hodge，2001）和诺德（Nordas，2001）的实证分析验证了这一点。他们的研究表明生产性服务业贸易开放程度与发展中国家经济增长是正相关的。发展中国家生产性服务业贸易开放程度越高，其国内各行业劳动生产率提升就越高。同时，他们也发现，发展中国家通过开放生产性服务业贸易来提升国内相关行业的劳动生产率的实际效果，受到该国市场化和基础设施完善程度的制约。这也正说明了生产性服务业具有融合其他产业的功能，但融合需要具备制度基础和技术平台的支持。

随着对服务业重要性的认识逐步深入，国内对服务业的研究不断完善，对生产性服务业的研究也取得了很多成果。

李红梅认为生产的专业化、人力资本开发运用、产业结构调整、外部环境的优化是影响我国生产性服务业发展的主要因素，并从政府的角度提出了应对的策略。

钟韵和阎小培从生产性服务业与区域经济发展的角度进行探讨。他们认为，国内经济发达地区的生产性服务业在地区经济增长中发挥了应有的作用，甚至作用非常明显，尤其在大城市中更为如此，而且生产性服务业还会对区域经济产生其他方面的重要影响。总体来看，我国生产性服务业的重要性和作用随着国民经济的发展以及国民经济结构的变化而不断得以体现，并具有较大的发展潜力。郑吉昌和夏晴在探讨浙江先进制造业基地建设时，借鉴国内外的研究成果，对我国生产性服务业与经济发展之间的关系从生产性服务业与社会化分工、生产性服务业与现代产业价值链、生产性服务业与现代经济增长三个方面进行了较为全面系统的分析，并重点探讨了生产性服务业对经济增长的作用路径和机理。

随着对生产性服务业研究的深入，国内对大力支持生产性服务业发展达成了共识。政府在制定国家"十一五"规划时将生产性服务业作为推动我国产业结构升级的战略重点，并作为新一轮对外开放的重点领域。2007年，国务院发布了《关于加快发展服务业的若干意见》（国发〔2007〕7号），将发展生产性服务业正式纳入国家战略，同年，出版了国内第一本《生产性服务业发展报告》，标志着生产性服务业的研究进入了新阶段。

杨玉英定量分析了生产性服务业对我国经济增长的作用，主要通过技术进步与创新、分工深化、产业集聚和地区发展环境改善四个方面来逐步实现，而后两个方面是以往学者很少强调的。她特别指出，需要通过持续对生产性服务业的支持，才能够使其上述四个方面的作用得到充分发挥，从而推动区域经济发展。

随后的研究，偏用实证方法，研究的问题也越来越深入和具体。

刘丽萍运用生产函数和空间计量模型对我国2009—2011年生产性服务业与经济增长的相关性进行了分析。尽管样本数据时间段太短，影响了研究结论的可靠性，但其对研究方法方面的探索，具有借鉴意义。

席强敏等人则对城市在选择不同类型的生产性服务业部门问题上进行了探讨。生产性服务业主要分为专业化生产性服务业和多元化生产性服务业两种类型。规模大的城市，应该选择发展多样化生产性服务业部门，相反，规模小的城市应该选择发展专业化生产性服务业部门。同时，生产性服务业专业化程度低而多样化程度高的城市对周边城市工业劳动生产率提升的空间溢出效应越强。

四、关于产业集聚的研究

产业集聚是指在某一个区域内同一产业高度集中的现象。产业聚集往往伴随着产业资本的聚集。本书主要介绍生产性服务业集聚和先进制造业集聚。

经济学家马歇尔早在1890年就关注到了产业"集聚"情况，并分析了其形成的深层次原因和其产生的"外部效应"，为外部规模经济理论奠定了基础。韦伯的区位集聚论、熊彼特的创新产业集聚论、E·M·胡佛的产业集聚最佳规模论，都是对马歇尔产业集聚理论的进一步发展。克鲁格曼（Paul Krugman，1991）指出产业集聚不仅会形成知识和技术的外溢、劳动力市场的共享等外部经济的效应，而且还通过促进上下游企业的集中，进而推动产业集聚的竞争优势逐渐变成为所在区域经济发展的竞争优势，推进该区域的发展，从而深化了马歇尔的产业集聚外部经济效应。迈克尔·波特（Michael E.Porter，1999）在其著名的"钻石模型"中，融入了产业集聚理论，他认为产业集聚有助于地区或国家的产业国际竞争力的提升，并保持或提升该区域的经济增长速度。

产业集聚一直是国内学者重点关注的一个领域，并将产业集聚划分为自发成长型产业集聚、企业扩张型产业集聚、市场带动型产业集聚、科技驱动型产业集聚及外资带动型产业集聚五种类型。

随着实证研究方法的不断丰富和完善，关于产业集聚的研究也不断深化。张宇和蒋殿春以 1999—2005 年 21 个制造行业的数据为基础的实证分析，表明了外资对我国高新技术产业的集聚有显著的影响，但对非高新技术产业的集聚影响有限。他们的研究验证了马歇尔、克鲁格曼等人的结论，即越是技术水平高的行业，存在的知识和技术外溢越多，而且由于它们包含更多非正式的知识和技能，甚至非技术性的"软诀窍"，借助于产业集聚，能够得到很好的扩散，从而形成集聚的良性循环。

基于 E·M·胡佛的产业集聚最佳规模论，朱天星等学者提出要避免产业在空间上过度集聚导致降低资源的利用效率的负面效应。这表明国内学者已开始注意产业集聚并不是规模越大越好。

产业集聚与区域竞争力之间的关系也一直是国内学者关注的重点。李爱真的研究表明河南省产业集聚和区域竞争力之间存在着正向互动效应，但依然有提升的空间，并提出了诸多建设性的建议。

（一）生产性服务业集聚

从本质上来看，技术融合是生产性服务业的前提，而且这些服务业本身就是知识或技术密集型，甚至是智慧密集型，其聚集的外部经济效应更为显著，因此，生产性服务业更容易形成集聚，或者说生产性服务业集聚是一种高层次的产业集聚。

亨德里克斯（Hendriks，1999）研究分析了通信科技和电子商务等生产性服务业集聚的外部经济效应。这些产业的集聚，可以有效增加信息沟通的渠道、优化生产和交易的流程，进而降低信息不对称程度，使得整个经济的运行效率得到提高。因此，通信科技和电子商务产业的发展，不能仅仅关注这些产业本身所创造的价值，更应该从提升整体经济运行效率角度来衡量它们的作用。他的研究结论在如今"互联网＋"产业快速发展的时代，得到了充分的验证。

埃斯瓦瑞（Eswaran，2002）和克特威（Kotwal，2002）则是从提高地区的劳动生产率来展开分析的。他们指出，通过改善地区投资经营环境、加强厂商之间的技术交流与合作、吸纳高素质专业性人才向本地区集聚等途径，生产性服务业的集聚促进了区域劳动生产率提升。把产业集聚作为区域投资环境之一，确实值得借鉴。

阿莱森和伊萨克森则更强调城市在产业集聚方面的优势。生产性服务业集聚有利于促进高新技术的产生，能够推进城市化进程，促进经济增长；反之，城市经济的增长和规模扩大又会催生更多高新技术产生需求，从而加速生产性服务业的集聚和升级。他们的结论得到了伍特·雅各布斯（Jacbos，2014）等学者的验证。伍特·雅各布斯等人对荷兰兰斯塔德地区的商业服务业与跨国公司之间的关系进行考察。通过分析发现，商业服务业集聚与跨国公司集聚之间存在共同集聚的关系，反之，较为分散而非集聚的商业服务业则很难引发跨国公司的集聚。因此，高端生产性服务业在进行区位选择时应优先定位于经济发达的大城市，以便同上下游关联的诸多产业形成集聚，进而同时实现规模经济，并在与跨国公司总部的直接联系中通过共同集聚获得更多的外部经济利益。

国内学者对于生产性服务业的集聚研究多以产业集聚相关理论为基础。魏锋和曹中研究了我国不同区域生产性服务业与经济增长之间的关系。东部地区的经济增长促进了生产性服务业的发展，反之则不然；而在中部地区，二者不存在因果关系；西部地区的经济增长情况与东部正相反。这说明在东部地区，生产性服务业的潜力还没有得到应有的发挥，而西部地区由于生产性服务业城市集聚度更高，因而能够有效促进经济增长。生产性服务业集聚作用要通过知识扩散进而提升经济总体效率的外部经济来体现，但这很难通过经济增长得到实证的测度，尤其以省级数据为基础进行定量测度，还存在一定困难。

从城市层面定量分析生产性服务业集聚的外溢效应更为可靠。顾乃华通过多层线性模型分析了生产性服务业集聚对生产性服务业自身和整个经济部门的外部经济效应，其结果表明，通过知识扩散效应、劳动力蓄水池效应、投入品共享，以及风险投资分散效应、竞争效应等方面的作用，产生了明显的技术溢出效应，从而提升了城市工业的全要素生产率。可见，在城市层面，生产性服务业的集聚作用更为显著，宣烨的研究也验证了这一结论。他的研究表明，生产性服务业空间集聚可以通过竞争效应、专业化效应和外部性等空间外溢效应降低制造业交易成本，进而提升了区域制造业效率。

（二）先进制造业集聚

先进制造业具有技术密集型和知识密集型特征，因此，其集聚除了传统意义上生产相同或相似产品的先进制造业企业在一定区域空间范围内的集聚外，还特别注重研究机构等服务机构的聚集，从而形成了集研究、生产于一体的网络，提高了生产效率，这样的产业集聚是高层次的集聚，更能够体现集聚的优势和作用的发挥。

唐纳德（Donald，1992）采用现场访问的调查分析方法对加拿大先进制造业的集聚途径和方式进行了研究，得出了先进制造技术转化成产品的过程是实现先进制造业集聚的主要途径。这一结论强调了技术转化为产品的核心地位，正是在这一转化过程中，产业得以集聚。

发展中国家和地区由于技术和经济发展水平的制约，在接受发达国家先进技术转移或在本国形成先进制造业集聚过程中，其先进技术转移推行路径及方式必须以一定的技术基础和相应的人才储备为条件。埃夫斯塔希亚德斯（Efstathiades，2000）等学者就此问题进行了研究。大冢（Otsuka，2010）等日本学者的研究表明，产业集聚对日本的制造业和非制造业的生产效率都有正向作用。

张益丰和黎美玲把生产性服务业集聚与先进制造业集聚显著的良性互动作用称为"双重集聚"，与此同时，伴随着专业人才集聚。考虑到地区差异，在促进先进制造业集聚的策略选择上，我国东部地区应重点发展交通运输业和金融服务业，而中西部地区则应优先发展商务服务业和交通运输业。

生产性服务业与制造业会形成协同集聚，对其协调程度可以进行水平测度。陈晓峰和陈绍锋对我国东部沿海地区的相关情况进行了测度，进而分析表明，生产性服务业集聚和制造业集聚自身都具有明显的路径依赖特征，同时二者对彼此都会形成一定的阻力作用。两者协同集聚对区域经济增长、产业专业化分工水平和产业优化升级都具有正向促进作用。

五、关于产业竞争力的研究

在市场经济制度条件下，企业之间存在竞争，且有利于提升经济效率。产业之间的竞争一般是从区域内或者国家之间来探讨的，更多的是从国家之间，也就是国际范围内来进行分析的，所以，产业竞争也可以认为是国际产业竞争，因此，产业竞争能力，即产业国际竞争力就十分重要。基于此，可以把产业竞争力界定为某一国或某一地区的特定产业相对于他国或地区同一产业在生产效率、满足市场需求和持续获利等方面所表现出的竞争能力。

通过两相比较，竞争才有意义。当某一方较另外一方在产业竞争方面的能力更强，就称之为具有产业竞争优势；反之，则不具有产业竞争优势。产业竞争优势要通过产业生产的产品、企业及产业的市场实现能力体现出来。

（一）产业国际竞争力的内涵及理论的发展

产业竞争力（Industrial Competitiveness）通常是指产业的国际竞争力，是美国哈佛商学院的迈克尔·波特在《国家竞争优势》一书中提出的。他强调国家产业竞争力是一国国际竞争力的核心。依据以国内经济结构、价值观、文化、制度、政策等多种因素为基础的产业竞争力，才能最终形成综合性的国家竞争力。

波特的国家竞争优势理论，可以用如下"钻石模型"加以描述，如图1-1所示：

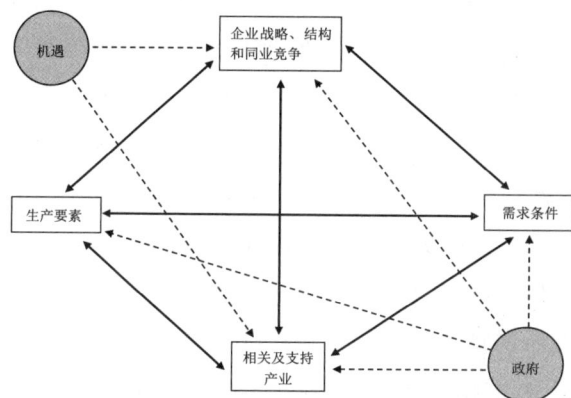

图 1-1　国家竞争优势的"钻石模型"

波特认为，一国的竞争优势由四个主要因素和两个辅助因素相互作用形成。四个主要因素包括一国的生产要素，需求条件，相关及支持产业，企业战略、结构和同业竞争；两个辅助因素分别是政府行为和机遇。四个主要因素和两个辅助因素相互作用，共同构成一个整体并决定产业竞争力水平进而是国家竞争优势的高低。因其描述的框架图近似于钻石的形状，故称之为"钻石模型"。该模型已广泛应用于国家间以产业竞争力为基础的竞争优势的分析。

在"钻石模型"的基础上，形成了竞争力过程理论，以及形式多样的定量分析。

竞争力过程理论强调竞争是参与竞争各方基于自身条件持续相互发生作用的过程。因此，产业国际竞争力可以看作是竞争力资产与竞争力过程的统一。竞争力资产分为固有资产和创新资产两类。一国或区域所拥有的土地、矿产、河流、森林等自然资源是产业竞争固有的基础，因而称为产业固有资产；而基础设施、制度环境、技术水平等是经过一国创新而形成的有利于产业竞争的资产，因而称之为创新资产。这两类资产若处于静止状态，均不能直接获得经济利益，也不能转化为竞争力。资产必须要通过生产、物流、营销等动态的方式，将其转化为产品，并通过竞争获得利润，形成经济结果，才能获得竞争力。一国产业所生产的产品能够比其他国家在国际市场占有更大的市场份额，获得更多利润，就获得了更强的市场竞争能力，具备了更强的产业国际竞争力。

在定性分析的基础上，对产业竞争力理论进行了大量的定量分析。在分析过程中，通常用显性指标和分析性指标来作为产业竞争力评价指标。显性指标是指市场占有率和利润率等能够直接反映产业竞争力水平高低的指标；分析性指标是指产业获得竞争力的直接或间接根源。反映生产率和企业营销管理效率等方面的因素属于直接根源，而波特的"钻石模型"中的四个主要因素属于产业获得竞争力的间接原因。

传统的产业竞争力研究都是截取产业发展的某个横断面作为研究对象的，属于静态分析，这与产业竞争是一个动态过程不相适应。因此，有学者试图从产业发展的角度，动态研究产业发展各阶段的竞争力。波特基于营销学的产品生命周期理论，提出了产业竞争力发展的要素驱动阶段、投资驱动阶段、创新驱动阶段和财富驱动阶段的"四阶段理论"。这四个阶段并非严格遵循依次递进的规律。

（二）产业国际竞争力的影响因素

从不同角度进行分析，可以得出影响产业国际竞争力的不同因素。早在 1966 年，弗农（Vernon，1966）就从动态的角度，指出一国某一产业具有的国际竞争力水平取决于其产品所处生命周期的阶段，但通过技术创新可以适度延长某一产业的产品生命周期，从而提高该产业的国际竞争力水平。

如前所述，迈克尔·波特的"钻石模型"强调了生产要素，需求条件，相关及支持产业，企业战略、结构和同业竞争四方面是影响产业国际竞争力的主要因素，而政府行为和机遇是两个辅助因素。

马吕斯·贝德纳雷克（Mariusz Bednarek，2014）和胡安·卡洛斯·内里·古斯曼（Juan Carlos Neri Guzmán，2014）就特定产业竞争力的影响因素进行了分析。这些影响因素尽管复杂多样，但核心因素依然是国际市场环境、国家政策、区域内的要素禀赋、技术状况等，因此，并未突破波特的"钻石模型"的范式。

金碚认为，产品的成本和产品的差异性是决定产业国际竞争力的两个主要直接因素。樊纲的观点大同小异，既强调了成本，也强调了质量。陈卫平认为产业国际竞争的实质是生产能力和盈利能力的国际比较。

刘克逸特别强调了人力资本对产业发展和产业国际竞争力的重要性，尤其在高新技术产业的竞争中起着决定性作用。程惠芳等人证实了国家创新体系与企业国际竞争力存在显著正相关关系。创新投入、创新制度、环境、创新公共基础条件、创新主体联合合作程度五个方面是国家创新体系的基础。他们的研究表明，创新投入和创新环境对企业国际竞争力至关重要，而进一步细分，则发现公司间的技术合作、研究开发的资金支持、知识产权保护对企业国际竞争力的影响最为明显。

在波特"钻石模型"基础上，杜庆华实证分析了产业集聚对我国制造业国际竞争力的影响。产业集聚有利于我国制造业国际竞争力的提升，但是各细分行业集聚程度大小及其变化存在明显的差异。杨丹萍和毛江楠基于1999—2008年我国15个制造业行业的面板数据进行的研究表明，绝大多数的制造业产业集聚与对外贸易国际竞争力有正相关关系，其中电子及通信设备、仪器仪表和文化办公用机械、黑色金属冶炼及压延加工三个行业尤为显著。

陶金国等人（2015）对国内23个省市航空航天器制造业的实证分析结果表明，科技创新因素，包括新产品开发经费、销售利润率、R&D机构经费支持、R&D经费政府资金等与创新绩效呈现显著的正相关，是决定产业竞争力最为关键的因素。邱晓兰等（2015）基于2000—2011年26个国家的面板数据的实证分析表明，影响造纸产业国际竞争优势的基础因素是纸浆，劳动力资源的数量和质量非常重要，国际需求条件是决定造纸产业国际竞争力的关键因素。

六、关于生产性服务业与制造业耦合的研究

前面已介绍生产性服务业和制造业可以进行融合，从而使制造业软化。产业软化是通过耦合来实现的，耦合则是产业融合和软化的基础。

生产性服务业是从制造业中剥离出来的，并能够促进制造业的发展，进而推动经济增长。威尔弗雷德（Wilfred，1982）把生产性服务业视为中间投入品，将其引入经济增长模型，以此来解释生产性服务业促进制造业和经济增长的原理，并进一步探讨了生产性服务业贸易的积极意义。德雷克·切廷达马尔·卡科梅利奥卢（Dilek Cetindament Karaomerioglu，1999）和博·卡尔松（BoCarlaaon，1999）则认为，生产性服务业和制造业尽管已经互相独立，但依然与制造业紧密相关，并给予制造业有力的支持。生产性服务业与提升制造业竞争力之间存在正相关性也通过服务业特别是服务贸易与制造业竞争力之间的关系得到验证。弗朗索瓦（Francois，2008）和乔尔兹（Woerz J，2008）通过OECD国家1994—2004年的面板数据证实了这一点。葛鲍尔（Gebauer，2012）等人认为制造业服务化也可以理解为服务驱动了制造业发展，或者成为服务驱动型制造业，并指出制造业服务化有利于制造业的良好发展。

上述研究，更多是从生产性服务业和制造业之间的关系和作用进行宏观的分析，而且，这种关系也基本上是单向的，强调生产性服务业对制造业的作用，很少进行反向的探索。

顾乃华把生产性服务业与制造业的关系归纳为"需求遵从论""供给主导论""互动论"和"融合论"四个方面。"需求遵从论"强调制造业是生产性服务业发展的前提和基础，生产性服务业发展需要依托制造业的发展。显然，制造业是"主"，生产性服务业是"次"。"供给主导论"则相反，认为服务业尤其是生产性服务业是"主"，制造业是"次"，前者是后者生产率得以提高的前提和基础，前者主导后者的发展。"互动论"则认为生产性

服务业和制造业二者不分主次,相互促进、相互依赖,呈现共同发展的互动关系。从"互动论"角度看,生产性服务业和制造业之间仍然有着明显的界限。"融合论"认为生产性服务业与制造业二者之间的界限逐渐模糊,并出现融合发展的趋势。

我国学者对生产性服务业与制造业的耦合进行了大量的分析与研究。张沛东通过构建耦合协调度模型,以 2006 年的数据为依据,分析了我国29 个省市区生产性服务业和制造业的协调发展程度,研究结果表明中国省域"制造业—生产性服务业系统"的协调程度还处于中低水平,大部分省份的生产性服务业水平不高。

周鹏等人(2010)从生产性服务业如何推动制造业价值链攀升这一角度展开研究,指出生产性服务推动制造业价值链攀升和竞争力提升的途径是深化分工、降低内部成本和促进创新。高觉民与李晓慧通过实证研究,分析了我国生产性服务业与制造业的互动关系,发现不论是从整体上还是从细分行业来看,二者之间都存在良好的互动关系。包先建和史一鸣(2013)通过建立高技术服务业和装备制造业两个产业的耦合熵模型分析了这一系统的运行机制,其分析结果显示,通过适当的外部干预施加在阀点值附近可以触发产生系统突变,并且从理论上来讲,可以主观引导该耦合系统向高度耦合的路径方向运行,使该耦合系统实现系统涌现并进入可持续发展的轨道。李秉强从动力层面实证分析了影响制造业与生产性服务业耦合的因素,并基于构建的耦合协调度模型,考察了不同类型的制造业与生产性服务业的协调程度,结果表明:东部地区的制造业与传统生产性服务业处于勉强协调状态;中部不同类型的制造业与现代型和传统型生产性服务业的协调度均处于濒临失调状态;西部的不同类型的制造业与生产性服务业的产业协调度也处于较低的水平。魏作磊和唐林通过运用耦合协调度模型从产业和区域视角对我国 283 个城市 2014—2016 年服务业与制造业综合发展水平与耦合协调度水平进行了测度,得出结论,制造业与三大产业服务业耦合协调度呈现"梯度化"趋势,由东向西逐渐递减,由内陆向沿海逐渐隆起。李晓亮从全球价值链的角度对制造业服务化演化机理及其实现路径进行了分析,认为制造业企业服务化路径主要包括四种类型,分别是下游产业链服务化、上游产业链服务化、上下游产业链服务化和完全去制造业化。这四种类型也体现了制造业企业在实践过程中由低级阶段到高级阶段持续演化的过程。此观点，能够为制造业服务化以及产业价值链高端化提供非常有价值的参照标准，值得进一步深化研究。

生产性服务业作为一个整体形成的产业集聚对制造业转型升级具有明显的推动作用，但生产性服务业不同行业因技术含量、知识含量存在差异，与制造业之间的关系和作用也千差万别，因此它们各自的集聚对制造业转型升级影响程度具有较大差异。张建军等人（2018）的实证研究在得出此结论基础上，认为制造业转型升级需要在自身不断完善的前提下，逐渐推动生产性服务业。张予川（2020）利用耦合协调模型对长江经济带的区域经济与制造业服务化的协调发展水平进行了系统评价，运用灰色预测模型对长江经济带未来的区域经济与制造业服务化的耦合协调发展水平做了预测，得出结论：长江经济带区域经济与制造业服务化具有较高的耦合性，长江经济带区域经济与制造业服务化耦合协调发展具有较大的潜力。

上述研究表明，制造业需要生产性服务业提供多元化的服务，而且，生产性服务业只有作为一个整体综合发挥作用，才能体现它对制造业发展的价值。

从上述的文献来看，关于生产性服务业和制造业之间的关系和相互作用，有不少研究，但对于它们之间的作用机理，即耦合的机制和途径缺乏具体全面的分析。现有的研究，把生产性服务业和制造业当作明显割裂开的两类产业，因而，对于耦合的研究还停留在表象的分析，缺乏更为深入的分析和探讨。

七、研究述评

（一）对现有文献的述评

国内关于产业结构软化的研究相对较晚，多倾向于对经济的促进作用的研究。对于新技术革命，尤其是人工智能的应用、知识密集型服务业的发展对产业结构带来的"软化"程度、生产性服务业中的软化、基于结构软化的制造业尤其是制造业的竞争力优势以及结构软化、生产性服务业先进制造业耦合的内在机理等层面的理论研究和实证分析，还有欠缺。

有关产业融合的研究，国内外学者都取得了一定的成果，从产业融合的起源到融合的阶段以及产业融合的驱动因素等方面的研究都为本书的写作奠定了基础。但现有的研究大都集中于计算机、媒体、信息通信等行业，而对传统行业之间的融合研究相对较少，同时，对于产业融合理论的深入研究相对较少，大多是实证研究。

国内外学者都对生产性服务业包括的范围尚未形成一致的观点，但国内外学者都做了详细的阐述，并且随着经济的发展不断进行了完善。由于我国学者对于生产性服务业的研究起步较晚，因此对生产性服务业的理论研究和实证研究还较为缺乏。从现有的研究方法上来看，实证研究主要以产业统计数据为基础，从宏观层面展开研究，但是从企业层面进行的研究还相对较少。

现有对产业集聚的研究多侧重于宏观层面，如生产性服务业集聚、先进制造业集聚等，缺少从微观角度作为切入点的研究，忽略了生产要素的内生性积累。关于产业集聚作用部分的研究，多集中于对地区经济的促进作用，而对于生态环境的研究较少，根据现有研究成果很难判定，产业集聚对生态环境的影响是否利大于弊。

国外关于产业国际竞争力的理论研究已经较为完备，但国内对于理论基础的研究还相对较少，在进行实证分析时会显得支撑力不足，且在实证研究上多集中于行业层面，对于地区层面的研究较少。对于产业国际竞争力的影响因素的研究多为单要素研究，只有少数文章进行了多要素研究。

国内外学者大都从产业和空间两个视角，对生产性服务业与制造业的协同发展进行了研究，对生产性服务业的内涵与特征及其对制造业的促进作用、与制造业的融合进行了相关研究。从现有研究结果来看，学者关注度较高的领域主要集中在生产性服务业与制造业的产业关联、生产性服务业对制造业发展的影响以及生产性服务业与制造业融合三个角度。

（二）本书的视角

从上述的文献来看，关于生产性服务业和制造业之间的关系和相互作用，有不少研究，但对于它们之间的作用机理，即耦合的机制和途径缺乏具体全面的分析。现有的研究，把生产性服务业和制造业当作明显割裂开的两类产业，因而，对于耦合的研究还停留在表象的分析，缺乏更为深入的分析和探讨。

关于耦合的研究，目前的研究已逐步增加。从产业软化、产业融合、耦合的关系来看，产业软化是产业融合的局部现象，是产业融合的初级阶段或起步阶段。产业融合则是整体现象，而耦合则是融合的微观机制，是产业融合的高级阶段。

产业耦合，在不同类型产业之间有不同的形式。生产性服务业与先进制造业之间的耦合是产业耦合最有代表性的领域，也是对产业发展影响非常大的领域，因此，有必要深入展开，找出其中的规律，探讨其机理、途径和特征，并为实践提供有价值的政策建议。

现有的文献更多偏重实证研究，在理论上还有待于深入地探索。关于生产性服务业与先进制造业的耦合协同发展，目前主要是借用国外的成果进行研究，系统的归纳和深化分析还不多，也更需要结合现实经济的发展，尤其是人工智能等新一代技术进步导致的知识密集型产业不断发展的现实，展开研究。

现有的研究，更多是从生产性服务业和制造业两者之间的关系和作用进行宏观的分析，而且，这种关系也基本上是单向的，强调生产性服务业对制造业的作用，很少进行反向的探索，因此，研究和分析的高度和深度还有待于提升。

对于融合，不能仅仅简单理解为两个产业"合二为一"式的简单叠加。虽然也提到了相互作用的"互动论"，进而"融合论"，也意识到了产业之间的边界有模糊的趋势，但对于其作用机理缺乏进一步的深入探讨。

产业融合可以理解为一种"合相"。对这种"合相"的现有研究偏重对各个组成部分的相互作用和融合进行较为深入的分析和思考，但缺乏从经济整体的高度来把握，也缺乏比较抽象的理论上的探讨。经济作为一个整体或全体，其本质是一个不断发生作用、生生不息的过程。这个过程，不管何种产业，都是以生产要素为基础来发挥作用的。传统的生产要素中，土地，直接为物化的可耕种土地。劳动则通过劳动者呈现，而资本，则通过机器、设备、厂房呈现。人力资本，虽然比较抽象，但最终也以高素质劳动者得以体现。

技术，当被看作生产要素的时候，是通过提高生产要素的效率来得到认可的。知识，必须通过知识产权的方式，例如确定为专利，才能转化为技术，并进一步转化为产品。也就是新的生产要素，必须借助于某种特定形式来加以体现。

制度和管理，包括市场机制这种广义的制度，以及福特制这种微观的制造业流水线的生产方式，也在生产要素的组织过程中发挥非常重要的作用。

总之，从本质上看，"生产要素"并没有根本性的差别，它呈现出的产品形态，有商品和服务，从提供产品的角度看，有制造业和服务业，或者为制造业和服务业提供中间产品的生产性服务业和零部件、装备制造业等。因此，这为我们在思考产业软化、产业融合和其耦合机制时，提供了一个共同的基础，以及一个新的角度。

本书正是以此为出发点，希望借此机会，在全面学习和借鉴国内外现有研究的基础上，梳理相关概念和理论，提出耦合的机理，对产业融合和产业软化进行新的思考。

第三节　研究思路与方法，研究重点、难点、创新点

一、研究思路

本书拟从产业结构软化内涵和趋势入手，对产业结构软化、产业结构演化与调整、产业竞争力以及生产性服务业与制造业的耦合机理进行理论分析；并寻求生产性服务业发展和集聚的制约因素，同时依据收集到的数据，采用灰色关联度分析法、VAR 模型和耦合系数模型对生产性服务业与结构软化同制造业的协调度进行分析，最终基于理论和实证分析，提出生

产性服务业与先进制造业耦合的机制与路径。

二、研究方法

采用文献分析法通过对现有国内外相关文献进行总结与述评，详细分析了产业结构软化、生产性服务业以及先进制造业各自的研究现状，探讨了各自之间的互动关系。在分析方法的基础上，运用跨学科和学科聚焦方法，融合产业经济学、国际经济学、技术经济学和管理学等学科相关理论，进行跨学科的研究。采用理论分析法，分析产业结构软化的机制和影响，以及生产性服务业与先进制造业耦合的作用机理。运用比较分析法，对比分析在不同产业类型下和不同阶段的组织结构类型下生产性服务业的结构变化及先进制造业发展的影响因素。采用实证分析法，对我国制造业产业竞争力、服务业产业竞争力以及二者之间的耦合度进行测度。

三、研究重点、难点

本书的研究重点在于对产业结构软化度、生产性服务业与制造业耦合的实证分析。通过对比我国和其他国家的产业结构软化程度，来找出我国产业结构在发展过程中存在的问题，以促进其不断完善；通过对比我国各区域之间高新技术产业和现代服务业占比，来缩小我国区域发展差距；通过对我国制造业和服务业发展的耦合度测度，以及各自的产业竞争力测度，来发现在耦合发展过程中存在的制约条件。并探索相应的对策，最终达到协同发展的目的。

四、创新之处

在研究方法方面的创新之处体现在：本书在产业经济学基础上，采用互动关系模型，并借鉴了物理学中的容量耦合的系数模型，对我国的产业结构软化程度进行了测度，构建包括了生产性服务业与制造业的耦合度协同度函数，通过实证分析，对现有的研究成果进行了完善。

学术思想和观点方面的创新之处体现在：本书认为软化的要素对生产

性服务业和先进制造业的要素配置、技术外溢具有正效应。生产性服务业的聚集对先进制造业具有促进作用，同时结合产业结构软化，提升了先进制造业的国际竞争力，升级了价值链。将知识经济、互联网新技术、人工智能等要素纳入先进制造业和生产性服务业产业结构的研究框架，分析产业结构软化、生产性服务业与先进制造业的耦合机制，融合国际经济学、技术经济学、系统科学和战略管理相关理论，进行较为系统的跨学科初步探讨。

本章参考文献

[1] 韩明华.生产性服务业促进产业结构优化升级研究：以宁波制造业转型为例 [J].经济体制改革，2010（4）:51–55.

[2] 俞明海，王宇欣，周波，等.云南红河州哈尼族村寨生态建设与经济发展耦合初探：以红河州南部山区为例 [J].工业建筑，2011，41（S1）:77–81.

[3] 李伟庆.现代制造业与生产性服务业互动发展研究 [J].今日科苑，2010（16）:77–78.

[4] 国务院关于印发《中国制造2025》的通知 [J].中华人民共和国国务院公报，2015（16）:10–26.

[5] 高青松，李婷."中国制造2025"研究进展及评述 [J].工业技术经济，2018，37（10）:59–66.

[6] 马云泽.产业结构软化的动力机制模型 [J].南通大学学报(哲学社会科学版),2005（1）:44–50.

[7] 王然.中部地区农业产业结构软化的度量与分析 [J].统计与决策，2013（1）:99–101.

[8] 张丽君. 产业结构软化：西北地区产业结构升级的路径选择 [J]. 理论导刊，2007（8）:82-84.

[9] 王白格. 产业结构软化问题研究综述 [J]. 中国产经，2020(9): 59-60.

[10] 陈晓涛. 产业结构软化的演进分析 [J]. 科学学与科学技术管理，2006（1）:145-147.

[11] 马云泽. 世界产业结构软化趋势探析 [J]. 世界经济研究，2004（1）:15-19.

[12] SHERIDAN, KYOKO. Softnomisation: The Growth of the Service Sector in Japan[J].Journal of Contemporary Asia,1984（4）:430-441.

[13] 李健. 论产业结构软化 [J]. 北京理工大学学报，1999（4）:52-55.

[14] 邓于君，李美云. 中国消费需求软化促动产业结构软化的实证分析 [J]. 华南师范大学学报（社会科学版），2014（3）:90-95.

[15] 李晓. 论西方发达国家产业结构的软化及其影响 [J]. 世界经济，1992（3）:1-7.

[16] 朱玲，陈永华. 产业结构软化对区域经济发展的影响 [J]. 江苏商论，2008（12）:143-144.

[17] 姚婷婷，黄赜琳，郭亚辉. "产业结构软化"背景下产业结构变迁对经济波动的影响：基于省会城市面板数据的实证研究 [J]. 经济问题探索，2019（6）:143-155.

[18] ROSENBERG N. Technological Change in the Machine Tool Industry:1840-1910[J]. The Journal of Economic History,1963,（23）:414-443.

[19] GAINES B R. The learning curves underlying convergence[J].1998（57）:7-34.

[20] GREENSTEIN S, KHANNA T. What does industry convergence mean? In Yofee,ed. Competing in the Age of Digital Convergence[J]. President and Fellows of Harvard Press,1997:201-226.

[21] BRAND S. The Media Lab: Inventing the Future at MIT[M].New York: Penguin,1987.

[22] DAVID Y. Competing in the Age of Digital Convergence[M].

Boston: Harvard Business School Press, 1997:1-35.

[23] EUROPEAN COMMISSION. Green paper on the convergence of the telecommunications, media and information technology sectors, and the implications for regulation[R].Information Society Project Office Eu,1997.

[24] ALFONSO G,SALVATORE T. Does technological convergence imply convergence in markets evidence from the electronics industry[J].Research Policy,1998(38):445-463.

[25] HACKLIN F , C MARXT, F FAHRNI. An Evolutionary Perspective on Convergence: Inducing a Stage Model of Inter-industry innovation[J]. International Journal of Technology Management, 2010，49(1/2/3):220-249.

[26] C S CURRAN. The anticipation of converging industries: A concept applied to Nutraceuticals and functional foods[M].2013:63-125.

[27] 植草益.信息通讯业的产业融合 [J]. 中国工业经济，2001（2）:24-27.

[28] 周振华.信息化进程中的产业融合研究 [J]. 经济学动态，2002（6）:58-62.

[29] 李浩，聂子龙.产业融合中的企业战略思考 [J]. 南方经济，2003（5）:46-49.

[30] 岭言."产业融合发展"：美国新经济的活力之源 [J]. 工厂管理，2001（3）:25-26.

[31] 厉无畏，王慧敏.产业发展的趋势研判与理性思考 [J]. 中国工业经济，2002（4）:5-11.

[32] 詹浩勇.产业融合内涵的再认识 [J]. 沿海企业与科技，2005（12）:67-69.

[33] S BRORING, J LEKER. Industry convergence and its implications for the front end of innovation: A problem of absorptive capacity[J]. Creativity and innovation management,2007,16(2):165-175.

[34] N SICKA, N PRESCHITSCHEKB, J LEKERA, et al. A new framework to assess industry convergence in high technology environments[J].Technovation, 2018(1):48-58.

[35] DAVID Y. Competing in the Age of Digital Convergence[M]. Boston: Harvard Business School Press, 1997：1-35.

[36] LEI D T.Industry evolution and competence development: the imperatives of technological convergence[J].International Journal of Technology Management，2000,19（7-8）:699-738.

[37] 张磊.产业融合与互联网管制[M].上海：上海财经大学出版社，2001：12.

[38] 于刃刚.产业融合论[M].北京：人民出版社，2006：143-153.

[39] 陈柳钦.产业融合的发展动因、演进方式及其效应分析[J].西华大学学报（哲学社会科学版），2007（4）:69-73.

[40] 谢康，肖静华，周先波，等.中国工业化与信息化融合质量：理论与实证[J].经济研究，2012（1）:4,16,30.

[41] 陶长琪，周璇.产业融合下的产业结构优化升级效应分析：基于信息产业与制造业耦联的实证研究[J].产业经济研究，2015（3）:21-31，110.

[42] 陆燕春，张瑾瑜.区域技术吸纳效率与产业结构的空间特征及耦合关系[J].软科学，2018（12）:29-34.

[43] GREENFIELD H. Manpower and the Growth of Producer Service[M].New York: Columbia University Press,1966：163.

[44] 程大中，陈宪.上海生产服务与消费者服务互动发展的实证研究[J].上海经济研究，2006（1）:40-49.

[45] O' FARRELL P N, HITCHENS D M W N. Producer services and regional development: a review of some major conceptual policy and research issues[J].Environment and planning A,1990(22):1141-1154.

[46] 唐强荣，徐学军.生产性服务业研究评述[J].商业时代，2007（6）:11-12.

[47] 王子先.中国生产性服务业发展报告(2007)[M].北京：经济管理出版社，2008:146.

[48] BROWNING H C, SINGELMAN J. The emergence of service socie-ty[M].Springfield Virginia,1975：99-101.

[49] MARSHALL J N, Damesick P, Wood P. Understanding

the location and role of producer services in the United Kingdom[J]. Environment and Planning A,1987,19(5)：574-595.

[50] COFFEY W J. The Geographies of Producer services[J]. Environment and Planning A,2000,21(2)：170-183.

[51] 统计局关于印发《生产性服务业统计分类 (2019)》的通知 [J]. 中华人民共和国国务院公报，2019(24)：45-59.

[52] ANTHONY H P, THIERRY J N, Thomas M. Stanbach. The Economic Transformation of American Cities[J].Policy Analysis and Management,1985,4(2)：304-305.

[53] HALBERT L. From Sectors to Functions: Producer Services, Metropolisation and Agglomeration Forces in the Ile-de-France region flows[J]. Belgeo, Special Issue on The Advanced Services Sectors in European Urban Regions,2007,24(3)：73-94.

[54] ASLESEN H W, ISAKSEN A. Knowledge Intensive Business Services and Urban Industrial Development[J]. The Service Industries Journal,2007,27(3)：321-338.

[55] LUNDQUIST K J, OLANDER L O, Henning M S. Producer Services: Growth and Roles in Long-term Economic Development[J]. The Service Industries Journal,2008,28(4):463-477.

[56] HODGE J, NORDAS H. Liberalization of Trade in Producer Services-the Impact on Development Countries[J].The South African Journal of Economics,2001,69(1)：93.

[57] 李红梅 . 论生产服务业发展中的政府角色 [J]. 统计研究，2002（8）:63-66.

[58] 钟韵，阎小培 . 我国生产性服务业与经济发展关系研究 [J]. 人文地理，2003（5）:46-51.

[59] 郑吉昌，夏晴 . 基于互动的服务业发展与制造业竞争力关系：以浙江先进制造业基地建设为例 [J]. 工业工程与管理，2005（4）:98-103.

[60] 姜荣春 . 国内第一本生产性服务业发展报告出版 [J]. 国际贸易，2008（3）:73.

[61] 杨玉英 . 生产性服务业与经济发展关联性的经验分析 [J]. 经济学动

态，2010（11）:40-44.

[62] 刘丽萍 . 基于空间模型的生产性服务业集聚与经济增长关系研究 [J]. 审计与经济研究，2013（6）:91-99.

[63] 席敏强，陈曦，李国平 . 中国城市生产性服务业模式选择研究：以工业效率提升为导向 [J]. 中国工业经济，2015（2）:18-30.

[64] MARSHALL, ALFRED. Principles of Economics[M].London: The Macmillan press,1961:32-39.

[65] KRUGMAN P. Increasing Returns and Economic Geography[J]. Journal of political Economy,1991(99):183-199.

[66] PORTER, MICHAEL E. Competitive Strategy[M].New York: The Free Press,1999:165-168.

[67] 张宇，蒋殿春 .FDI、产业集聚与产业技术进步：基于中国制造行业数据的实证检验 [J]. 财经研究，2008（1）:72-82.

[68] 朱天星，潘明道，徐凡，等 . 产业集聚、产业结构差异与区域经济增长：以沈阳经济区为例 [J]. 技术经济，2012（10）:91-97.

[69] 李爱真 . 河南省产业集聚与区域竞争力互动关系研究 [J]. 物流工程与管理，2016（3）:72，79-80.

[70] HENDRIKS P, Why Share Knowledge? The Influence of ICT on Motivation for Knowledge Sharing[J].Knowledge and Process Management,1999,6(2)：91-100.

[71] ESWARAN M，KOTWAL A.The Role of Service in the Process of Industrialization[J], Journal of Development Economics,2002,68(2)：401-420.

[72] ASLESEN H W，ISAKSEN A.New Perspectives on Knowledge-intensive Services and Innovation[J].Geografiska Annaler: Series B, Human Geograthy,2007（89）:45-58.

[73] JACOBS W, KOSTER H R A, VAN OORT F. Co-agglomeration of knowledge-intensive business services and multinational enterprises[J]. Journal of Economic Grography,2014，14(2):443-475.

[74] 魏锋，曹中 . 我国服务业发展与经济增长的因果关系研究：基于东、中、西部面板数据的实证研究 [J]. 统计研究，2007（2）:44-46.

[75] 顾乃华.我国城市生产性服务业集聚工业的外溢效应及其区域边界：基于 HLM 模型的实证研究 [J].财贸经济，2011（5）:44，115-122.

[76] 宣烨.生产性服务业空间集聚与制造业效率提升：基于空间外溢效应的实证研究 [J].财贸经济，2012（4）:121-128.

[77] GERWIN D, KUMAR V, PAL S. Transfer or Advanced Manufacturing Technology from Canadian Universities to Industry[J].The Journal of Technology Transfer,1992(17):57-67.

[78] EFSTATHIADES A, TASSOU S A, OXINOS G, et al. Advanced Manufacturing Technology Transfer and Implementation in Developing Countries: The Case of the Cypriot Manufacturing Industry[J]. Technovation,2000,(20):93-102.

[79] OTSUKA A, GOTO M, SUEYOSHI T. Industrial agglomeration effects in Japan: Productive efficiency, market access, and public fiscal transfer[J]. Papers in Regional Science,2010(4):819-840.

[80] 张益丰，黎美玲.先进制造业与生产性服务业双重集聚研究 [J].广东商学院学报，2011（2）:9-16.

[81] 陈晓峰，陈绍锋.生产性服务业与制造业协同集聚的水平及效应：来自中国东部沿海地区的经验证据 [J].财贸研究，2014（2）:49-57.

[82] 聂亚菲.资本市场竞争力统计模型及其应用研究 [D].长沙：湖南大学，2008.

[83] 波特.国家竞争优势 [M].李明轩，邱如美，译.北京：中信出版社，2007：5.

[84] 芮明杰，富立友，陈晓静.产业国际竞争力评价理论与方法 [J].上海：复旦大学出版社，2010.

[85] VERNON R. International Investment and International Trade in the Product Cycle[J].The Quarterly Journal of Economics, 1966,80(2):190-207.

[86] MARIUSZ BEDNAREK, JUAN CARLOS NERI GUZMÁN. Competitiveness factors of the candy industry in San Luis Potosí, México[J]. Journal of Intercultural Management,2014，6(3):211-242.

[87] 金碚.产业国际竞争力研究 [J].经济研究，1996（11）39-44.

[88] 樊纲.中国企业的竞争力来自哪里 [J].中国商办工业，2001（1）

13-14.

[89] 陈卫平. 农业产业国际竞争力影响因素分析 [J]. 江西社会科学，2002（7）:207-208.

[90] 刘克逸. 人力资本与我国产业国际竞争力的提高 [J]. 复旦学报（社会科学版），2002（3）:8-11.

[91] 程惠芳，蒋泰维，胡慧芬，等. 国家创新体系对企业国际竞争力影响的经验分析 [J]. 世界经济，2008（1）:90-96.

[92] 杜庆华. 产业集聚与国际竞争力的实证分析：基于中国制造业的面板数据研究 [J]. 国际贸易问题，2010（6）:87-93.

[93] 杨丹萍，毛江楠. 产业集聚与对外贸易国际竞争力的相关性研究：基于中国 15 个制造业变动系数面板数据的实证分析 [J]. 国际贸易问题，2011（1）:20-28.

[94] 陶金国，王雪，乐萍，等. 战略性新兴产业竞争力实证研究：以航空航天器制造业为例 [J]. 财贸研究，2015（5）:26-32.

[95] 邱晓懒，余建辉，戴永务. 造纸业国际竞争力影响因素分析 [J]. 经济研究，2015（7）:81-84.

[96] ETHIER W J. National and International Return to Scale in the Modern Theory of International Trade[J].American Economic Review,1982(6):389-405.

[97] KARAOMERIOGLU D C, CARLAAON B. Manufacturing in Decline? A Matter of Definition[J]. Econ.Innov.New TecheL,1999(8):175-196.

[98] FRANCOIS JOSEPH F, WOERZ J. Producer Services, Manufacturing Linkages, and Trade[J].Competition and Trade,2008,8(31):199-229.

[99] GEBAUER H, REN G, VALTAKOSKI A,et al. Service-driven manufacturing: Provision, evolution and financial impact of services in industrial firms[J].Journal of Service Management,2012,23(1):12-26.

[100] 顾乃华，毕斗斗，任旺兵. 生产性服务业与制造业互动发展：文献综述 [J]. 经济学家，2006（6）:35-41.

[101] 张沛东. 区域制造业与生产性服务业耦合协调度分析：基于中国 29 个升级区域的实证研究 [J]. 开发研究,2010(2):46-49.

[102] 周鹏，余珊萍，韩剑. 生产性服务业与制造业价值链升级间相关

性的研究 [J]. 上海经济研究，2010（9）:55-62.

[103] 高觉民，李晓慧. 生产性服务业与制造业的互动机理：理论与实证 [J]. 中国工业经济，2011（6）:151-160.

[104] 包先建，史一鸣. 高技术服务业与装备制造业的耦合熵模型及运行机制 [J]. 长春工业大学学报（自然科学版），2013（1）:26-29.

[105] 李秉强. 中国制造业与生产性服务业的耦合性判断 [J]. 统计与信息论坛，2014（4）:65-72.

[106] 魏作磊，唐林. 基于系统耦合模型的制造业与服务业协调关系分析 [J]. 河北经贸大学学报，2020（2）:65-72.

[107] 李晓亮. 制造业服务化演化机理及其实现路径：基于投入与产出双重维度的扩展分析 [J]. 内蒙古社会科学（汉文版），2014（5）:114-117.

[108] 张建军，赵启兰. 生产性服务业集聚对制造业转型升级的影响及对策研究：基于内蒙古 10 个盟市面板数据的实证分析 [J]. 北京交通大学学报（社会科学版），2018,17(3):15-24.

[109] 张予川，李思萌. 区域经济与制造业服务化耦合协调度研究：以长江经济带为例 [J]. 统计与管理，2020,35(12):30-36.

第二章 产业结构软化

软硬是用来描述物质坚硬度的词语，被借用来描述产业结构。既然用来形容产业结构的"软化"，相对应的一定是产业结构有一定的"硬度"。从学术上看，并没有对产业的"硬度"有规范的界定，所以，产业结构的"软""硬"只是一种约定俗成的提法。因此，我们可以认为，工业革命以来，由于技术不断进步，不断有具有"硬度"的机器替代人工，具有"硬性"的大规模标准化的流水线生产模式代替小作坊式的生产，与此相适应的是缺乏柔性的"硬"科学管理。随着机器中的技术含量越来越高，生产活动需要更多的脑力劳动参与，也需要更多的人与人之间的交流，因此，生产和管理变得逐渐柔和，因而产业结构也被"软化"了。

第一节　产业结构理论

在亚当·斯密的《国富论》之前，就有许多学者尤其是重商主义学者对经济活动进行了全面且深入的探索研究。无论是亚当·斯密的古典经济学、19 世纪新古典经济学还是后来凯恩斯的宏观经济学，虽然都已认识到服务的重要性，但认为其产生和发展以物质生产为基础，着重强调的是投入资本、劳动和土地等要素的数量在一定技术条件下可产生多少物质产品。所以产业和产业结构问题并不是经济学家关注的重点。

工业革命由技术革命引发并随着现代科技进步不断深入和广泛发展，进而部分国家由于率先成功实现工业化而成为经济发达的国家，其工业化的成功主要表现为经济上工业占主导地位，资本密集工业成为主导产业。此时，经济学家们开始认识到工业化对一个国家成为富裕发达国家的重要意义，工业成为经济学家关注的焦点，产业结构以及不同经济阶段产业结构演进规律、产业之间投入产出关系等相关理论出现，形成了产业结构理论。

一、产业与产业结构概念

产业是生产同类产品企业的集合。如果把一国国民经济看作"宏观经济"，把企业看作经济"微观"主体之一，产业就是"中观经济"的范畴。

产业是社会经济发展到一定阶段的产物。随着技术的进步、产品的多样化，对其的认识也逐渐完善和系统。农业、工业和服务业，或相对应称为一次产业、二次产业和三次产业是常见的产业划分方式。而劳动密集型产业、资本密集型产业以及技术密集型产业等概念则是从产品的要素密集度角度对产业进行的细分。

产业是由其组成企业通过各种方式进行关联而构成的有机整体。作为一个整体，各个组成部分的搭配或组合关系就是结构。所以，产业结构（industrial structure）就是生产同类产品的企业相互之间的组合关系。

产业结构这一概念最早出现在 20 世纪 40 年代，此后，被广泛用来对国民经济和产业进行研究。

二、产业分类

分类是对客观事物进行深入认识和分析的重要方式。随着产业发展，产业类型日益多样化，为了厘清各个产业部门之间的相互联系，促进国民经济协调发展，需要对产业按照一定的客观标准，将构成国民经济中的企业生产产品的活动分解、组合，最终形成多种类、相关联的产业类别。从不同的标准出发，会有不同产业分类划分方法。

（一）三次产业划分法

1. 费希尔的三次产业分类

三次产业分类由英国经济学家费希尔（A.G.B.Fisher）于 1935 年在其著作《安全与进步的冲突》中首次提出。从此以后，三次产业分类法被人们普遍接受并广泛应用到研究与实践领域。

费希尔对人类经济活动进行了深入思考和系统的分析整理，并将其按照历史顺序区分为三个阶段，且每一阶段对应不同类型的产业。他把第一个阶段称为初级阶段。在这一阶段，人类主要从事农业和畜牧工作等初级经济活动，因而，其相应的行业被称为第一次产业，主要包括种植业、畜牧业、猎业、渔业和林业等加工程度低的行业。在第二个阶段，以英国的工业革命为起点。在这一阶段，人类借助工具对第一次产业形成的产品进行深入加工，其标志是机械化工业迅速发展，相应的行业是第二次产业，主要包括采掘业、制造业、建筑业、运输业、通信业、电力业、煤气业等。第三个阶段开始于 20 世纪初，其标志是大量资本和劳动力进入非物质产品生产部门，从而形成了第三次产业，主要包括商业、金融业、饮食业以及科学、卫生、文化、教育、政府等公共服务部门。

2. 费希尔—克拉克产业分类及统计体系

英国经济学家克拉克（C. Clack）在费希尔研究结果的基础上，按照三次产业分类方法，对三次产业结构与经济发展之间的关系做了大量实证分析，通过探索三次产业的结构变化规律及其在经济发展过程中的作用，进一步完善了三次产业分类标准，并成为现在国民经济统计体系的重要依据。

1940 年，克拉克在《经济进步的条件》一书中，沿着费希尔的思路，按照第一、第二、第三产业对自然资源的加工程度、距离消费者远近、产品是否有形以及生产过程和消费过程是否可以分离等作为判断标准进行产业分类，形成了更为完善的费希尔—克拉克产业分类和统计体系。按产业距消费者远近划分，距消费者最远的是第一产业，其次为第二产业，最近的是第三产业；按照产业生产产品是否有形划分，产品有形的是第一和第二产业，产品无形的是第三产业；克拉克特别提出，按照生产和消费过程是否分离也可以划分三次产业，认为可以分离的产业是第一或第二产业，不可分离的是第三产业。根据以上标准，费希尔—克拉克体系的三次产业分别包括的具体产业与费希尔的三次产业差别不大，但更为系统。

美国经济学家库兹涅茨（S. Kuznets）综合了费希尔和克拉克的产业分类，将三次产业分别表示为农业、工业和服务业三大产业（简称 AIS 划分法），这也成为世界银行等国际性组织在统计分析中常用的划分方法。

3. 经济合作与发展组织（OECD）的划分方法

尽管三次产业分类法和农业、工业、服务业三大产业分类方法为大家所普遍接受，但三次产业包含的具体产业及其名称在实际使用过程中依然存在差异，给研究工作和实际部门的工作带来了不便。为了便于统计，各国划分标准应该统一。为此，经济合作与发展组织提出三次产业的统一标准，即：（1）农业的生产活动直接使用资源，属于第一次产业，主要包括种植业、畜牧业、猎业、渔业和林业等；（2）工业的生产活动主要是对自然资源的加工和再加工，属于第二次产业，主要包括制造、采矿业、矿工业、建筑业和公共事业；（3）服务业属于第三次产业，主要包括运输业、通信业、仓储业、零售批发业、外贸、金融业、房地产业、数字咨询行业、科学研究、教育卫生、广播电视、公共管理和国防以及社会事务、娱乐和个人服务行业等。

（二）三次产业分类法的演变

20 世纪 80 年代，以信息技术为核心的高新技术迅速发展，给社会经济发展带来了巨大影响，尤其是对于产业发展产生了根本性的影响，三次产业分类方法在理论和实践上都面临局限。

由于数字产业的劳动工具、形式、产品形态和效用与传统服务业存在差异，1977 年，波拉特将数字产业独立于服务行业，称之为第四产业，提出了四次产业划分法。

基于上述思路，有些学者把娱乐业、趣味业、时装业、美容业、旅游业等给人带来精神享受、娱乐消遣、心理刺激的服务业列入第五产业。

总之，随着技术进步和时代变迁，产业在不断变化和发展，人们对于产业的认识在不断深入，产业划分标准也一定会不断调整。自 20 世纪 50 年代以后到目前为止，各个国家，以及联合国及其相关组织都依然采用三次产业划分方法来对国民经济结构进行分类和统计。在此基础上演变出来的一些新的分类方法尚处于探索阶段，其合理性和应用还有待于实践的检验。

（三）我国产业的划分

1949 年以后，我国采纳了当时苏联的产业分类和统计制度，把国民经济分为五个部分，即农业、工业、建筑业、运输业和商业。这一划分方法基于计划经济，当第三产业在国民经济中的所占比例越来越高，地位越来越重要的时候，其局限性就日益凸显。1988 年，在改革开放十年之后，我国放弃了原有的产业分类和统计方法，正式采用了国际上通用的第一次产业、第二次产业和第三次产业的三次产业分类与统计方法。

2003 年，国家统计局发布了《三次产业划分规定》，进一步明确了三次
产业新划分范围，即第一产业是指农、林、牧、渔业；第二产业是指采矿
业，制造业，电力、燃气及水的生产和供应业，建筑业；第三产业是指除
第一、二产业以外的其他行业，包括交通运输、仓储和邮政业，数字传输、
计算机服务和软件业，批发和零售业，住宿和餐饮业，金融业，房地产业，
租赁和商务服务业，科学研究、技术服务和地质勘查业，水利、环境和公
共设施管理业，居民服务和其他服务业，教育、卫生、社会保障和社会福
利业，文化、体育和娱乐业，公共管理和社会组织，国际组织。

三、产业结构理论的形成

产业结构分析理论的主要思想起源于重农学派。重农主义代表人物
F·魁奈先后于 1758 年和 1766 年发表的《经济表》和《经济表分析》已
对不同产业在国民经济中的地位问题进行了关注。他认为一个国家的财富
来自劳动和土地，强调了农业的重要性。

W·配第 1672 年出版的《政治算术》和亚当·斯密 1776 年发表的
《国富论》也分别对不同产业在国民经济中的重要性进行了阐述。对于产业
部门、产业发展及资本投入应遵循的顺序，亚当·斯密在《国富论》中进
行了全面分析。他指出，产业发展应遵循农业、工业和批发零售业、商业
的顺序进行。在亚当·斯密看来，农业依然是国民经济发展的基础，当其
发展到一定阶段，才能将发展中心转移到工业，进而转移到零售业、商业
等服务业。这一观点虽然没有明确提出产业结构的概念，但实际上已意识
到产业结构的重要性，即在资源有限的条件下，产业的发展不可能齐头并
进，而应该是有优先发展顺序的。

配第探讨了劳动在不同产业部门中转移的规律。他认为不同产业部门
的收益不同，导致了劳动这一生产要素报酬存在差别。经过分析，他发现
工业的收益高于农业，而商业的收益高于工业，因此，这意味着劳动的报
酬在商业部门中最高，其次为工业，在农业部门中最低。由于要素总是流
向报酬高的部门，在劳动力能够自由转移的前提下，随着经济的发展，劳
动力会逐渐从农业转向工业，然后由工业转向商业。要素的转移，会导致

不同产业部门产量发生变化，标志着产业的兴衰，实际上已体现了产业结构演变的内在规律。

服务业在 18 世纪中期以后已经有了较大的发展，20 世纪 30 年代的全球经济危机导致了工业的快速衰退，服务行业的市场地位也因此得到了进一步提高。费希尔在配第的理论基础上，指出生产结构的变化规律表现为各种生产要素逐步从第一产业转向第二产业，再从第二产业转向第三产业，为产业结构理论的形成奠定了基础。

C.克拉克则进一步完善并发展了配第和费希尔的观点，并系统性地阐述了劳动力与产业的相互关系，从而形成了产业结构理论。1940 年，他通过对 40 多个国家和地区在 1925—1934 年间的三次产业劳动投入和总产出的统计分析，发现三次产业中劳动力转移和人均国民收入提高之间存在一定的规律，即：劳动人口从农业向制造业，进而从制造业向商业及服务业移动。这一规律被称为克拉克法则，因其是建立在配第思想的基础之上的，因此，也被称为"配第—克拉克定理"。

沿着克拉克的研究思路，库兹涅茨在 1941 年出版的《国民收入及其构成》一书中进一步探索了国民收入与产业结构之间的关系，并提出了"库兹涅茨法则"。他采用的依然是统计分析方法。借助大量的经济发展历史资料，他对国民收入和劳动力在产业之间的分布结构变动情况进行了统计分析，发现随着时代的推移，农业部门在国民收入中的比重以及农业劳动力在总劳动力中的比重都在不断减少，与此相比较，在工业和服务部门则呈上升趋势。以此为依据，他把产业结构划分为农业部门、工业部门和服务部门。

从上述情况来看，早期的经济学家所关注的核心是劳动力这一要素转移的规律，当劳动力要素发生转移时，产业结构发生变动，同时也会与人均国民收入之间有一定的关联。这一分析是建立在统计分析的基础上的，虽然三次产业结构是其分析的重心，但缺乏对三次产业结构变动内部规律与经济发展之间关系的深层次研究。

四、产业结构理论的发展

20 世纪 50—60 年代，以发达国家为研究基础的经济增长理论和以发展中国家为研究对象的发展经济学得到快速发展。无论是经济增长，还是经济发展，都离不开产业，从而推动了产业结构理论的深化。日本经济在战后异军突起，成为全球关注的焦点，因此，运用经济学相关理论对日本的经济，尤其是日本产业发展进行研究成为热点，并提出了一些独具特色的理论观点。

（一）经济增长中的产业结构理论

1. 经济增长理论

以《国富论》为标志的现代经济学在一开始就十分关注经济增长。经济增长是古典经济学、新古典经济学以及其他经济学学派经济理论的核心内容之一。第二次世界大战后，越来越多的经济学家开始探讨经济增长规律及其影响制约因素。这些研究，其主流是以古典经济学和新古典经济学为基础，以自由的市场经济制度为既定条件从而形成的现代经济增长理论，其代表性的成就是哈罗德—多马模型。

美国经济学家库兹涅茨将经济增长定义为：给居民提供种类日益繁多的经济产品的能力长期上升，这种不断增长的能力是建立在先进技术以及所需要的制度和思想意识之相应的调整的基础上的。从该定义可以看出，库兹涅茨强调了以下几个方面。首先，他指出经济增长是指一个国家或地区给其居民提供的经济产品，包括有形商品和无形服务，其能力在长期中不断提升的程度。其次，他特别提到了这种能力的长期提升，是以先进技术为基础的，换言之，技术进步是这一能力提升的根本动力。第三，他强调了技术虽然是经济增长的根本动力，但技术必须与制度和思想意识相适应。这应该包括两个方面的内涵：一方面，技术只有在适宜的制度和思想意识状态下，经过不断调整，才能够充分发挥其作用；另一方面，只有适宜的制度和思想意识条件，才能够促进技术进步。所以，在探寻经济增长规律时，除了要素增加的原因，还应该综合考虑技术、制度、思想意识形态等方面的因素。

但是由于制度和思想意识属于抽象的概念，在进行研究工作时很难将其量化，所以，经济学家在进行分析时，通常把难以度量的制度和思想意识作为外生变量进行处理，或者把其假定为既定条件。尽管匈牙利经济学家科尔奈试图将制度因素引入经济增长问题研究，但依然是一种定性分析。

他认为，在经济活动中，人们劳动的方式、劳动组织、物质和商品流通以及收入的分配都通过一定的制度来加以规定，从而对人类经济行为边界进行了限定，所以，制度对经济发展产生着重要影响。尽管许多学者试图通过各种可定量分析的替代变量来描述制度，进而分析其影响程度，但难以达成共识。制度的影响度终究是难以精确量化的。

因此，在研究经济增长长期变动的规律时，最初是把决定国民经济总量增长的主要决定因素，即劳动、资本和土地等要素的贡献程度数量化，并观察其变动规律。在此基础上，由于认识到技术进步对经济增长的根本性影响，因此将技术进步内生化进行研究。上述研究过程中，需要综合考虑储蓄和投资的互动关系、利率、工资率等各种因素。上述工作进行模型化研究，形成了各种经济增长模型。

2. 经济增长与产业结构的变动

前文关于产业分类部分已提到，经济学家注意到了产业结构演变与经济增长之间具有内在的互为因果的关系。随着技术水平的不断进步、社会经济发展水平的提高，二者之间的联系更为紧密，而其中存在的规律更值得经济学家去探索。里昂惕夫和库兹涅茨通过投入—产出分析方法对经济增长和产业结构的关系进行了深入的研究，但尚未形成一套专门的产业结构理论。

直观地观察，技术进步和经济发展导致社会分工不断细化，并出现越来越多的产业部门，同时，伴随着更为复杂的产业部门间的资本、劳动力和土地等要素的流动，以及商品的交换。但当研究的关注点在于国民经济增长的时候，经济学家们侧重研究的是生产要素投入总量的变化，以及生产要素在不同行业之间的转移与经济增长的内在联系。正因为如此，学者们注意到了在经济增长过程中，产业结构的调整，但关注的重心在于不同技术水平的产业部门在消化和利用吸收新技术能力上的差异，以及与制度适应能力的差异，从而在一定程度上决定了各产业部门间投入结构、产出结构的不同。

显然，产业结构的变化并不是经济增长理论研究的核心。这与传统经济增长理论的研究目标和研究方法有关。传统经济增长理论研究经济总量的增长，并假定这种增长是在市场完全自由竞争，且消费者和厂商都实现利益最大化的均衡条件下，通过资本积累、劳动力增加和技术变化等因素长期作用的结果。基于这样的假定，资本和劳动在所有产业部门取得的边际收益基本接近，因此，需求的变动和资源在产业部门间的流动使产业结构变化，这一现象并没有受到足够的重视。

结构主义的经济增长理论强调了经济增长过程中产业结构的重要性。其首先强调，需求结构变动导致了生产结构的变化。而生产结构的变化，是资本和劳动等生产要素流动的结果。生产要素流动的规律，一定是从要素生产率低的产业部门转移到要素生产率高的部门，从而实现了在要素总量不变的前提下，促进经济增长。结构主义观点依然以要素流动为核心。

（二）经济发展中的产业结构理论

经济增长关注的是发达国家国民经济总量不断增加，而发展中国家除了经济增长以外，还面临更为复杂的经济发展问题。经济发展包括经济增长问题，但同时也包括更为复杂的国民生活质量提高、社会经济结构优化等问题，体现的是一个国家经济社会总体发展水平的改善。因此，经济增长偏重经济方面量的积累，而经济发展强调的则是较为复杂和深刻的质变。经济发展理论研究在经济增长基础上，一个国家或地区的经济结构和社会结构不断高级化的变革或创新过程。一国或地区经济结构的改进和优化包括技术结构、产业结构、收入分配结构、消费结构和人口结构等经济结构的更加合理化。

具体而言，经济发展理论，即发展经济学的核心是研究贫困落后的农业国家或发展中国家如何通过实现工业化从而摆脱贫困、走向富裕。"二战"后出现了大量的民族独立国家，这些国家的共同特征是经济相对落后，其独立后经济发展面临诸多问题和困难。经济学家在已有的现代经济学的理论体系和框架基础上，以发达国家的历史经验为参照系，结合发展中国家经济增长和经济发展特征，对其存在的问题和困难进行了剖析，并提出了有针对性的政策建议。

从历史演变的角度看，由于发展中国家发展实践中面临的现实问题、发展的重点和难点等都存在较大差异，基于发达国家的传统经济学的应用也有一个调整适应期，因此，发展经济学可以划分为两个阶段。20 世纪 40 年代末至 60 年代初期是第一阶段，60 年代中期以后是第二个阶段。第一阶段和第二阶段都提到了产业结构，但侧重点不一样。

在第一阶段，突出强调了对经济发展非常重要的三个方面：（1）强调资本积累的重要性。战后各国经济重建，必须有大量资本注入为保障并以此带动经济发展。而且，从要素积累角度看，劳动力和自然资源的积累，具有很多的局限性和制约因素，资本的积累更为容易。特别重要的是，资本的积累过程，一定会同时伴随技术进步。因此，W.A.刘易斯、R.纳克斯、P.N.罗森斯坦－罗丹和 W.W.罗斯托等经济学家特别强调资本积累对经济发展的重要性。（2）强调计划的重要性。J.丁伯根、刘易斯、罗森斯坦－罗丹和钱纳里等经济学家意识到单纯依靠市场的力量难以解决经济发展过程中经济结构变化方面的问题，因此，他们强调计划的重要性。（3）强调工业化的重要作用。通过总结发达国家的历史经验，纳克斯、罗森斯坦－罗丹、刘易斯和 R.普雷维希等经济学家认为工业化是发达国家富裕和发达的必要条件，因此，他们非常强调工业化对发展中国家经济发展的作用。

可以看出，在第一阶段，部分发展经济学家重视工业的重要性，但发展中国家工业基础薄弱，要实现工业化是一个漫长而艰苦的过程，对此，当时并未取得有针对性的研究成果。

20 世纪 60 年代以后，经济学家们通过总结发展中国家经济发展实践发现，他们提出的经济发展策略由于比较粗放，没有考虑到不同发展中国家的特殊条件，因此，难以精准施策，在实际实施过程中成效并不显著。为此，发展经济学家借助新古典学派的理论观点和方法，采用经验分析和经济计量的方法来对经济发展过程中的相关问题进行更为详细具体的研究。在此后的研究中，发展经济学家意识到影响发展的因素是多方面的，早期的理论研究及其提出的政策建议都有一定程度的缺陷，因此，他们将影响发展的各种因素加以综合考虑，尤其在产业结构方面，提出了一些重要的主张。

首先，应该根据各自国家的实际情况，选择不同的产业发展策略，而不是单纯地过分强调工业的重要性。因此，尽管工业化对发展中国家很重要，但也应该注意工农业平衡发展。其次，纠正以往偏重重工业的工业化战略，强调要因地制宜发展轻工业。再次，工业化过程中，为了保护或鼓励本国工业发展，以往过于依赖进口替代或者过于依赖出口鼓励战略，改为要做到更好地将出口促进与进口替代有机结合来促进本国工业发展。最后，关于产业结构，提出了要以劳动密集型产业为基础，逐步发展技术密集型产业和资本密集型产业。

总之，从经济发展角度看，当时虽然已意识到产业结构对经济发展的重要性，但并未提出系统化的产业结构理论。

（三）日本学者的产业结构理论

第二次世界大战后，日本学者提出了对产业结构独树一帜的思考。他们提出的产业结构理论，其重点是立足日本本国经济，关注日本产业结构变动与周边国家或世界经济的关联。以筱原三代平、赤松要、小岛清等为代表的经济学家，在产业结构理论方面，取得了一些有影响的成果。筱原三代平在《产业构成论》《现代产业论》两本书中对日本的产业结构问题进行了系统研究，提出了"动态比较成本论"。他认为，一国产业的比较成本或比较利益并不是一成不变处于固化状态的，而是会随着外部条件和经济发展发生变化。比较成本的优势可以通过要素积累或技术进步在竞争中逐渐获得，也可以通过政府的扶持迅速获取。像战后日本这样的后起国家，其工业与先进国家相比较属于幼稚产业，明显处于比较成本的劣势地位，因此，只有通过政府扶持，其产品的比较成本才可以转化为优势，从而形成动态比较优势。他的这一观点，显然受到了李斯特幼稚工业论的影响，并吸收了赫克歇尔—俄林的要素禀赋理论的一些观点，在日本产生了巨大影响，推动了日本产业结构理论研究。

1932 年，赤松要在其《我国经济发展的综合原理》一文中通过研究日本棉纺工业史提出了日本产业发展的"雁形模式"（Flying Geese Paradigm）理论。1937 年，小岛清对此进行拓展和完善深化，并将其应用到日本和整个东亚的国际分工和产业结构变迁中。该理论解释了日本在开放经济条件下，如何通过对外贸易使产业结构从低级到高层不断地发展起来的过程。工业化初期，日本以出口丝绸、棉纱和棉布等低技术含量的劳动密集型消费品为主，获得外汇以及进口工业领先国家的纺织机械设备，提高本国纺织产品的生产效率。随着日本对于先进工业技术的引进、吸收和推广，逐步建立了自主科技基础和研究发展体系。纺织机械产品逐步由国产产品替代进口产品，同时带动了本国的机械产业的发展。机械产业的快速发展又推动了钢铁、机电等行业的发展。最终，日本已经可以以自己产品的优势将其出口到比日本落口的国家和地区。赤松要通过考察日本棉纺工业从进口发展为在国内生产再到出口这一历史过程，指出后进国家的产业发展应按照"进口—国内生产—出口"的顺序进行。日本各行业发展过程被形象地称为"雁形模式"。

在一个国家范围内，"雁形模式"也是按照低附加值消费品行业、生产资料产业及整个制造业行业的顺序逐步进行的。该理论后来进一步发展成为整个东亚产业结构分工与转移的"雁形模式"理论。按照这一理论，应以日本为雁头，其次以"亚洲四小龙"和中国内地、东盟各国形成"雁形"分工，即某一产业在日本率先得到发展，当其技术进入成熟阶段时，生产要素转变为劳动密集型，此时，这一产业的产品在日本的竞争力下降，则应将其技术和产业转移到"亚洲四小龙"，与此同时，日本国内的产业结构会由于新技术的开发或引进上升到一个新的层次。亚洲四小龙也采取同样的模式进行发展。这样，整个东亚的产业结构和经济呈现出有先后顺序的发展。

日本学者的研究已将东亚地区作为一个整体来分析其产业结构的演进，并进一步看到了某一个国家产业结构的重大变化与周边国家甚至全球经济都密切相关。其理论研究虽然以单一国家的产业为出发点，缺乏一般性的理论分析，其适应性存在一定的局限，但也不失为一种有益的尝试。

第二节 产业结构演变

产业结构会随着经济增长和经济发展而发生变化，产业结构演变趋势理论试图就这种变化是否具有一定的规律进行探讨。根据一国是否处于开放条件下，结构演变趋势理论分为封闭条件下的产业结构理论和开放条件下的产业结构理论。

一、封闭条件下的产业结构演变

所谓封闭条件就是不考虑一国和其他国家之间的对外经济与贸易关系，以及其他联系，只以本国的条件为基础探讨产业结构演变的趋势。其代表人物主要有克拉克、库兹涅茨、霍夫曼和里昂惕夫等。

（一）人均收入影响论

从配第、克拉克到库兹涅茨都强调产业结构变动受人均国民收入变动的影响，所以，他们的产业结构演变观点都可以称为人均收入影响论。

如前所述，配第最早观察到了产业结构演变趋势。他在《政治算数》一书中指出，在不同行业，同样的要素，其收入存在明显差异，例如，英国船员的收入是农民收入的4倍。进而，他还观察到不同国家，由于国民经济中主要产业的差别导致了国家富裕程度的差距，以商业为主的荷兰，其国民收入比其他以农业和工业为主的欧洲国家要高。究其原因，他认为这与劳动这一要素的流动规律有关。从劳动要素的报酬，亦即劳动的收入角度来看，商业中的劳动收入最高，其次为工业，再次才是农业。同等情况下，要素总是流向报酬高的产业，劳动力也会遵循同样的规律进行流动，流向收入高的行业。因而，收入越高的行业，由于得到了更多的要素，发展会越快。他的这一研究结论被称为配第定理。配第定理初步揭示了产业结构演变规律，为一国经济发展指明了基本方向。尽管他的分析只是简单的逻辑推断和经验判断，缺乏坚实的理论基础和全面深入的论证，但首先探索了产业结构变动与人均国民收入水平之间的相关性。

克拉克在1940年出版的《经济进步的条件》一书中，运用统计分析和研究方法弥补了配第定理的不足。他发现，各产业之间存在收入差距，而劳动力总是流向收入高的产业。随着经济发展，一国国民人均收入会逐步提高，因此，三次产业之间的收入也会分化，进而劳动力先是从第一产业流向第二产业；当人均国民收入水平进一步提高时，劳动力便流向第三产业。克拉克拓展了配第定律，因而，他们的工作被共同称为配第—克拉克定理。

库兹涅茨在《各国的经济的增长》一书中，则不仅仅局限于从三次产业角度来探讨产业变动的规律。他运用统计学的方法，找到了产业结构和产业人均产值之间的关系。通过对 57 个国家人均国民产值与产业结构变动的关系研究，他发现：在人均国民产值比较低的组距（70—300 美元）内，农业部门在国民经济中所占比例明显下降，而非农业部门所占比重则大幅度上升，但其内部（工业与服务之间）的结构变动不大；在人均国民产值比较高的组距（300—1000 美元）内，农业部门的份额与非农业部门份额之间变动不大，但非农业部门内部的结构变化则比较显著。

库兹涅茨由此提出了产业结构演进法则：第一，农业部门在整个国民收入中的比重和农业劳动力在全部劳动力的比重均处于不断下降的趋势；第二，工业部门在整个国民收入中的比重总体上升，工业部门劳动力在全部劳动力中的比重则基本不变或略有上升；第三，服务产业全部劳动力中的比重基本上是上升的，但它在整个国民收入中的比重，一般而言，是总体不变或略有上升的。

库兹涅茨的产业演进法则揭示了一国国民经济产业结构演变的一般规律，在实践中，也成为指导各国经济发展的重要指南。

（二）工业化阶段理论

在产业演进规律基础上，经济学家就工业化对发展中国家的重要性达成了共识，并在总结发达国家的历史实践基础上，提出了工业化的途径，特别强调了工业化的发展阶段，形成了工业化阶段理论。

1. 霍夫曼的工业化经验法则

德国经济学家霍夫曼在 1931 年出版了专著《工业化阶段和类型》。在该书中，他对 20 多个国家的制造业进行了分析，并总结出了工业结构演变规律，提出了霍夫曼定理。通常，一国工业化过程可以分为早、中、晚三个时期，他的产业结构变化趋势结论是根据当时已有的工业化早期和中期国家发展的经验数据推算出来的，并将其类推到工业化后期。所以，霍夫曼定理也被称为霍夫曼工业化经验法则。

霍夫曼的研究首先建立了霍夫曼比例或霍夫曼系数，即制造业中消费资料工业生产净产值与资本资料工业生产的净产值之比。在此基础上，他提出了霍夫曼定理，即一国随着工业化的不断推进，霍夫曼比例会逐步提升。因此，可以按照霍夫曼比例的大小，对工业化程度进行划分。霍夫曼将工业化程度划分为四个阶段。

第一阶段：霍夫曼比例为 5（±1）。当工业化处于这一阶段时，消费资料工业比较发达，资本资料工业则比较落后，因此，在制造业中前者所占的比重大，后者所占的比重低。

第二阶段：霍夫曼比例为 2.5（±1）。当工业化处于这一阶段时，资本资料工业发展速度快，但总规模依然不大，消费资料工业发展速度减缓，但总规模依然远远超过资本资料工业。

第三阶段：霍夫曼比例为 1（±0.5）。工业化处于这一阶段时，资本资料工业经过一定阶段快速发展的积累，在总规模上与消费资料工业基本上处于差不多的水平。

第四阶段：霍夫曼比例小于 1。工业化处于这一阶段时，意味着工业化程度已经非常高，资本资料工业得到持续扩大，其在制造业中所占的比重远远超过消费资料工业所占的比重。

从上述阶段的划分就可以看出，工业化深入的过程，其实质就是资本资料工业在制造业中所占比重不断上升的过程。

霍夫曼是在对 20 多个国家 1880—1929 年的工业化过程总结的基础上提出的经验性结论，得到了当时英、美、法、德等处于工业化中后期国家的验证。在这些国家，霍夫曼比例接近于 1。霍夫曼预言，进入工业化的后期阶段（第四阶段）以后，资本品工业产值在制造业中所占的比重会不断上升，并最终成为国民经济发展中起决定性作用的主导产业部门。

而现代经济中，当工业化进入后期，服务业变得越来越重要，因此建立在先行工业化国家早期经验模式之上的"霍夫曼定理"显然得不到印证，但对工业化初、中期的发展中国家具有一定的借鉴意义。

2. 钱纳里工业化阶段理论

钱纳里对工业化阶段进行了划分。通过分析各国经济发展的长期演变过程，钱纳里发现经济增长是产业结构，尤其是制造业（工业）结构转变的结果，而制造业结构转变和人均收入之间有一定的关联。钱纳里基于第二次世界大战后发展中国家，其中包括 9 个准工业化国家（地区）1960—1980 间的工业化发展历程相关资料，通过建立多国模型，以人均国内生产总值为标准，将不发达经济到发达的工业化国家经济结构转换划分为三个阶段六个时期，具体情况如表 2-1 所示。

表 2-1　钱纳里工业化三阶段六时期划分标准

时期	人均国内生产总值变动范围（美元）		发展阶段	特征	主要产业
	1964 年（美元）	1970 年（美元）			
1	100—200	140—280	初级产品生产阶段（准工业化阶段）	不发达经济阶段	以农业为主，没有或极少有现代工业
2	200—400	280—560	工业化阶段	工业化初期	劳动密集型产业：以食品、烟草、采掘、建材等初级产品生产为主
3	400—800	560—1120		工业化中期	资本密集型产业：非金属矿产品、橡胶制品、木材加工、石油、化工、煤炭制造等重型工业；第三产业开始迅速发展
4	800—1500	1120—2100		工业化后期	第三产业，尤其是金融、信息、广告、公用事业、咨询服务等新兴服务业
5	1500—2400	2100—3360	发达经济阶段	后工业化时期	技术密集型产业
6	2400—3600	3360—5040		现代化社会	知识密集型产业

二、开放条件下的产业结构演变

所谓开放条件，是指一国通过对外贸易、对外直接投资等方式同其他国家形成国际分工，从而对本国的资源配置和产业结构产生一定的影响。其代表人物主要有斯密、李嘉图、赫克歇尔、俄林和钱纳里等。

（一）绝对成本说与相对成本说

1776 年，亚当·斯密在其《国富论》一书中提出了绝对成本说。他认为，在国际分工中，一国应该生产并出口绝对成本低的优势产品，不生产并进口绝对成本高的劣势产品，即各国按照绝对成本的高低进行国际分工。通过这样的分工，促使各国的生产要素从低效率的劣势产业流入高效率的优势产业，从而使资源得到合理的配置，产业结构得到优化。1817 年，大卫·李嘉图在其《政治经济学及其赋税原理》一书中发展了亚当·斯密的绝对成本说，提出了相对成本说，他指出，各国应该按照相对成本的高低而不是绝对成本的高低进行国际分工，并合理配置资源，优化产业结构。

按照绝对成本说或相对成本说，一国的出口产业会得到扩展，进口产业产量会下降。在没有政府干预的完全自由贸易条件下，一国的产业随着对外贸易的进行而得到调整。

（二）要素禀赋理论

1933 年，俄林在其《区际贸易与国际贸易》一书中继承并发展了他的老师赫克歇尔的学说，提出了要素禀赋理论，也称为赫克歇尔—俄林理论。他们认为，比较成本，亦即比较优势的差异产生的根源在于各国生产要素禀赋的差异。根据该理论，在国际分工中，一国应该选择密集使用本国丰富要素的产品，进口密集使用本国稀缺要素的产品。由于发达国家资本相对比较丰富，发展中国家劳动比较丰富，所以，在国际分工中，发达国家出口资本密集型产品，进口劳动密集型产品，而发展中国家则反之。

当然，这种分工并非一成不变，当一国的要素，特别是资本这一要素不断积累，会导致一国要素禀赋发生变化，国际分工的地位也会因此而发生变化。正是基于这一思路，筱原三代平提出了动态比较成本说。他认为，通过自然积累或者政府的干预，产品的比较优势可以随着时间的推移而进行转化。因此，当前一国在国际贸易中处于相对劣势的产业，通过政府的干预可以转化为优势产业。因此，筱原三代平认为发展中国家要特别注重扶持那些发展潜力巨大且对国民经济有关键作用的产业，以使其由劣势产业转化为优势产业。他的这一理论，明显有重商主义的色彩，并受李斯特幼稚产业论的影响，与古典经济学家大卫·李嘉图和新古典经济学家赫克歇尔、俄林的基本思想存在根本性的差别。古典经济学家和新古典经济学家都主张自由的市场经济制度，反对政府的干预。因此，要素禀赋的积累，进而导致比较优势的变化，应该是市场竞争的结果，而不是政府通过人为的政策进行干预的结果。而筱原三代平的政策主张显然与此背道而驰，主张通过政府干预来实现既定的目标。日本政府依据动态比较成本说，曾经制定了一系列鼓励国内幼稚产业发展的政策，并在实践中，在一部分产业上取得了短时期的成功。但经济学家的研究表明，日本战后的产业干预政策，从整体上来看是失败的。

（三）现代贸易理论

国际贸易理论分析通过国际贸易形成的国际分工，因而可以理解为国际范围内产业结构如何分布的理论，当然，对参与国际贸易的各个国家的国内产业结构都有一定影响。古典贸易理论和新古典贸易理论，都建立在自由竞争的基础上，反对政府干预。根据这些理论，发达国家和发展中国家之间按照技术差异或者要素禀赋差异，形成了垂直的产业分工，而且这种分工，如果没有人为干预的话，它是按照对应的规律进行的，基本上是静态的。即便由于要素积累的变化，由要素禀赋的变化从而导致分工的变化，也就是产业结构的变化，这种变化也是逐渐进行的，并符合一定的规律，是可预测的。

但"二战"以后的贸易现实表明，大部分的国际贸易发生在技术水平和要素禀赋差别不大的发达国家之间，这对传统贸易理论形成了挑战。以克鲁格曼为代表的经济学家突破了传统贸易理论的市场完全竞争假定，以及不存在规模经济的假定，从而提出了现代贸易理论，试图对发达国家之间的贸易，进而对发达国家之间的同类产业之间的分工进行解释。这实际上也解释了发达国家之间的产业分布，从而为产业结构理论提供了一个新的方向。

（四）对外直接投资（FDI）与产业结构

开放条件下，国家之间除了通过贸易建立关联，通过对外直接投资（FDI）也能够建立经济上的联系，特别是通过FDI能够形成产业转移，从而对一国国内产业结构，进而是全球范围内的产业结构产生影响。"二战"以后，随着国际贸易和国际投资进程加快，经济全球化不断深化。跨国公司是对外直接投资的主要载体，伴随着跨国公司的国际直接投资，在全球范围内形成了技术扩散和技术转移。从跨国公司的角度看，如果跨国公司在技术领先的东道国进行直接投资，可以获得东道国的高层次人才和先进技术，提高企业管理水平和技术创新能力，从而有利于母国的经济发展和母公司的技术进步。因此，对外直接投资能够通过国际资本和技术溢出效应，对全球经济发展产生较为深远的影响。

对外直接投资对于东道国和母国的影响是不一样的。从不同的角度，可以把对外直接投资划分为不同类型。从对外直接投资的目的划分，可以将其分为资源寻求型、技术寻求型和市场寻求型。不同类型的对外直接投资对母国和东道国产业的影响不同。一般来说，通过对外直接投资，均有利于推动二者的产业结构升级。

1. 资源寻求型对外直接投资

当一国资源相对比较匮乏，资源成本高昂时，除了通过进口资源来缓解国内资源紧张的局面外，寻求对外直接投资也是重要的方式，此时的投资就是资源寻求型对外直接投资。通常情况下，是母国的跨国公司通过在资源丰富的东道国进行投资购买原材料并建立企业对原材料加工生产，然后将所生产的资源型产品进口到本国。在这一过程中，东道国的资源密集型行业由于跨国公司的投资从而输入了先进技术，进而推动了本国产业结构升级。对于资源匮乏的母国，通过资源寻求型对外直接投资，为本国重工业化提供了必要的要素供给，同时也降低了成本，从而可以使本国经济健康发展。从经济学基本原理看，资源寻求型对外直接投资促使生产要素从收益率低的劣势产业转向优势产业，从而推动产业结构升级。

2. 技术寻求型对外直接投资

技术寻求型对外直接投资是以获取技术为目的的直接投资行为。一般来说，发展中国家在国际竞争中的优势在于劳动密集型行业，例如服装、电子产品的组装等，这些行业普遍技术水平比较低，处于全球价值链底端。发展中国家在自发状态下，通过要素禀赋的逐渐积累或自身技术的进步来改变其在全球分工中的地位，需要经历很长的时间。通过跨国公司的直接投资获取技术，能够缩短这一时长，有效促进发展中国家产业优化升级。发达国家在激烈的市场竞争中，也经常通过跨国公司的直接投资来获取关键技术，赢得竞争的主动权。总之，母国通过直接投资从而获取东道国的先进技术，反向促进母国企业核心竞争力的有效提升，提高了其技术创新能力，进而能够推动产业结构升级。从长远看，技术寻求型对外直接投资还有利于形成母国技术累积效应，并进一步对产业结构升级产生杠杆效应，因此，技术寻求型对外直接投资是最有利于母国产业结构优化的一种投资行为。

3. 市场寻求型对外直接投资

发达国家许多企业具有较高的能力和技术水平，能够高效率低成本生产产品，但本国的市场规模经常会限制其优势的发挥。除了通过出口来扩大其产品市场，对外直接投资也是重要的方式，从而形成了市场寻求型对外直接投资。通过扩大产品市场，能够使企业获取规模经济和范围经济效应，从而优化资源配置。市场寻求型对外直接投资能够转移母国国内过剩的产能，改善出口贸易条件，从长远看有利于母国比较优势的发挥，从而带动产业结构升级。对于东道国而言，凭借市场规模大的优势，能够获得跨国公司投资，有利于本国产业结构完善。

三、经济发展中的产业结构演变

如前所述，本书对于产业结构演变的一般规律进行了一些初步的介绍。发展中国家在经济发展过程中，存在技术水平落后、产业层次低、经济发展不平衡等问题，从而其产业结构和产业发展存在特殊性，为此，许多学者进行了深入的研究。

（一）刘易斯的二元结构理论及发展

二元经济结构是发展中国家经济结构特征之一。在发展中国家，在农业发展还比较落后的情况下，超前进行了工业化，优先建立了现代工业部门，从而形成了以现代化的工业为特征的城市经济和以技术落后的传统农业为特征的农业经济同时并存，这种经济结构称为二元经济结构。二元经济结构的实质是发展中国家存在严重的产业二元结构。

二元经济结构是美国经济学家刘易斯提出的。刘易斯认为发展中国家内部存在严重的"二元经济结构"的主要原因是工业、农业部门的劳动生产效率存在差异。农业部门由于存在大量剩余劳动力，因此边际劳动生产率为零或接近于零，因而是低效率的，而城市中的工业部门的劳动生产率则较高，因而是高效率的。发展中国家转变为发达的富裕国家，亦即实现现代化，其途径就是要破解产业结构的二元性，其实质就是要通过发展工业，促进劳动力流动，从而实现经济一元化，提高经济效率，实现经济现代化。

刘易斯突出强调了化解二元经济结构过程中通过产业结构转化，即城市工业化的重要性。但实现城乡经济一元化要求农村经济与城市经济同步发展，而不仅仅是城市经济的发展，因此，后来的经济学家意识到刘易斯模型的不足，并在此基础上进行了完善。

费景汉（John C. H. Fei）和拉尼斯（Gustav Ranis）认为，加快农业发展和提高农业效率会导致农业有剩余产品，这是农业劳动力向工业流动的前提条件。因此，他们在1961年发表的《经济发展的一种理论》一文中提出了刘易斯—拉尼斯—费景汉模型。根据这一模型，在经济发展的初级阶段，发展中国家把有限的资本合理配置在农业和工业两个部门并使其协调，就能够促进工业与农业的可持续发展，并最终实现城乡经济结构的一元化。

1967年，美国经济学家乔根森（D.W. Jogenson）在《过剩农业劳动力和两重经济发展》一文中，采用新古典主义分析方法完善了刘易斯—拉尼斯—费景汉模型，提出了"乔根森模型"。乔根森强调，发展农业经济在解决二元经济结构中具有重要的意义，因此他把农业剩余所起的决定性作用进行了具体化的分析。他指出，农业剩余的规模决定了农村剩余劳动力转移的规模，进而决定了工业部门的发展，因此，农业产品盈余在某种程度上起到了决定性作用。

乔根森模型也存在不足。该模型没有重视对农业物质投资的重要性，也没有对城市失业问题进行深入分析。另外，该模型假定当存在农业剩余时，粮食需求收入弹性为零，这与现实完全不相符合。乔根森模型关于人口方面的假定是以马尔萨斯人口论为基础的，也脱离了发展中国家的现实。

美国发展经济学家M. P. 托达罗（Michacl P. Todaro）与乔根森的观点比较接近。他认为刘易斯的理论过于简单化。当发展城市工业部门时，由于理性预期的存在，如果增加少量的就业机会，就可能引来大量的农村剩余劳动力供给。而这些剩余劳动力进入城市后，若不能够顺利进入现代化的工业部门就业，就会成为无业游民并带来诸多其他问题。仅仅通过发展城市工业经济，无助于解决就业问题，也不能够解决经济结构二元化问题。所以，他在1970年提出了"托达罗模型"。根据该模型，他强调了农业和农村发展的重要性，并指出，应该加大对农业和农村的投入，为农村提供教育、卫生、电力、供水和交通等公共服务，并进行综合开放，从而使农村的生活条件得到全面改善，就业机会增加，这样可以大幅度提高农村的吸引力，减少人口向城市流动。当农村经济得到一定程度的发展，与城市经济之间的差距缩小甚至消失时，经济二元结构问题就得到了彻底解决并最终实现城乡经济一体化。他的这一模型成为分析发展中国家的二元经济问题的标准模型，并得到了广泛利用。

（二）非均衡发展理论下的产业结构变迁

城乡经济二元结构分析的是城市经济和农村经济的非均衡，其实质是工业和农业的不均衡，因而可以看作产业的不均衡。而非均衡发展理论，则侧重在区域发展的不均衡，其实质也是产业的不均衡。

由于客观条件的差异，以及其他原因，在经济发展过程中区域经济发展不平衡是普遍存在的现实，也是区域经济学重点研究的核心问题之一。经济学理论最初主要以国家为单位研究一国经济资源配置，进而是经济发展，因此，没有特别考虑到区域条件的差异。区域经济学出现后，一开始也都是假定一国内部各个区域是均衡发展的，并以此为基础来研究区域经济发展的相关问题。区域均衡发展理论遵循了新古典经济学的传统，大多采用静态分析方法，在对现实问题进行分析时，往往通过诸多假定，使问题过分简化，从而与发展中国家的客观现实距离太大，在指导发展中国家区域经济发展时，难以对症下药。

20 世纪 40 年代末 50 年代初，经济学家就一国经济是否可以平衡增长进行了争论。非均衡发展理论正是在这样的背景下提出的，其基本主张是，与发达国家相比较，发展中国家各方面资源都更加稀缺，因此，在发展经济过程中，必须把原本并不丰富的资源根据本国经济发展的实际情况，按照优先发展顺序不同，有选择性地投向特定的区域或产业之中，而不是不加区分地对所有地区或者行业均衡投入。只有这样，发展中国家的资源才能够得到充分利用，并通过优先发展的区域和行业的示范作用来不断带动其他部门或区域的发展。在经济发展的初级阶段，非均衡发展理论成为区域平衡发展理论的有益补充，为发展中国家区域经济和产业经济发展提供了重要的指导。

1. 佩鲁的增长极理论

法国经济学家弗朗索瓦·佩鲁（Fran，cois Perroux）在 1950 年提出了经济增长极理论。佩鲁认为，由于资源存在稀缺性，他认为一个国家或地区的区域经济和产业经济会不平衡发展。他借用了物理学的"磁极"概念，提出了区域经济和产业经济发展中也存在增长极。

在磁场中，通过极化作用从而使磁极的作用力最强。与此相类似，在区域经济和产业经济中，也会极化出能够产生类似"磁极"的作用的经济空间，即增长极。因此，在经济增长与发展过程中，可以选择一个或数个特定的区域作为增长极来带动其他区域经济发展。

城市增长极就是把城市或者城市群作为带动区域经济发展的主导力量。像城市增长极这样的区域增长极可以形成极化效应和扩散效应，从而对其他区域和产业形成示范与带动作用。

极化效应，也被称为回波效应。佩鲁认为，增长极区域具有极化力量，能够将经济发展所需要的生产要素和生产活动回流和聚集到该区域，形成地理上的极化，从而形成规模经济。而规模经济对增长极区域的极化又会进一步强化，进而形成良性循环，使极化效应作用越来越大，推动增长极增长速度加快，对生产要素和经济活动的集聚更为突出，最终导致增长极区域越来越发达，其他地区越来越落后，区域间的发展差异扩大，经济不平衡状态越来越突出。

极化效应的结果，会使增长极产生推动力并通过一定的联动机制导致各种生产要素和经济活动从增长极向周围不发达地区不断扩散，形成扩散效应。扩散效应能够起到与极化效应相反的作用，使增长极区域与其他区域之间的发展差距逐步缩小。在经济发展的不同阶段，极化效应和扩散效应起到的作用不同。在发展的初级阶段，以极化效应为主导，当增长极形成后，极化效应减弱，扩散效应起到主导作用。

增长极概念从地理空间进一步延伸到产业，成为产业增长极，佩鲁将其称为"推动型产业"。推动型产业具有与增长极相同的极化效应和扩散效应，从而能够推动其他产业（或地区）的发展。从产业角度看，增长极由于资源的聚集和产业规模的扩大，产生规模经济效应，推动技术进步与创新，从而成为推动区域经济发展的重要力量。除此之外，推动型产业还通过支配效应、乘数效应产生更为积极和深远的影响。推动型产业，相对于其他产业来说，能够通过商品供求关系和生产要素的相互流动产生支配影响，形成支配效应，或者称为拉动作用。乘数效应是指推动型产业对其他产业发生示范、组织和带动作用时，其效果会得到放大和累积。佩鲁指出，推动型产业之所以能够产生乘数效应，主要是因为推动型产业与其他产业间能够形成前向联系、后向联系和旁侧联系，从而使增长极的经济力量得以通过就业、生产和经济效益等方面以乘数方式扩散。从这个意义上看，产业增长极以推进型的主导工业部门为核心，通过极化作用将生产要素和生产活动集聚起来从而形成一组高度融合且具有活力和竞争力的产业。

增长极理论框架被广泛用于分析区域经济和产业发展，增长极也逐渐演化成为一个含义广泛的概念。

2. 冈纳·缪尔达尔的循环累积因果理论

瑞典经济学家缪尔达尔在 1957 年提出，经济发展需要一定的内外部条件，但由于自然原因和历史原因等导致了不同区域在经济发展过程中呈现出发展有先后，经济发展的程度不均衡，因此，基础较好的地区通常率先发展并获得先发优势，进而吸引更多的生产要素和产业集聚，并取得超前发展的效果。借助于超前发展，基础较好地区发展的有利因素会不断得到强化和积累，并持续下去，形成马太效应。这样，基础较好的地区就会远远超过落后地区，导致区域之间发展的不平衡加剧，这就是循环累积因果论。该理论受到了佩鲁的增长极理论的影响，后经过英国卡尔多、迪克逊（R.J.Dixon）和瑟尔沃尔（Anthony Thirlwall）等人的发展和完善，用来分析区域经济发展，尤其是产业的发展。

虽然循环累积因果论没有直接涉及产业结构问题，但其作用原理与要素流动规律有关，因此，会间接影响到产业的发展和结构调整。

缪尔达尔认为，由于基础条件差异导致发展初始优势差别，一国会出现发达地区和不发达区域，这两类地区之间就会相互作用，产生回流效应和扩散效应。回流效应，类似于物理上的虹吸效应，这是由于发达地区经济发展水平上的优势会产生吸引力量，促使生产要素和产业从不发达地区流向发达地区，因此，会进一步扩大区域经济发展水平的差异。扩散效应则由于发达地区会在一定程度上通过投资、旅游等途径影响不发达地区，促进生产要素从发达区域流向不发达区域，从而缩小两类区域的发展水平。如果没有政府干预，完全由市场发挥作用，通常情况下，回流效应的作用会远远超过扩散效应，并最终导致一国区域发展不平衡问题进一步恶化。

上述过程，虽然只提到了要素流动的基本方向，但要素的流动一定会依附于某一特定产业上，因此，发达地区和不发达地区经济发展程度的差别，表现出来的，一定是产业结构上的差异。循环累积因果会加速发达地区产业结构的优化和升级，从而能够吸引更多的生产要素，而落后地区则相反。因此，缪尔达尔在提出区域经济发展不平衡的对策措施时，主张在经济发展初期，由市场机制发挥作用，优先发展条件较好的地区，以获得相对较快的经济增长速度，并通过优势产业的形成，产生扩散效应带动其他地区的发展；当经济发展到一定阶段时，要防止累积循环因果造成贫富差距的无限扩大而带来的负面效应，此时政府应该发挥政策的干预作用，通过鼓励落后地区某些特定产业发展的举措来强化回流效应，以缩小区域之间的经济发展水平差异。所以，上述过程的核心在于产业结构的优化和升级。

3. 阿尔伯特·赫希曼的不平衡发展理论

美国经济学家赫希曼 1958 年在《经济发展战略》一书中也提出了他自己的不平衡发展观点。他的观点和缪尔达尔的循环累积因果论有相似的地方，认为经济发展不会在一国所有地方同步进行，因此，该观点也属于不平衡发展理论。但赫希曼和缪尔达尔的不同点在于，他认为经济优先发展区域不仅属于发达地区，而且还会因为优先发展的巨大推动力而使经济增长围绕最初的出发点集中，出现增长极的极端情况。显然，在赫希曼看来，区域发展的不平衡是增长和发展过程中的必然现象，也可以认为是经济发展的前提条件，其比缪尔达尔预期的差异更大。

从导致区域发展差异的原因上看，赫希曼和缪尔达尔的观点大同小异。他沿用了佩鲁增长极理论中的相关概念，用"极化效应"替代了缪尔达尔的回流效应，用涓滴效应替代了"扩散效应"，并指出，在经济发展的初期，极化效应起主导作用，各种资源向优先发展地区聚集或"极化"，从而导致区域差异逐渐扩大，但从长期看，涓滴效应将逐步发挥作用，从而缩小区域差异。但由此也可以看出，后期区域差距的缩小，将是一个细水漫流的长期过程。

赫希曼的重要贡献在于提出了"不平衡链条"理论，通过"主导部门""连锁效应"等观点，对区域产业结构的分析提供了新的理论视角基础。

赫希曼认为，依据增长极理论，发展中国家的产业发展类似于一个链条，其中能够发挥重要作用、具有战略意义的产业属于主导产业，应该优先得到发展，并带动其他产业部门发展。因此，发展中国家的产业链是一

条 "不均衡的链条"，从主导部门通向其他部门。通常，具有较强产业关联度的产业部门就属于主导部门，例如钢铁行业，不仅可以带动与之前向关联的机械、电子产业，而且可以推动与之后向关联的矿山、交通、能源等产业的发展。对于这样的主导产业部门，赫希曼认为应该由私人资本投资，政府适度扶持。而对于投资额大、建设周期长、对私人资本缺乏吸引力的社会基础设施或其他公共部门，则应该由政府投资，以充分发挥其创造良好的发展外部环境的作用。

赫希曼提出了主导产业能够发挥连锁效应的观点，并在以后产业发展的相关研究和实践中被广泛接受和应用。连锁效应包括前向关联反应、后向关联反应、旁侧关联反应三个方面。前向关联反应是指为主导产业进行生产提供原料、燃料、生产设备等而产生的部门关联反应；后向关联反应是指主导产业在进行生产之后，其产品成为其他产业的原料、燃料、生产设备或直接进入消费部门而产生的部门关联反应；而旁侧关联反应是指为主导产业提供相关服务而形成的部门关联反应。

非均衡发展理论还包括弗里德曼的 "中心—外围理论"、弗农的区域经济梯度推移理论、威廉姆逊的倒 "U" 形理论等相关理论，他们从不同角度也分析了不平衡发展条件下，产业结构的演变，在此不再赘述。

（三）经济成长阶段与主导部门选择

经济发展过程中，除了城乡差别、区域差别，还会有产业差别。不同的产业，在经济发展过程中所起的作用不同，其价值也有差异。主导部门理论就是基于这样的观点而提出的。如前所述，佩鲁和赫希曼都对主导部门进行了关注，但对其进行完善并系统化的是美国经济学家 W·W·罗斯托（Walt WhITman Rostow）的两基准理论。

罗斯托在研究各国经济增长时，全面地提出了经济成长阶段分析体系，并运用主导部门概念来对处于不同阶段的各国经济增长进行分析。

1960 年，罗斯托在《经济成长的阶段》一书中提出，一个地区、一个国家，甚至全世界的经济发展历史可以依据科学技术水平、工业化程度、产业结构和主导部门的演变特征，依次经历传统社会阶段、起飞准备阶段、起飞阶段、向成熟推进阶段、高额群众消费阶段和追求生活质量阶段共六个 "经济成长阶段"。其中，最为核心的观点是，从产业角度看，这六个阶段有不同的特征，也有不同的主导产业，钢铁、铁路、纺织、装配线生产部门都曾分别成为不同阶段的主导部门，是推动经济发展的主要力量。

罗斯托沿用了佩鲁和赫希曼的主导部门概念。不过，他特别强调了主导部门具有很高的需求价格弹性和收入弹性，从而更加完善了其内涵。

罗斯托的主要贡献在于他在《战后二十五年的经济史和国际经济组织的任务》一文中，将社会发展阶段和对应的主导部门联系起来，提出主导产业的升级和科学技术的进步是决定区域经济发展处于哪个阶段的主要因素：（1）经济发展的第一阶段是传统社会阶段。此时，还没有现代科学技术，主导产业是农业。（2）第二阶段是起飞准备阶段。此阶段为过渡阶段，农业产量不断增长，同时形成了食品、饮料、烟草、水泥、砖瓦等主导工业部门。（3）第三阶段是起飞阶段。在此阶段，农业中的劳动力大量进入城市相关产业部门，人均收入大幅提高。主导部门是非耐用消费品的生产部门和铁路运输业等。（4）第四阶段是成熟推进阶段。此阶段，开始吸收国外先进技术并形成国内生产能力，主导部门是重化工业和制造业体系，如钢铁、煤炭、电力、通用机械和肥料等。（5）第五阶段是高额群众消费阶段。此阶段，工业高度发达，主导部门是以汽车为代表的耐用消费品工业。（6）第六阶段是追求生活质量阶段。此阶段，提高居民生活质量的相关部门成为主导部门，例如服务业、建筑业等。

在《主导部门和起飞》一书中，罗斯托提出了应该选择具有较强扩散效应的产业作为主导产业。这一观点和佩鲁、缪尔达尔及赫希曼的并无太大差别。

1957年，日本经济学家筱原三代平在就日本如何选择优先发展的产业时，提出了"两基准理论"，即应该采用收入弹性基准和生产率上升基准作为判断标准。

收入弹性基准是指将收入弹性高的产业作为优先发展战略的产业，这和罗斯托的观点相一致。高收入弹性行业意味着有巨大的市场容量，有利于实现规模经济效应，从而迅速提高利润率，代表产业结构变动的方向。

生产率上升基准是指选择优先发展的产业时，应该选择全要素生产率上升快、技术进步率高的产业。全要素生产率上升快的产业，其生产成本下降也快，进而会获得更多利润，创造更多的国民收入。

筱原三代平的两基准理论具有浓厚的李斯特幼稚产业保护理论的痕迹。

按照李斯特的幼稚产业保护理论，发展中国家的工业在发展起步阶段，基本上属于比较弱小的"幼稚"阶段，与发展成熟的发达国家同类产业相比较，显然处于劣势，因此，必须在此阶段以一定的代价来对本国的幼稚产业进行保护，以便获取未来本国产业成长为有竞争力的产业并获得收益。只要未来获得的收益大于当前的成本，这种保护就是必要的。

第三节　产业结构软化的内涵与度量

一、产业结构软化的内涵

20 世纪 40 年代以来，新技术革命带来的技术变革尤其是微电子技术、计算机技术、通信技术等高新技术的发展，使得产业也开始出现了新的变化趋势，加速了世界范围内的产业结构调整，产业结构出现"软化"的趋势。计算机技术有硬件和软件之分，相较于具有实物性、可触摸性、可直观感受的硬件，计算机运行的系统程序、各种应用程序等是非物质性、不可触摸，不可直接感受，属于软件。因此，效仿计算机技术，对于整个经济体系和产业结构，也可以用"软"和"硬"来借以描述和分析。

产业结构软化是指在社会生产和再生产过程中，围绕知识的生产、分配和使用，体力劳动和物质资源的投入相对减少，而脑力劳动和科学技术的投入相对增加。

产业结构软化的内涵，可以分为三个层面来理解，即三次产业的软化、投入要素的软化以及产业自身的软化。

首先，是宏观层面的产业结构软化。现代经济发展的总体趋势是第一、二产业占比下降，第三产业占比上升，并表现为第三产业在国民生产总值中占比的增加和第三产业就业人数的增加。因而，经济从总体上由"硬"的工业经济转变为"软"的服务经济，这是宏观层面的产业结构软化。

经济发展总体趋势是经济服务化，但在这一过程中，"软"的内容是有差异的。从现代经济发展的历程看，由于工业化的发展，第二产业在整个经济中所占的比重不但上升，其经济结构还有一个"硬化"的过程。随着技术进步，效率提升，规模化生产导致物质产品成本大幅度提升，人均收入不断提高，越来越多的劳动力流向服务业，尤其是旅游、悠闲、商业等提高生活质量的服务业，服务业所占的比重也越来越高，经济服务化，即"软化"，以美国为代表的部分发达国家进入了服务经济，软化得更为彻底。这种通过产业部门的内部结构和各个产业部门间结构重心的转移来反映产业结构逐级递进的发展软化方向，称为"方向式软化"。

以计算机信息技术为代表的高新技术的快速发展及其在经济社会中的扩散和应用，促进了现代服务业的迅速发展。金融保险、商务、科技咨询、房地产服务等现代服务业，需要专业技术和科学文化素质较高的人才，因此这些现代服务业部门也被称为高端服务部门。从 20 世纪 70 年代，到 21 世纪初期，高端服务部门增长势头迅速且稳定，其比重大大高于批发零售、餐饮、交通运输业等低端服务部门。

近年来，网络技术的发展和应用普及，尤其在移动端的迅速崛起，并与网络紧密结合，不仅加速了现代服务业的发展，更为重要的是为传统服务业注入了知识含量和科技含量，服务业出现新格局，经济软化呈现新形式和特点。

其次，是经济活动投入的要素层面的软化。产业结构软化，本质上是经济活动的软化，具体表现为在社会生产和再生产过程中，体力劳动和物质资源的消耗相对减少，脑力劳动和知识的消耗增长。从要素投入来看，产业结构软化主要表现为"软要素"投入增加。软要素是和硬要素相对而言的，软要素主要包括信息、知识、技术、人才等，而硬要素则是指自然资源、体力劳动。因此，狭义的产业结构软化是指在各产业的发展中，自然资源、体力劳动等硬生产要素的作用日益降低，而知识、技术、服务和信息等软生产要素的作用日益提高，在各产业中的投入量迅速增大。

与此相适应，由劳动和资本所决定的竞争优势逐渐被知识和技术所取代。所以，如果在生产过程中，以资本密集型的生产方式，进而是机械化普遍使用带来的经济活动被看作"硬化"，那么经济活动中投入软要素增加，物质性"硬"要素投入减少，就是"软化"的过程。在制造业这一相对"硬化"的部门，以高新技术产业为代表的先进制造业发展迅速，在制造业，特别是先进的制造行业中，资源、能量、设备、基础设施和材料原料等实体硬要素的投入比例下降，生产和加工逐渐深化及技术集约化，制造业对信息通信技术、知识、研发、会计与审计、管理技能和生产性服务等的需求度增加，制造业中的软要素投入日益增多，软要素对制造业的促进作用不断增强。这种形式的产业结构软化，被称为"结构式软化"或内涵式产业结构软化。

第三，产业结构的升级。经济活动中软要素投入的增加，必然伴随着科学技术的进步和管理技能的提高，产业结构趋于合理。在知识经济的推动下，劳动力、资本和土地等资源从传统产业中转移出来，进入技术和知识含量更高的咨询业、网络服务等行业，生产方式也从大批量生产规模化生产向柔性定制生产转变。通过产业转移，产业结构呈现非物质化的趋势，实现产业结构的升级换代，并表现为产业结构的高技术化、服务化、融合化和国际化。在美国，信息技术相关产业成为带动经济增长的龙头产业，推动了传统产业的信息化，提高了各行业的经济效益，但资源的消耗却减少了。

20世纪70年代以后，日本的机电制造、电气制造、汽车制造等替代了原材料和资源消耗高的钢铁、化学工业，成为经济发展中的主导产业。这些产业需要专门知识、技术和设备的投入，以及熟练的高技能劳动力，因而属于制造业中产品附加值高的软产业。此后，半导体产业和信息通信产业的高速发展，加速了日本制造业软化的进程，以技术含量占主导地位的先进制造业产值占到整个制造业比重的一半以上。

总之，随着经济发展，产业结构一直处在不断变化之中。新技术革命使技术与知识成为产业发展的核心要素，知识、信息密集产业和技术密集型产业取代劳动密集型和资本密集型产业成为主导产业，产业结构软化是产业变革的必然趋势。

二、产业结构软化的度量

从前述产业结构的内涵来看，产业结构的软化程度，基本上是可以量化的。这一工作，开始于日本。日本财政部研究和规划司研究委员会构建了两个经济软化度指标，用来测度经济某个产业的软化程度，具体如下。

$$经济软化指数\ A = \frac{非物质投入}{总成本}（\%） \qquad （2-1）$$

$$经济软化指数\ B = \frac{劳动和非物质投入}{总成本}（\%） \qquad （2-2）$$

经济软化指数 A 只考虑了非物质的"软"投入，没有考虑到劳动也属于"软"要素，因此，考虑了劳动要素的经济软化指数 B 更为合理。按照经济软化指数 B，可以将一个产业按软化程度分为三种，分别如下。

高软化产业：B>60%。

软产业：60% ≥ B>40%。

硬产业：B ≤ 40%。

国内学者李健在经济软化指数基础上，进行了完善。他区分了产业软化度与产业结构软化度，并且分别提出了相应的计算公式。

其中，产业软化度为：

$$产业软化度 = \frac{无形投入}{总投入} \qquad （2-3）$$

$$或者，产业软化度 = \frac{软投入 + 劳动成本}{全部产出} \qquad （2-4）$$

产业结构软化度为：

$$产业结构软化度 = \frac{无形产品的总产值}{国民生产总值} \qquad （2-5）$$

$$或者，产业结构软化度 = \frac{第三产业总产值}{国民生产总值} \qquad （2-6）$$

同时，他提出，作为近似计算，产业结构软化度也可以表达为：

$$产业结构软化度 = \frac{第三产业就业人员}{就业总人数} \qquad （2-7）$$

按照李健的计算公式，软化度的取值范围为 0—1，越接近 1，则表明软化程度越高。

从上述情况看，很显然，李健借鉴了日本学者的研究。总体来看，软化度的测度比较简单，没有继续在理论上深入展开，因而，对于现实的解释和对产业发展及政策的选择缺乏足够的影响。

改革开放后，我国经济进入高速发展阶段，经济总量不断扩大，人均收入不断提高，三次产业结构日趋合理，服务业所占的比重越来越高，目前已成为支撑国民经济的第一大产业，产业结构软化度日益提高。从第三产业发展的总量上看，2018 年，第三产业增加值达到 469575 亿元，比 1978 年实际增长 51 倍，年均增长 10.4%。表 2-2 是我国改革开放以来三大产业占 GDP 比重的基本数据。

表 2-2　三大产业产值占 GDP 比重

单位：亿元

年份	国内生产总值	第一产业	占比	第二产业	占比	第三产业	占比
1978 年	3678.7	1018.5	27.69%	1755.2	47.71%	905.1	24.60%
1979 年	4100.5	1259.0	30.70%	1925.4	46.96%	916.1	22.34%
1980 年	4587.6	1359.5	29.63%	2204.7	48.06%	1023.4	22.31%
1981 年	4935.8	1545.7	31.32%	2269.1	45.97%	1121.1	22.71%
1982 年	5373.4	1761.7	32.79%	2397.7	44.62%	1214.0	22.59%
1983 年	6020.9	1960.9	32.57%	2663.0	44.23%	1397.0	23.20%
1984 年	7278.5	2295.6	31.54%	3124.8	42.93%	1858.1	25.53%
1985 年	9098.9	2541.7	27.93%	3886.5	42.71%	2670.7	29.35%
1986 年	10376.2	2764.1	26.64%	4515.2	43.51%	3096.9	29.85%
1987 年	12174.6	3204.5	26.32%	5274.0	43.32%	3696.2	30.36%
1988 年	15180.4	3831.2	25.24%	6607.4	43.53%	4741.8	31.24%
1989 年	17179.7	4228.2	24.61%	7300.9	42.50%	5650.6	32.89%
1990 年	18872.9	5017.2	26.58%	7744.3	41.03%	6111.4	32.38%
1991 年	22005.6	5288.8	24.03%	9129.8	41.49%	7587.0	34.48%
1992 年	27194.5	5800.3	21.33%	11725.3	43.12%	9668.9	35.55%
1993 年	35673.2	6887.6	19.31%	16473.1	46.18%	12312.6	34.51%
1994 年	48637.5	9471.8	19.47%	22453.1	46.16%	16712.5	34.36%
1995 年	61339.9	12020.5	19.60%	28677.5	46.75%	20641.9	33.65%
1996 年	71813.6	13878.3	19.33%	33828.1	47.11%	24107.2	33.57%

年份	国内生产总值	第一产业	占比	第二产业	占比	第三产业	占比
1997 年	79715.0	14265.2	17.90%	37546.0	47.10%	27903.8	35.00%
1998 年	85195.5	14618.7	17.16%	39018.5	45.80%	31558.3	37.04%
1999 年	90564.4	14549.0	16.06%	41080.9	45.36%	34934.5	38.57%
2000 年	100280.1	14717.4	14.68%	45664.8	45.54%	39897.9	39.79%
2001 年	110863.1	15502.5	13.98%	49660.7	44.79%	45700.0	41.22%
2002 年	121717.4	16190.2	13.30%	54105.5	44.45%	51421.7	42.25%
2003 年	137422.0	16970.2	12.35%	62697.4	45.62%	57754.4	42.03%
2004 年	161840.2	20904.3	12.92%	74286.9	45.90%	66648.9	41.18%
2005 年	187318.9	21806.7	11.64%	88084.4	47.02%	77427.8	41.33%
2006 年	219438.5	23317.0	10.63%	104361.8	47.56%	91759.7	41.82%
2007 年	270092.3	27674.1	10.25%	126633.6	46.89%	115784.6	42.87%
2008 年	319244.6	32464.1	10.17%	149956.6	46.97%	136823.9	42.86%
2009 年	348517.7	33583.8	9.64%	160171.7	45.96%	154762.2	44.41%
2010 年	412119.3	38430.8	9.33%	191629.8	46.50%	182058.6	44.18%
2011 年	487940.2	44781.4	9.18%	227038.8	46.53%	216120.0	44.29%
2012 年	538580.0	49084.5	9.11%	244643.3	45.42%	244852.2	45.46%
2013 年	592963.2	53028.1	8.94%	261956.1	44.18%	277979.1	46.88%
2014 年	641280.6	55626.3	8.67%	277571.8	43.28%	308082.5	48.04%
2015 年	685992.9	57774.6	8.42%	282040.3	41.11%	346178.0	50.46%
2016 年	740060.8	60139.2	8.13%	296547.7	40.07%	383373.9	51.80%
2017 年	820754.3	62099.5	7.57%	332742.7	40.54%	425912.1	51.89%
2018 年	900309.5	64734.0	7.19%	366000.9	40.65%	469574.6	52.16%

数据来源：中国统计年鉴。

　　从表 2-2 中我们可以看出，自改革开放以来，我国第三产业比重呈上升趋势，近几年甚至超过了 GDP 总值的一半。当然，我国产业结构总体软化程度和发达国家相比较，依然还有较大差距。究其原因，一方面是因为我国人均收入水平还不高，需求总体水平偏低，因而服务业内部结构还不合理，以生产性服务业为代表的现代服务业还处于相对落后的状态。另一方面，我国城市化水平还有差距，服务业发展遇到了瓶颈。

按照本章第二节产业结构软化度衡量的方法，采用第三产业总产值占国民生产总值的比重来表示产业结构软化度，经过计算，可以得到我国近20年的产业结构软化程度，如表2-3所示。

表2-3　我国近20年产业结构软化度

单位：亿元

年份	国内生产总值	第三产业总值	占比	产业结构软化度
1999	90564.4	34934.5	38.57%	0.39
2000	100280.1	39897.9	39.79%	0.40
2001	110863.1	45700	41.22%	0.41
2002	121717.4	51421.7	42.25%	0.42
2003	137422	57754.4	42.03%	0.42
2004	161840.2	66648.9	41.18%	0.41
2005	187318.9	77427.8	41.33%	0.41
2006	219438.5	91759.7	41.82%	0.42
2007	270092.3	115784.6	42.87%	0.43
2008	319244.6	136823.9	42.86%	0.43
2009	348517.7	154762.2	44.41%	0.44
2010	412119.3	182058.6	44.18%	0.44
2011	487940.2	216120	44.29%	0.44
2012	538580	244852.2	45.46%	0.45
2013	592963.2	277979.1	46.88%	0.47
2014	641280.6	308082.5	48.04%	0.48
2015	685992.9	346178	50.46%	0.50
2016	740060.8	383373.9	51.80%	0.52
2017	820754.3	425912.1	51.89%	0.52
2018	900309.5	469574.6	52.16%	0.52

数据来源：根据中国统计年鉴指标核算。

如前所述，产业结构软化度的取值范围为0—1，越接近1，表示产业结构的软化度越高。一般来说，软化度指数在0.4—0.6的产业为低软化度产业，软化度指数大于0.6的产业为高软化产业，软化度指数小于0.4的产业为硬产业。虽然表2-3中未列出我国各个产业的具体软化度，但可以看出我国经济总体的产业结构软化度还处于低软化程度，这也充分说明了我国经济发展水平还处于由低水平向高水平过渡的阶段。

三、产业结构软化的进程

从世界各国经济发展的历史经验来看，随着科学技术和社会经济不断发展，产业结构将会从低水平均衡向高水平均衡演变，其演变过程存在着一定的客观规律。在不同阶段，产业结构的重心有所不同，其演变符合从劳动密集型到资本密集式再到技术密集式，最终转向知识型服务业这样一个规律。

在经济发展和国民收入提高的共同作用下，三次产业间结构演变呈现一定的规律，同时，三次产业中劳动力、资本的流动和技术、知识作用的发挥也呈现一定的规律性。不同产业间产品附加值存在差异，这使得不同产业的从业人员收入也存在一定差异，为了追求更高的收入水平，劳动力不断从第一产业转向第二产业，而由于第三产业产品附加值更高，劳动力又转向第三产业。这样，导致了第一产业产值占国民收入比例不断下降，而第二产业产值在国民收入中的比例由开始的快速上升逐渐变为不断下降，最终第三产业在国民收入中所占比例不断上升，逐渐成为国民经济的支柱。根据劳动力在三次产业间的转移规律，可以看出产业结构一般也是按第一产业至第二产业再至第三产业的顺序发展起来的。具体演变顺序如下。

（1）产业结构重心由轻工业向重工业转变。工业革命初期，以纺织行业为代表的轻工业得到迅速发展并成为主导产业。但随着工业革命的推进，重工业在工业发展中逐渐占据主导地位，产业结构重心也随之向重工业转移。

（2）加工工业替代轻工业成为主导产业。在产业结构转移至重工业之后，工业不断发展，重工业结构重心由原材料等加工程度低的基础工业转向加工程度不断复杂的加工工业。

（3）技术密集型产业地位上升。随着工业化不断深入，以及技术不断进步，工业结构中技术密集型产业逐渐占据主导地位。在这个阶段，先进的技术在各行业中得到广泛应用，工艺得到不断改善，并逐渐实现了生产自动化。同时，技术密集型和知识密集型的高新技术产业成为新兴产业和主导产业，促进了经济发展和产业结构重心的转移。

（4）20世纪90年代末，信息技术迅速发展并推动世界经济进入知识经济时代。在这一时期，信息和知识成为关键性的生产要素，产业结构日益高级化，产业中的知识和技术含量越来越高，传统产业得到优化升级，同时，经济呈现知识化和服务化，现代服务业，尤其是生产性服务业成为经济发展的主导产业。

在世界各地人口的物质需求基本没有改变的前提下，生产效率的不断提高导致从事生产的人力需求不断下降，而这些不被生产所需要的劳动力转而从事现代服务行业和知识密集型产业。劳动力的转移促进了现代服务的发展，而现代服务行业的发展又进一步提高了生产效率。在这种良性循环下，产业结构的重心不断从传统的低附加值产业转向高科技产业，并且其转移速度越来越快，全球在信息和知识等关键生产要素的推动下形成了知识经济。

在世界产业结构优化升级的过程中，产业重心向技术密集型和知识密集型的高附加值产业转移。以信息产业为主导产业、产业结构软化趋势明显，并且以跨国企业为重要载体和推动力等是世界产业结构演变的主要特点。而信息产业因其本身具有较大的需求收入弹性、较强的产业创新能力，而且能够广泛应用于经济发展的各个方面，在促进新兴产业发展、推动传统工业结构优化方面发挥了强大的推动作用。而在所有信息产业中，高新技术服务业的兴起和迅速发展集中体现了以高科技产业技术创新和服务创新为核心的创新能力。作为知识资本唯一来源的人力资本与技术和服务紧密相关，而技术创新和服务创新也在相辅相成的作用中相互促进发展。

随着技术不断发展及其应用日益广泛，加之知识产权保护不断完善，以技术研发、转让和服务为核心要素的行业成为新的产业，同时，技术创新能力不断提升，服务创新日益专业化也加速了技术的应用，从而推动了世界产业结构软化并成为两个重要的发展方向。

这种快速且迅猛的产业结构演变使得以往生产要素的传统使用方式彻

底改变，也让人们重新思考在知识经济时期为了抢占产业价值链的高地，应该如何调整要素运用的环境和产业升级模式以适应资源要素软化、优化以及无形化。

第四节　产业结构软化的动力机制

产业结构软化既然是一个产业结构不断变化的过程，其背后一定有推动其变换的力量，即动力。产业结构软化的动力机制可分为内在动力机制和外在动力机制。内在动力机制主要由技术、知识、科技创新、劳动力质量和结构以及市场需求结构等产业发展的内部因素组成。外在动力机制的主要因素是指产业发展的外部因素，主要包括经济制度、产业政策和经济所处的环境等。

一、产业结构软化演变的内在动力机制

（一）技术创新是产业结构软化的根本驱动力

技术是产业发生和发展的先导。技术创新是产业结构软化的根本驱动力，而产业结构软化又有利于技术创新。技术进步推动了产业变革演化，基于不同的技术基础，会形成不同的产业。反过来，产业是技术创新的载体，企业是技术创新的主体，因此是促进技术提升的重要因素。由于技术结构决定了产业结构，是产业结构不断演进的主要动因，而产业结构对技术结构演变又具有反作用，因此，从社会经济发展的历程来看，技术变革都会带来相应产业结构的变动。产业结构软化正是技术创新所导致的产业

结构变化的表现形式和趋势。正是由于技术创新和产业结构之间存在密切相关性，因此，技术创新是产业结构软化的根本动力。

产业结构变化由知识渗透引发，由技术推动。首先，技术进步通过生产过程自动化，提升了生产效率，同时，通过推动社会资源和生产要素向高效率、高效益、高附加值的产业领域转移和集聚，可以实现产业结构优化升级。当代信息技术、互联网、人工智能和数字化等技术的发展和应用，大大提高了生产过程和管理过程的自动化及智能化，产业结构的内部软化度大幅度提升。信息技术在制造业尤其是高端制造业的应用，不仅使制造业结构软化，实现信息化，而且也极大提高了生产效率。从生产过程来看，计算机辅助产品设计日益完善，机械化流水线生产日益数字化，产品定制、工业机器人、3D打印等技术的应用，使生产过程的智能化程度不断提高。因此，在企业产品及其相应的服务中，知识、信息和技术的含量越来越高，其与用户之间的交互关系也越来越密切，不仅提升了生产效率，而且提高了产品附加值，使得利润率增加，从而优化和提升产业结构层次。

其次，技术进步会衍生出新产品，形成新产业。新技术的应用，能够使人类的消费需求得到新的满足，进而衍生新的产品，并形成新的产业。当技术进步积累到一定的阶段，尤其是信息和知识成为关键的生产要素时，高新技术就会层出不穷并与信息和知识相互渗透、融合，新产品和新兴产业群出现的速度加快，加速了产业结构的变革。20世纪80年代以来，在半导体技术进步的引领下，集成电路、微电子技术、生物工程、信息通信技术、新能源新材料、航空航天技术等高新技术快速发展，与之相关的产业成为具有优势的"软产业"。美国的航空、汽车、半导体产业、化工、电子元件和设备尤其是计算机软件等领域在世界经济中处于领先地位，就受益于信息技术和网络技术的不断创新和应用。以信息技术、网络技术为前提衍生出的大数据、电子商务等相关行业，就属于典型的新兴现代服务业，也是明显的"软产业"。

最后，技术进步通过加速产业结构变动、升级进而推动产业结构软化。技术进步不仅导致了新行业的出现，同时也促进传统产业引进新技术，改善生产方式，并带动其产业结构进一步软化，这在服务业和农业中尤为明显。

传统的零售业、快递业在网络技术、通信技术快速发展和应用的推动下，已发生了翻天覆地的变化，变得越来越具有"软产业"的特征。

（二）劳动力素质提高是产业结构软化的关键因素

推动产业结构演变的根本动力是技术进步。技术进步要由技术研发人员的创新来实现，因此，提升劳动力素质进而汇聚更多高素质的技术才人，是决定产业结构软化的关键因素。

从资源投入的角度，20 世纪 60 年代，美国经济学家舒尔茨和贝克尔提出了人力资本理论。他们把劳动区分为两类：一类为低技能劳动力，也就是传统的劳动要素；一类为高技能劳动力，他们把这一类劳动力当作资本，也就是人力资本。在他们看来，对生产者进行教育、职业培训等的支出及其在接受教育时的机会成本等的总和，相当于一种资本的投入，即体现在人身上的资本。因而，他们认为，物质资本是厂房、机器、设备、原材料、土地、货币和其他有价证券等物质产品的总和，综合蕴含于人身的生产知识、劳动技能、管理才能以及健康、心理等素质的存量总和构成了人力资本。经济学家的研究表明，在经济增长中，人力资本的作用大于物质资本的作用。

20 世纪 90 年代初，著名的管理学家德鲁克在《后资本主义社会》一书中进一步强调了人力资本的重要性。他把受过高等教育的人当作智力资本，并认为智力资本不仅成为现代社会的核心资源，也是社会发展的中坚力量。因此，物质资源和资本是国家、区域和企业发展的基础，而人力资源则决定了其发展潜力和竞争力的高低。在竞争越来越激烈的背景下，如果拥有大量的技术人才和高技能劳动力，就能够有效地将信息和知识等新发展要素转化为高新技术产业，并推进产业结构升级优化。

人力资本积累对加快产业结构高级化进而使产业结构软化能够起到直接促进作用，而且，随着产业高级化和软化程度提升，人力资本起到的作用越来越大。这一过程得到发达国家实践的证明，在我国经济发展过程中也得到了验证。

（三）消费需求结构软化是产业结构软化的前提

在市场机制条件下，需求和供给互为因果、相互关联，产业的产出价值最终要通过市场交易的完成才能够得以实现，因此，消费者的需求结构软化是产业结构软化的必要条件，其趋势可以决定产业结构软化变动的方向。

需求对于供给具有拉动作用，同时也能够向厂商传递消费者的消费信息，因此，消费需求结构与产业结构之间关系紧密。

在农业经济时代，经济社会发展水平低，满足人们衣食等最基本的生存需求是前提，因此，农业和轻工业成为主导产业。这一点也由德国经济学家恩格尔提出的恩格尔系数得到验证。恩格尔认为食物消费是满足人们生存的最基本的消费，一般情况下是不会发生变化的，因而，可以把食物消费支出占总收入比重的系数作为衡量生活质量的标准。在此基础上，他提出了"恩格尔定律"，即生活必需品开支与收入的增长成反比。

当社会经济发展，人均收入水平提高，人们生活质量不断提升，需求就会不断发生变化。按照马斯洛的需求层次理论，人的需求分为五个层次，即生理的需求、安全的需求、归属与爱的需求、尊重的需求、自我实现的需求。进入 20 世纪中期以后，大部分发达国家的居民对于衣食方面的低层次需求都能够得到满足，从而开始转向对与住行相关的耐用消费品的需求，这体现着人类的需求重心从满足基本的数量、体积、种类、重量等基础需求，向多样化、差异化和高级化转变，更重视产品的高质量、多功能、设计巧妙、外观赏心悦目等品质要求，于是化学工业、汽车、家电等产业成为主导产业。当居民收入水平进一步提高时，其归属与爱的需求、尊重的需求、自我实现的需求不断形成。因此，一方面，消费者的消费开始追求个性化，从而使消费结构逐步趋向多样化和层次化，从而推动技术和知识密集型产业成为经济发展中的主导产业；另一方面，需求开始向非物质化、知识性、智力型转变，如对文化、教育、旅游、医疗、康养等各种服务性需求日趋扩大，从而促使服务业，尤其是现代服务业成为社会经济的主导产业。因此，消费结构的变化，还直接导致了产业结构的软化。

产业结构的软化，还表现在对生产性服务业的需求上。高层次多元化的产品需求促进了制造业向先进制造业转化，因而需要更多的金融、保险、咨询、产品研发、产品维护、信息咨询、会计审计、知识服务等生产性服务业的服务。

二、产业结构软化演变的外在动力机制

相对于产业结构软化的内部动力，其外部影响因素主要包括经济体制、经济政策和经济发展总体水平等因素。

（一）经济体制影响资源配置和分工

通常把经济体制划分为市场体制、计划市场混合体制和计划体制三类。经济体制对产业结构演变的影响主要表现在两个方面：一是资源配置，二是经济分工。

从资源配置的角度看，经济体制既影响资源配置的效率，也影响资源配置的方向。

完全的计划经济在配置资源上是低效率的，因而，社会总产出低，进而使一国经济发展总体上处于较低水平，从而使产业结构处于较低层次，产业结构软化程度自然要更低一些。市场经济配置资源效率高，社会总产出水平高，经济发展程度高，产业层次高，产业结构软化程度较高。当然，完全的计划经济和纯粹的市场经济在现实中都不存在，各个国家都处于一定程度的市场经济体制和政府干预相结合的混合经济体制状态。其混合程度，确实会对资源效率和经济发展水平，进而使产业结构软化进程和程度产生影响。

经济体制还会影响资源配置方向，进而影响产业结构软化。市场经济制度下，通过价格机制和竞争机制，资源趋向于同时实现消费者利益最大化和生产者利润最大化的行业，从而使资源得到最佳配置。但在政府干预的机制下，资源完全按照政府的意愿进行流动，实际上是政府选择了相应的产业发展，因此，资源随着政府的政策而转移，产业结构变动，进而是产业结构软化在这一机制过程中得到体现。例如，在我国的工业化进程中，20 世纪 60 年代，在高度计划体制下根据当时发展战略需要，重点发展航天、航空、电子、新型材料等为国防工业发展服务的产业，市场在资源配置方面基本上不发挥作用，产业技术和工艺也很难得到推广应用，技术上的优势和带动产业结构向技术密集化方向发展的作用受到限制，因此产业结构难以优化和升级，产业结构软化进程缓慢。改革开放后，我国逐步完善了具有中国特色的社会主义市场经济体制，调整了发展战略，充分发挥

我国劳动力丰富的优势，以发展劳动密集型产品为基础，通过不断积累资本，使要素禀赋逐步优化，产业结构也不断朝软化的方向发展，从而在经济快速发展的同时，产业结构也得到提升。

市场经济体制，本质上是一种分工的经济。在价格机制这一"看不见的手"的引导下，社会资源合理分工，并通过自由交换来达到利益最大化。因此，市场经济有利于促进三次产业形成，进而有利于产业结构软化。另外，亚当·斯密在《国富论》中明确提出了社会分工有利于新技术的形成，因而有利于技术进步，并能够加速产业结构软化。

（二）经济发展政策

当政府对本国经济发展采取一定的措施或手段进行干预时，就形成了经济政策。经济政策会影响本国的资源配置方向，进而影响产业结构。

当政府对某些产业采取鼓励、限制或禁止等措施的时候，就形成了产业政策。一般来说，发展中国家更倾向于采取一定的措施来干预本国产业的发展。

较早提出政府对经济进行干预的是重商主义学者。重商主义学者从他们的"金银货币就是财富"的观点出发，认为一国的产品出口可以获得更多的金银货币，进而增加财富，而产品进口支付给其他国家金银货币，就会减少财富。因此，重商主义学者主张一国应该采取鼓励出口、限制进口的对外贸易政策，从而实现了对本国产业的干预。

德国的经济学家李斯特继承了重商主义传统，在总结美国对外贸易和产业发展的经验的基础上，他提出了幼稚产业保护理论。按照幼稚产业保护理论，经济发展相对落后的国家，其工业起步时期，相对于经济领先国家的相同产业，是弱小的"幼稚产业"，因而自由竞争是不平等的，必须予以一定时期的保护，以使该国产业顺利发展壮大。幼稚产业保护的观点，得到了发展中国家的普遍认同，尤其是20世纪60年代以后，许多发展中国家以此为出发点采取了进口替代发展战略。

当前，在国际竞争越来越激烈的背景下，许多国家都提出了自己发展产业的相关政策，尤其是鼓励高新技术发展的措施，以便在竞争中取得优先权和主动权。20世纪90年代，世界主要国家围绕发展信息技术和网络技术，提出了一系列的举措。当前，围绕先进制造业发展，欧美国家提出了工业 4.0 的概念并大力推动工业与现代信息技术的融合发展，我国则提出了《中国制造 2025》，这些都充分说明了产业政策在技术变革节奏加快的时代，将会越来越受到重视，对产业结构软化的影响也会更加明显。

（三）经济发展水平的整体提升

产业结构的软化，是国际经济社会发展水平达到一定阶段和高度才成为引人注目的一种经济演变过程。科学技术的发展和近几十年世界经济增长的快速增长，为产业结构软化加速发展打下了基础。

当经济发展水平较低时，有限的要素和资源基本都投入到满足人类生存和生活需求的第一产业以及一些比较低端的制造业中。此时，产业结构软化程度自然就比较低。

当经济发展到一定程度，随着经济发展水平和人均收入提高，消费结构发生变化，进而从供给角度推动了制造业由简单向复杂、由低端向深加工发展，产业结构也向高端化演进，出现软化趋势。产业结构的调整促进经济发展，反之，经济的快速发展，使技术和资本的投入加大，制造业的产出效益得到提升，同时又促进第三产业的繁荣。

从全球角度看，"二战"以后在贸易自由化和投资自由化的推动下，经济全球化不断深入，无论是制造业还是服务业均出现产业全球化势头，国际的技术许可贸易、跨国公司之间的贸易以及各种特许经营，成为贸易和投资的重点领域。这不仅为发达国家之间的贸易和投资开拓了市场，推动了相关产业的发展，也使新兴经济体和发展中国家技术水平和知识能力得到提升，新兴产业快速成长，产业结构升级。上述因素共同促进了全球产业结构升级和产业的软化。

第五节　产业结构软化的影响

产业结构软化是社会经济发展和技术进步的结果，反过来也会对社会经济发展和技术进步带来极大的推动作用，二者形成了良性的互动关系。在经济全球化不断深化的背景下，经济竞争日益激烈，产业结构软化程度有别，先进国家充分利用产业结构带来的优势，提高了自身产业的竞争能力从而处于有利地位，而落后国家则相反，贫富差距逐渐拉大，不平衡发展更为明显，两类国家之间的矛盾也必将进一步激化，这也会在某种程度上延缓经济全球化的进程，并使产业结构软化进程受到抑制。

一、产业结构软化促进世界经济发展

产业结构软化对于世界经济发展的促进作用体现在多个方面。

首先，产业结构软化使世界经济处于更高发展平台。不断软化的产业结构，使产业处于一个更高水平更高层次上，从而使世界经济在一个更高的起点上发展，这本身就是经济高水平发展的一个体现。

其次，产业结构软化促进了经济可持续发展。软要素投入的增加、硬要素投入的减少，降低了经济发展对自然资源的依赖程度，加之环境保护技术的不断进步，经济发展对于环境产生的负面影响逐步得到缓解。技术进步和管理过程软化，能够提高劳动力和资本的生产率，因而可以有效节约资源，并降低人类自身损耗，从而使得经济增长和发展方式由粗放型转变为集约型方式。因此，产业结构软化有利于全球经济可持续发展。

再次，产业结构软化能够提高生产率及全球资源配置的效率。产业生产过程中知识和技术等软要素投入的增加，其本质是人的主观能动性的提升，人的潜能得到有效发挥，生产效率得到提高。现代信息技术、网络技术的发展，降低了跨国公司全球化生产和管理的成本，促进了全球一体化生产体系的深化和发展。以跨境电子商务为代表的新技术手段应用，也极大地推动了国际贸易的发展。这些，都使国际分工向纵深方向发展，全球

范围的经济资源的配置效率得到更大提升。

最后，产业结构软化能够提升人的全面发展。产出结构软化为人们提供了高层次需求所需要的精神和心理方面的产品，能够促进人的全面发展并使人类的福利水平得到提升。

总之，通过产业结构软化和社会经济发展之间的相互促进，有利于形成人类社会物质文明和精神文明协调发展的和谐社会环境，提高世界福利水平。

二、产业结构软化有利于提高并保持国家竞争力

全球化背景下，国际竞争日趋激烈，国际竞争力水平对于一国经济社会发展具有重要意义。国际竞争力实际上是各国创造增加值和国民财富持续增长能力的比较。产业结构软化，从根本上说是社会生产力不断进步的表现，也是一国国际竞争力的体现。

产业结构软化使一国能够占据技术制高点并发挥优势。发达国家在高新技术方面具有明显的优势，因此，通过高度软化的产业结构，能够将高新技术有效地转化为产品，获得利润，占领市场，从而使优势转化为竞争中的胜势。而且，从长远来看，技术上的竞争优势还体现在高质量经济发展潜力、高稳定的社会生产能力和创造高就业的社会环境。因此，各国都高度重视本国高新技术发展，确保使其成为促进经济发展的主要力量。

产业结构软化使一国产业更能够经受住经济危机的严峻考验。现代经济特征之一是全球经济处于周期性的危机中。经济危机会直接给产业发展带来震荡，优胜劣汰。软化度高的产业，一般都是技术密集型或知识密集型产业，产品附加值高，创新能力强，具有足够的抵抗风险能力，在经济危机中更能够经受住考验。因此，产业结构高度软化的国家，其企业具有充分的创新能力，能够在国际竞争中保持竞争优势。

产业结构软化使一国在新经济中抢占产业先机。全球经济发展已进入知识经济新时代，知识经济是经济发展的新趋势，知识密集型、智慧密集型产业引领世界经济的发展。产业结构高度软化的发达国家，由于在教育水平和科技水平方面具有明显优势，人才丰富，创新环境优良，因而在知识经济发展转型过程中容易抢得先机。

经济发展，尤其是产业发展，具有很强的路径依赖，因而更可能产生马太效应。在日趋激烈的国际竞争中，各国都应该充分发挥产业结构软化起到的桥梁纽带作用，不断提高并保持本国国际竞争力。

三、产业结构软化将拉大世界贫富差距

各国之间的产业结构软化程度存在着巨大的差距，发达国家远比发展中国家程度高，这种不平衡会进一步拉大世界的贫富差距。

发展中国家由于经济所处发展阶段决定了其发展目标主要是要通过工业化来解决本国贫穷落后的现状，所以，其产业结构的特征表现为不断"硬化"上。与此形成鲜明对比的是，发达国家的产业结构日益"软化"。从目前的趋势上看，发达国家和发展中国家产业结构软化程度的差距还将持续下去。

正是这种产业结构软化程度的差距，导致了发达国家和发展中国家在全球产业价值链上处于不同的地位。发达国家经济实力强，技术水平高，因而在国际竞争中具有优势，在国际分工中，将产业链中附加值低的劳动密集型产业和资源密集型产业转移到发展中国家，而国内则保留了在全球价值链中附加值高的技术密集型和知识密集型产业，例如教育、技术研发、金融、保险、旅游、咨询及信息服务等生产性服务业，从而处于有利和主动的地位。而大多数的发展中国家在全球价值链中主要生产附加值低、资源消耗高的劳动密集型和资源密集型产品，从而成为发达国家跨国公司的原材料产地和制造车间，在全球价值链中处于低端。

在经济竞争日益激烈、技术创新节奏加快、产业结构越来越软化的今天，发达国家的地位进一步得到巩固，发展中国家也有掉入"比较优势陷阱"的危险，对于发展中国家来说，其面临的形势更为严峻。

本章参考文献

[1] 陈晓涛. 产业演进论 [D]. 成都：四川大学，2007.

[2] 肖祥辉，李忠民. 服务经济理论研究述评 [J]. 重庆工商大学学报：西部论坛，2005(4)：69-74.

[3] 鲍曙明，张同斌. 制造业行业分类体系的演变与新进展 [J]. 东北财经大学学报，2017(5)：25-33.

[4] 辰昕，刘逆，惠长虹，等. 创新完善产业划分理论将数据业设为第四产业的思考和建议 [J]. 产业经济评论，2020(5)：5-14.

[5] 吕长庆. 文化：成为当代世界经济中的"第五产业" [J]. 科技与企业，2010(9)：13-15.

[6] 三次产业划分规定 [J]. 中华人民共和国国务院公报，2003(27)：41-44.

[7] 孙晓华. "配第—克拉克定理"的理论反思与实践检视：以印度产业发展和结构演化为例 [J]. 当代经济研究，2020(3)：47-54.

[8] 于刃刚. 配第：克拉克定理评述 [J]. 经济学动态，1996(8):63-65.

[9] 陈凯，席晶，雷钦礼. 现代经济增长理论研究的一个文献综述 [J]. 未来与发展，2014，37(1):18-23，79.

[10] 廖常文，张治栋. 稳定经济增长、产业结构升级与资源错配 [J]. 经济问题探索，2020(11):16-26.

[11] 刘凯. 发展经济学理论综述 [J]. 商，2015(1)：246，252.

[12] 谭崇台. 发展经济学 [M]. 太原：山西经济出版社，2000.

[13] 杨永华. 发展经济学流派研究 [M]. 北京：人民出版社，2007.

[14] 郑北雁. 战后日本产业结构理论发展撮要 [J]. 日本学论坛，2000(1)：16-18.

[15] 郑飞虎. 小岛清思想与中国对外经济关系的新发展 [J]. 当代亚太，2006(4)：41-46.

[16] 王乐平. 赤松要及其经济理论 [J]. 日本问题，1990(3)：117-126.

[17] 库兹涅茨.各国的经济增长[M].常勋，等，译.北京：商务印书馆，1985.

[18] 王师勤.霍夫曼工业化阶段论述评[J].经济学动态，1988(10)：37，54-57.

[19] 钱纳里，鲁宾逊，赛尔奎.工业化和经济增长的比较研究[M].吴奇，王松宝，等，译.上海：生活·读书·新知三联书店，1989.

[20] 杨一平.发展中国家和地区对外直接投资的特点、类型与发展趋势[J].上海大学学报(社会科学版)，1990(5)：75-77，111.

[21] 李磊，郑昭阳.议中国对外直接投资是否为资源寻求型[J].国际贸易问题，2012(2):146-157.

[22] 吕宁.技术寻求型对外直接投资的机理分析[J].首都经济贸易大学学报，2015，17(3):45-49.

[23] 宫毓玮.中国制造业对外直接投资动因研究：技术驱动还是市场寻求[J].现代商贸工业，2017(27)：127-128.

[24] 蔡雪雄，邵晓.二元经济结构理论最新研究动态[J].经济学动态，2008(1)：94-97.

[25] 高帆.二元经济结构理论最新研究进展[J].经济学动态，2003(9)：60-63.

[26] 汪小勤.二元经济结构理论发展述评[J].经济学动态，1998(1)：73-78.

[27] 李丽纯，李灿.关于当前我国二元经济结构转型困境的几个理论问题分析：对拉尼斯—费景汉模型的重新诠释与修正[J].湖南省社会主义学院学报，2004(3)：52-54.

[28] 戴炳源，万安培.乔根森的二元经济理论[J].经济体制改革，1998(S2)：23-26.

[29] 刘振亚.发展中国家的人口迁移问题：托达罗人口迁移模型评述[J].农村经济与社会，1990(4)：47，48-53.

[30] 许峰.托达罗基本模型的启示、发展和运用[J].财经研究,1999(6)：27-30.

[31] 王学真，郭剑雄.刘易斯模型与托达罗模型的否定之否定：城市化战略的理论回顾与现实思考[J].中央财经大学学报，2002(3)：77-80.

[32] 高国力.区域经济不平衡发展论 [M].北京：经济科学出版社，2008.

[33] 尼茨坎普.区域和城市经济学手册 [M].安虎森，等，译.北京：经济科学出版社，2001.

[34] 王陕菊.区域经济不平衡发展理论综述及启示 [J].三门峡职业技术学院学报，2017，16(4)：103-107.

[35] 程启智，汪剑平.区域经济非平衡发展：表现形式、根源与分析框架 [J].江西社会科学，2009(10)：68-74.

[36] 高大伟，仵雁鹏.区域经济不平衡发展理论述评 [J].商场现代化，2005(15)：144.

[37] 颜鹏飞，马瑞.经济增长极理论的演变和最新进展 [J].福建论坛（人文社会科学版），2003(1)：71-75.

[38] 褚淑贞，孙春梅.增长极理论及其应用研究综述 [J].现代物业（中旬刊），2011，10(1)：4-7.

[39] 杨虎涛，徐慧敏.演化经济学的循环累积因果理论：凡勃伦、缪尔达尔和卡尔多 [J].福建论坛（人文社会科学版），2014(4)：28-32.

[40] 特劳特温，王爱君.累积进程与极化发展：缪尔达尔的贡献 [J].经济思想史评论，2010(1)：111-130，241.

[41] 梁捷.赫希曼与发展经济学的新进展 [N].文汇报，2017-05-12(W05).

[42] 黄景贵.罗斯托经济起飞理论述评 [J].石油大学学报(社会科学版)，2000(2)：27-31.

[43] 孟晓苏.评 W·罗斯托的经济起飞论 [J].经济学动态，1990(8):64-66.

[44] 厉以宁.罗斯托起飞学说的评论 [J].北京大学学报（哲学社会科学版），1984(4)：29-38.

[45] 曾新群.产业主导部门分析理论的发展 [J].中国工业经济，1988(1)：40-46.

[46] 郭勇.基于"两基准"理论的我国产业结构优化路径分析 [J].中共四川省委党校学报，2011(3)：82-84.

[47] 薛正标，张海潮.当今世界产业结构变化及其启示 [J].经济纵横，

1991(9)：32-35.

[48] 井志忠，耿得科.日本产业结构软化论 [J].现代日本经济，2006(6)：17-20.

[49] 马云泽.产业结构软化及其对世界经济的影响 [J].当代财经，2004(4)：82-84，88.

[50] 张丽君.产业结构软化：西北地区产业结构升级路径选择 [J].理论导刊，2007(8)：82-84.

[51] 邓于君，李美云.中国消费需求软化促动产业结构软化的实证分析 [J].华南师范大学学报 (社会科学版)，2014(3)：90-95.

[52] 郭露露，王红利.中原城市群产业结构软化的实证分析 [J].现代经济信息，2016(4)：444-445.

[53] ZHI-ZHONG J.On the Softening of Japanese Industrial Structure[J]. contemporary economy of Japan，2007.

[54] 喻君.跨国公司产业结构软化实证研究 [D].上海：华东师范大学，2010.

[55] 刘志业.科学技术革命与当代社会主义发展 [D].济南：山东大学，2010.

[56] 马云泽.世界产业结构软化趋势：以美、日为例 [J].重庆邮电学院学报，2005(3)：358-361.

[57] 李晓.论西方发达国家产业结构的软化及其影响 [J].世界经济，1992(3)：1-7.

[58] 曹斯蔚.人力资本理论研究综述 [J].时代金融，2017(14)：246-247.

[59] 莫志宏.人力资本的经济学分析 [D].北京：中国社会科学院研究生院，2002.

[60] 周晓燕.智力资本研究综述 [J].现代商业，2010(33)：98，100.

[61] 白婧，冯晓阳.人力资本对产业结构高级化发展的实证检验 [J].统计与决策，2020（4）：67-71.

[62] 谢健.恩格尔定律的适用性及恩格尔系数的修正 [J].统计研究，1993(1)：68-71.

[63] 朱志强.马斯洛的需要层次理论述评 [J].武汉大学学报 (人文科学

版），1989(2).

[64] 夏雪.马斯洛需求层次理论述评 [J].北方文学，2018(18)：36.

[65] 宋健，王茁，杨杰."工业 4.0"综述 [J].山东工业技术，2015(2)：288.

[66] 国务院关于印发《中国制造 2025》的通知 [J].中华人民共和国国务院公报，2015(16)：10-26.

[67] 朱玲，陈永华.产业结构对区域经济发展的影响 [J].江苏商论，2008(12)：143-144.

[68] NASH C，MATTHEWS B，SMITH A.The impact of rail industry restructuring on incentives to adopt innovation:A case study of BrITain[J].2020，234(3)：331-337.

第三章　技术革命、知识经济与产业结构软化

人类经历了三次技术革命，每一次技术革命都带来产业结构根本性的变革。以信息技术为代表的第三次技术革命，与前两次相比较，具有明显不同的特征，给社会经济发展带来的影响更为巨大，其中最为重要的一个方面，就是推动了知识经济的发展。知识经济不仅导致了产业结构变革，而且导致了产业结构的软化。互联网技术的快速发展和广泛应用，改变了人们的生活和工作方式，从我国实践来看，互联网对于产业产生了全方位的渗透和影响，产业之间的边界正在模糊。以人工智能为代表的新一代技术的应用，带给社会经济发展的影响也难以估量，需要深入思考和研究。

第一节　以信息技术为代表的新技术革命

20 世纪中期以来，随着以信息技术为代表的新技术革命的兴起，在世界范围内，产业结构发生了根本性的变化，并加速推进了产业结构软化。对于技术革命的次数界定，不同的学者有不同的看法，本书采用了到目前为止发生了三次技术革命的观点。三次技术革命演变的总体趋势是由劳动投入驱动型到资本投入驱动型再到知识创新驱动型转变，体现了由要素积累阶段到集约管理阶段最后到知识创新阶段，集约化和创新的程度越来越高。

一、历史上的两次技术革命

第一次技术革命发生在 18 世纪左右的英国，它的标志是蒸汽机技术的发明及其广泛应用。在第一次科技革命中，蒸汽机火车大大降低了陆路运输成本，各个地区的连接变得快捷便利。而蒸汽机轮船技术导致海洋运输成本低廉，使得世界各国的交往越来越便利，世界市场联系更为紧密，规模更为庞大，从而极大地推动了全球化发展。

19世纪末，以电的广泛应用为标志引发了一系列技术上的重大突破，形成了第二次技术革命，给人类经济社会发展产生了重大影响。1886年发明的汽车方便了人与人之间的交往与沟通，从根本上改变了人们的生活方式。1901年在英国与加拿大之间首次实现了横跨大西洋的无线电通信技术，提高了人类信息交流的效率，降低了远距离信息沟通的成本。在1903年12月，美国第一架飞机试飞成功，开创了人类飞行的新时代，世界各国的交往也更为便利。这些技术，使全世界各地的距离再一次缩短，推动了现代意义上的世界市场最终形成。

二、新技术革命的含义

第三次技术革命带来了诸多领域的重大的高新技术革命，因此又称为新技术革命。对于第三次技术革命的开始时间，目前存在分歧，或以为从20世纪50年代开始，或以为是20世纪70年代。虽然目前国际上公认的高新技术领域包括信息技术、生物技术、新材料技术、新能源技术、空间技术和海洋技术等，但其起点却是计算机技术，因此，本书认为1946年2月14日，在美国宾夕法尼亚大学世界上的第一台计算机ENIAC诞生，标志着人类进入到信息化时代，也开始了第三次技术革命。在这一阶段，核能、航天空间技术也取得了巨大的成就。

到了20世纪70年代，由于计算机技术的迅猛发展，以微电子技术为代表的信息科学技术突飞猛进，信息技术革命进入了全面发展的新阶段，同时带动了生物工程技术、新型材料技术革命。

前两次的技术革命，通过机器设备代替人的繁重体力劳动，大大提升了劳动生产率，世界经济由农业社会进入工业社会，制造业代替农业成为经济中的主导产业，城市化使农村人口大大减少，城市人口大幅度增加，在改变了人们生活方式的同时，生活服务业和公共服务业成为重要的产业。以信息技术为代表的新技术革命在提升体力劳动舒适度的同时，通过电信技术，延长了人的耳目功能，计算机的发明为延长人脑的功能又创造了条件。这一次的技术革命，使人类从复杂的脑力劳动中真正摆脱出来，同时，其应用渗透到科学技术各个重要领域和国民经济的一切重要部门，对于生产方式、生产布局、经济结构和生活方式产生了更为重要的影响，城市化的内涵也今非昔比，全球化，尤其是经济全球化的特征更为明显，因此，其意义之深刻、影响之深远是前两次技术革命所无法比拟的。

三、新技术革命的特征

新技术革命以信息技术为核心。信息技术主要指信息的获取、传递、处理等技术，包括微电子技术、计算机技术、通信技术和网络技术等，是渗透性强、应用面特别广的技术。因此，在信息技术革命的推动下，新技术革命突破了以往技术功能单一、应用不广的局限，而且，信息技术自身也持续不断取得突破，加速应用，从而使信息技术革命与前两次的科技革命相比呈现了其独有的特征。

（一）新技术革命的实质是一场信息革命

首先，新技术革命的核心、先导技术是信息技术。第三次技术革命除了信息技术以外，还广泛涉及新材料、生物工程、新能源技术、航天空间技术、海洋技术等诸多方面，这些技术的突破，虽然需要以自身技术领域的基础研究和应用研究的重大突破为前提，但更离不开信息技术的支撑。以计算机发明为标志的信息技术革命，使人类加工信息的手段从根本上发生了变革，使人类大脑及感觉器官加工处理信息取得了突破，从而极大地提高了人类利用信息的效率和能力，并能够为其他高新技术的基础研究和应用研究奠定坚实的基础。因此，信息技术在新技术革命中处于核心和先导地位。

其次，信息技术在新技术革命中起着主导性作用。从经济发展历程来看，传统的农业社会和工业社会生产的产品，按照要素密集度来划分，有资源密集型、劳动密集型和资本密集型产品等。随着新技术革命出现，人类进入了信息时代或知识时代，信息或知识成为更为重要的资源，知识密集型、信息密集型、技术密集型和智慧密集型产品逐渐占据主导地位，其决定性的因素在于信息化程度提高，信息加工、处理和传递能力，也即信息成本成为决定竞争优势的最为关键的因素，因此，在信息经济时代，信息技术在产品生产和产业选择过程中起到了主导作用。

（二）信息技术革命是一场自动化的革命，知识经济的潜能得以体现

前两次技术革命的本质都是解放人的体力，只不过第一次技术革命偏重解放了人们的双手，其作用是局部的，而第二次技术革命借助电的广泛应用全方位解放了人的体力劳动。这两次技术革命不仅使劳动效率大为提升，劳动的舒适程度也得到了根本上的改观，同时，也为生产自动化奠定了基础。

新技术革命的关键在于其自动化体现在由物质产品生产的自动化转向非物质产品的自动化。

以信息技术为核心的新技术革命，促进了计算机、网络和机器人等技术的普遍应用，生产自动化进入新时代，出现了智能机器人、无人驾驶汽车等集成了新一代新技术革命成果的技术进步与革新。这些变革，导致了物质资源处理技术发生了质的飞跃，劳动工具发生了根本性的变革，物质产品生产的自动化程度得到了普及和提高，而且其过程更加精准和安全，大幅度降低了生产成本，提高了劳动生产率。

与此同时，信息技术也渗透到非物质部门的生产过程中并提高了效率。例如，物流系统的自动化，大大提高了货物分拣的效率，也能够随时跟踪货物流通的全过程。尤其重要的是信息处理自动化带动了电子商务的快速发展，并不断深化和完善，从而使非物质劳动的生产率提高突破了瓶颈，使社会生产从以物质生产活动领域为主的阶段转向以非物质生产活动为主的阶段。无人驾驶、无人商店、在线教育、远程医疗、在线公共服务等新事物的不断出现，将激发知识经济的潜能，知识经济将得以真正实现。

（三）新技术革命发展速度快、涉及领域广、影响范围大

新技术革命发展速度之快史无前例，其"快"表现在三个方面。第一，应用速度快，普及周期缩短。前两次技术革命，新技术从发明到在生产中实际应用需要很长的周期，甚至长达几十年，例如蒸汽机从发明到普及应用，其周期长达80年。而新技术革命下，这一周期大为缩短，集成电路的这一过程居然只有不到3年的时间。其次，技术更新换代节奏加快。信息技术领域的摩尔定律至今仍然基本上符合现实。根据该定律，计算机的计算能力一到两年提高一倍，而成本反而下降一半。按照摩尔定律的预测，

计算机信息处理能力按照指数级增长。第三，新技术催生新的产品，形成新的产业，且呈现不断加速趋势。以知识、技术为主导的知识技术密集型产业，成为更新换代最快的产业，新的智慧型产业也不断壮大。信息产业成为经济发展中的主导和支柱产业，并成为推动经济增长的主要因素。

新技术革命的特征还体现在涉及的领域广，影响范围大。前两次技术革命主要是科学技术在某一领域局部的突破或单个学科领域的进步。以热力学为基础的蒸汽机和以电磁学为基础的发电机引发了能源和动力革命，提升了生产效率，带来了新产品和新产业，但对整个社会经济的影响是有限的，而且是通过较长时间逐步发生的。而新技术革命是科学技术在多个方面、多个学科领域同步短时间进行的，既在工业生产领域得到广泛应用，也向传统的农业和服务业渗透，与此同时，其通过交叉融合，形成了新的产业，所以，它涉及的领域是过去的技术革命所无法比拟的。

四、新技术革命的影响

技术进步带给人类的影响是不言而喻的，技术突破性的变革带来的影响，尤为显著。就经济方面而言，以信息技术为核心的新技术革命，带来的是全新的生产方式，也改造了原有的生产手段，因此，不仅会通过全要素生产率的提升而大力促进生产的发展，也会带来生产组织管理方式的变化。

与大规模生产相适应的福特式生产流水线，是工业高度发达社会的标准化生产组织，而以知识生产为核心的信息经济，其生产方式已逐步发生变化，出现了借助网络改变为分散式办公，甚至居家办公的模式。与此同时，由于主导产品从以物质产品为主，转变为物质产品和服务产品并重，甚至是以知识密集型和智慧密集型产品为主，整个社会的产业结构和经济结构必将相应转型。经济基础决定上层建筑，经济领域从量变到质变，会引发人们价值观和社会意识的变化，从而导致社会结构的变化。因此，新技术革命的影响，将比以往的技术革命更加巨大而深刻，节奏更快，其结果尚难以估量，需要谨慎应对。

每一次的技术革命带来的影响，从产业的角度来看，基本上通过两个途径体现：第一，新技术带来新产品，形成新产业；第二，新技术改造传统产业，使传统产业升级，产品换代。这两个方面导致了产业结构的深度调整，甚至推动了产业革命。第三次技术革命对于生产力的促进作用远超前两次。

（一）新技术革命带来生产模式和社会经济结构的重大变化

从总体上看，第三次技术革命逐步改造了传统的生产模式和服务模式，进而导致社会经济结构和社会生活方式发生重大变化。

传统的农产品，经过基因技术等生物工程，不断培育出新的品种，产品产量和种类发生根本变化。网络技术催生了新的电商模式，农产品的生产组织方式不断出现，新型农业合作社替代了原有的个体生产，农产品中的研发比重和服务中的资本与知识、技术含量大大提升，劳动力和土地的比重下降。

对于制造业而言，尽管规模化生产依然十分重要，但通信技术、网络技术和交通技术的不断进步，大幅度降低了管理协调成本，全球化生产日益成为趋势，全球价值链更趋完善，对于生产布局和各国的产业结构产生了巨大的影响。而且，从"二战"以来，各国第一产业和第二产业在国民经济中的比重总体呈现下降趋势，第三产业的比重不断上升，发达国家步入后工业化，服务经济出现。总之，第三次技术革命和因之而来的产业革命导致了全球产业结构的深度变革，经济发展方式也在发生变化。

（二）新技术革命带来了新产品，形成了新产业，促进了产业升级换代

随着以信息技术为核心的新技术的广泛应用，出现了新产品，形成了新产业。生物工程和生物技术促进了新种子、新粮食作物、生物医药等一系列新产品出现；太阳能、风力发电、光伏、生物能源等新能源技术带来了诸多新产品；电子信息材料、能源材料、生物材料、汽车材料、纳米材料与技术、超导材料与技术、稀土材料、新型钢铁材料、生态环境材料等新材料及其相关产品构成了国民经济中重要的产业。人工智能的不断进步，不仅导致了智能制造的出现，以智能驾驶、智能银行、智能医疗、自助超市等为代表的新型智能服务不断出现，而且一些全新的制造业和服务业也即将出现并壮大。

传统产业通过新技术的改造，能够实现升级换代。产业升级主要通过

生产要素投入改进、结构优化、生产效率与产品质量提高、产业链升级等方式来实现，其结果体现在产品附加值提高。新技术是传统产业升级的主要推动力量，但对传统产业进行升级改造，其具体方式必须符合高新技术的内在要求和发展趋势，遵循新经济的发展规律。因此，不同的科技革命促成传统产业升级换代的内容和特点也不同。

第三次科技革命对传统产业的改造主要体现在对传统产业进行信息化改造。通过企业信息化，能够使企业实现高附加值、高增长、高效率、低能耗、低污染，提高企业和国家核心竞争力，其结果，直接带动传统产业升级，又促进了信息产业的快速发展。如软件与交通运输相结合，开发出基于全球定位系统的动态目标管理系统；计算机技术、微电子技术与机械制造业相结合，开发出数控机床，带动先进装备制造业发展。而且，通过企业的信息化建设，使企业得到深层次的系统改造，其主要内容有以高速数据网络为核心的企业信息基础设施、建立大型动态数据库、建立新型的工作流程、建立网上交易手段等。而对企业产生根本性影响的是建立新型的工作流程，它能够使企业形成一种迅速、高效的管理方式。通过这种管理方式，生产的组织由以动力、物资等为中心转变为以管理数据流为中心，从而使企业可以高效低成本提供大量个性化服务，进而使企业的生产经营能更好地适应社会需求，扩展企业的生存空间。

（三）信息处理的基础设施成为基础工程

企业信息化，进而导致经济信息化，同时社会生活信息化，才能够使信息化的总体结果得到显现。信息化是一个全面系统的过程，其中，信息基础设施的建设是基本前提。信息基础设施建设的完成，能够为企业信息化改造和信息产业的快速发展提供良好的技术保障、效率保障和社会环境。20世纪90年代，以美国国家信息高速公路计划为开端，在全球掀起了建设信息基础设施的高潮，极大地改善了信息处理的基本条件，推动了信息技术的普及和应用。

在当前，信息技术取得了跨越式发展并进入大数据时代，社会经济对与之配套的信息基础设施提出了更高要求，因而信息基础设施成为各国新型基础设施，是各国基础设施的重要组成部分和建设的核心内容，也是各国具有国家战略性、先导性、关键性的基础设施。

在以信息技术为核心的新技术革命不断应用的前提下，信息基础设施建设借助知识溢出的中介作用，对新型产业的聚集产生积极影响，从而推动产业布局和结构的优化，并进一步推动经济增长。

（四）信息技术对社会经济的影响将逐步由量变趋向质变

信息社会是由信息技术应用不断深化积累所引起的从量变到质变的一种必然结果，信息技术逐步成为知识经济时代社会进步的关键力量和决定性因素。

信息技术革命使人类的各种活动，尤其是生产经营活动和人际交往活动受时间、空间的限制大为缩小。伴随着各种技术在生活、工作和学习中的全方位渗透应用，其影响必将由量变趋向质变。其对商业的影响就是典型的例子。随着云计算、大数据、物联网、人工智能等新一代信息技术的广泛深入应用，现代商业服务逐步向智能化、现代化方向发展，一方面通过消费大数据、渠道控制权等途径可延伸到生产过程中，甚至通过定制生产可以直接参与到生产决策方面，另一方面则通过个性化、多样化、便捷式的服务改变了消费者的购物习惯和消费方式。目前，网上交易已经逐步让各类实体商店萎缩，但随之而来的各种影响还将持续产生。

总之，不仅信息产业已经一跃成为促进当代经济发展的龙头产业，而且，随着新一代的信息技术融入传统产业产品的研发、设计、生产过程中，以互联网为支撑的精细化、个性化生产也将取代传统大批量标准化生产。除了生产环节，物流、销售、售后服务、客户反馈都会发生根本性的变化。

五、新技术革命推动了经济全球化

技术是人类文明的产物，反过来又推动人类文明的进步。技术的进步和革命呈加速的趋势，人类的进步和变化也越来越快，在经济上的全球化就是其中最为重要的一个方面。信息技术是继交通技术之后，成为促进全球化发展的最重要的基础技术，也是全球化的根本推动力量，其影响甚至更为深远。全球化是将世界连接成一个不受地域限制的有机整体的过程。通过经济全球化，世界资源配置不断得到优化，世界总福利水平得到提高。

（一）新技术革命成为推动全球化的主导力量

全球化使原本各自分离的国家和地区日益融合为一个不可分割的有机整体，亦即从封闭走向了开放。全球化是一个持续进行的过程，到目前为止大致可以分为三个阶段。第一阶段是由英国主导的欧洲国家对外扩张。第二阶段是"二战"后由美国主导的全球化。在这一阶段，世界银行、国际货币基金组织和关贸总协定等国际组织制定了一系列全球化的经济规则，为经济全球化的有序运行提供了制度上的保障，也促进了包括我国在内的发展中国家的经济发展。第三阶段是从 20 世纪 80 年代开始，是以信息技术为核心的新技术革命主导的全球化。这一阶段全球化的主导力量由以信息技术为核心的新技术革命替代了单一的超级大国，这也充分体现了新技术革命的巨大革命性力量。

在全球化的第三阶段，信息技术和网络技术的发展成为推动全球化诸多因素中的关键因素。

第一，这些技术为全球化的发展提供了技术支撑。计算机技术的发展，提高了信息收集、加工和处理效率，而网络技术、通信技术的发展，大大提高了信息传递与沟通的效率，并迸发出信息的网络效应。数字化形式存在的信息通过互联网平台可以实现信息资源的联通和实时共享，从而使互联网成为国与国之间信息交流的枢纽。在互联网平台，可以不受限制地开展国际贸易、金融服务等经济活动。信息技术和网络技术成为推动经济全球化发展的强大力量。

第二，这些技术一定程度上扫清了全球化的障碍。借助这些技术，时间和空间局限得以突破，从而使各国在全球范围内的横向联系不断得到加强，在合作交流中达成了更多的共识，并逐步化解在社会制度、历史文化、经济发展水平和语言文化等方面的差异，推动全球化顺利进行。

第三，这些技术能够大大降低信息成本。利益是驱动全球化的根本性力量，经济全球化的本质是经济利益驱动下的资源配置的全球化。通过对外开放，劳动、土地和资本能够在全球范围内进行配置，进行商品生产和提供服务，在全球范围内分配和消费这些商品和服务，并最终实现消费者利益最大化和生产者利益最大化。在封闭条件下，资源、商品和服务在国家间是不流动的，但在开放条件下，它们是流动的。当然，这种跨国间的流动是有成本的，从而使全球范围内的资源配置和交易受到了限制。

信息技术革命影响全球化的途径就是通过降低信息成本，进而是降低要素流动成本，以及商品和服务交易成本，从而促进了全球化。信息科学技术的不断发展降低了信息收集、加工处理、传递和交流等方面的成本，实际上就是降低了交易成本，从而为各国全球化扩张，谋求高额利润提供了基础技术支撑。因此，信息技术降低了信息成本，促进了贸易自由化和投资自由化，从而使全球化步入快速发展的轨道。

由于信息技术和网络技术的核心掌握在部分发达国家手中，并由他们引领相关领域的技术创新，因此，可以认为，这一阶段的全球化，是由美国为首的发达国家借助于以信息技术为核心的高科技的领先地位及经济上的实力而共同推动的全球化。

（二）信息技术革命推动全球化向纵深发展

"二战"以来，国际贸易和国际投资快速增长，各国之间相互依赖的程度不断加深，世界经济进入了全球化快速发展阶段。进入 20 世纪 80 年代以后，信息技术革命加速了经济全球化，而经济全球化又对信息技术提出了更高的需求，二者之间相互依存，互为因果，共同推动世界经济的发展。在这一过程中，信息技术在推动全球化向纵深方向发展方面起到了重要的作用。

1. 信息技术革命促使知识和信息成为新的经济资源

借助信息技术的力量，知识和信息成为新的资源。

随着信息技术革命的深化，知识和信息的资源特征得到充分体现。由于知识和信息不会损耗，而且还具有累积性的特征，因此，以知识和信息为资源进行商品生产和提供服务，具有不同于传统资源的优势。通过信息技术，把知识和信息转化为资源，进而转化为商品和服务，成为财富的新来源。一方面，传统的有形商品在研发、生产、管理、流通和消费等诸多环节中，包含了越来越多的信息内涵，也包含了更多需要处理的信息环节，信息技术的用武之地大大增加；另一方面，服务经济和知识经济的扩张，使得经济中的知识产品和服务产品成为主要产品之一，而它们当中包含更多的信息，需要进行更多的信息处理、加工和传递。因此，高度发达的信息技术成为经济中的重要力量，并日益成为决定性的力量。由于拥有的传统要素禀赋有差异，以及在信息技术掌握和应用程度上有差别，各国在生产知识产品和信息产品上各自存在比较优势，因此，全球化的程度，得以进一步提升。

互联网的形成和发展，使信息成为经济资源得以实现。信息只有通过实时共享性才能够充分发挥其资源的特征。在数字化技术和互联网技术的共同推进下，信息通过互联网平台可以实现高效率低成本的实时共享。在互联网环境下，没有国土分界线，任何国家和民族的公民都可以随时随地利用信息获取工具在互联网上获取各种信息，信息成为重要的经济发展资源。

2.信息技术的潜能将进一步推动全球化发展

传统的信息技术存在功能单一、形式有限、成本高昂等劣势，这对于跨国生产经营的企业来说不仅提高了成本，还给信息传输过程带来诸多不便。这不仅制约了跨国企业的生产经营活动的管理和协调，而且限制了经济全球化的发展。所以，在信息技术发展初期，信息技术的优势并没有得到充分的发挥。

网络技术促使信息技术的巨大潜能得到释放。随着全球信息网络的建立，信息技术，特别是以移动端为核心的信息技术不断进步，功能越来越强大，成本越来越低，普及程度越来越高，出现了一个空前的以网络普及为基础的虚拟空间和媒介，人们有了更方便的通信工具，人与人之间的距离越来越近了，世界正在缩小。网络购物给人带来极大便利，远程教育和远程医疗也越来越普遍。来自某一个地方的消息瞬间就可以在全世界传遍，生产要素在国际之间的流动也越来越快。因此，局部地区经济环境的变化可在瞬间影响至全球；反之，全球性的大变化是每个局部地区所不能避免的。随着网络技术的发展和应用的推进，信息技术在经济领域，进而在推动全球化方面的力量将进一步得到释放。

信息技术革命将通过推动跨国公司跨国经营的发展进一步推动经济全球化不断深入。历史发展表明，技术革命能够引发对外直接高潮。信息技术的发展为跨国公司生产经营决策提供了技术支持，加快其全球布局的效率。而知识经济的加速形成和成熟，使全球范围内的高效率资源配置成本越来越低，因而，跨国公司的全球生产布局日益普及。而跨国公司是推动当代信息技术发展的重要力量。

第二节　知识经济的新趋势

　　科技和全球经济的飞速发展使世界经济正从工业经济时代向知识经济时代过渡，并在近年来呈加速趋势。人类发展的历史非常悠久，且处于不断变化之中，但总体趋势是时间越近，知识积累越多，技术进步越快，这导致人类社会最近一二百年发生了巨大的变化。从经济学的角度，一般可将人类社会经济发展划分为三个时代，即农业经济时代、工业经济时代和知识经济时代。农业经济以小农经济为特征，其生产具有季节性、周期性和地域性。工业经济是以自然资源为基础，并对此进行加工和制造的一种经济形态。在工业经济阶段，由于分工深化和交易频繁，货币在生产、流通、交换和消费中处于非常核心的地位，因此，其经济特征也可以概括为"货币经济"。知识经济与农业经济、工业经济差异明显。知识经济是在创新知识的基础上发展起来的一种新的经济形态。与农业经济、工业经济最大的差异在于，知识经济的发展不直接取决于土地、资本、劳动力等要素，而是直接取决于知识或有效信息的积累和分析应用。在知识经济当中，竞争的优势来源于知识和技术的新发现、发明和创新，其产品是知识密集型和智慧密集型的。就知识而言，可以分为可编码知识和非编码知识。前者可以通过信息技术进行加工、处理、存储和传递，并转化为资源，因此，知识经济也称为信息经济。在知识经济时代，信息技术成为社会经济发展中不可须臾远离的工具，并普及渗透到社会生活的各个领域，信息化的生产经营活动将超过传统产业，成为社会的首要产业，整个社会生活都呈现出信息化、数字化的特征。作为一种软要素，知识被广泛应用，产业结构也出现了软化的趋势，整个产业部门开始由以物质生产为主的硬产业转向以非物质为主导的软产业，这将促使世界范围内的产业结构发生全方位的变革。

一、知识经济的内涵

20 世纪中叶以后，稳定的全球经济环境促进了科学技术的发展，尤其是计算机技术的迅猛发展，引发了以信息技术为核心的新技术革命，为知识经济的产生奠定了技术基础。到了 20 世纪 80 年代，以知识为核心的知识经济取得了飞跃式的发展，在世界范围内掀起了一股知识经济浪潮，进而带来了全球性的产业革命，其最显著的变化就是产业的重心逐渐向信息技术及其相关产业转移，这样，就形成了基于知识的生产、处理、传播和应用的知识经济。

知识经济是基于知识和信息生产、分配、传播和应用基础上的经济，它的核心就在于以知识作为核心要素进行生产经营活动。知识可以区分为可编码和不可编码两类。前者可以借助信息技术进行处理，而后者难以借助信息技术进行处理，因此，知识经济很大程度上是就可以编码的知识而言的。不可编码的知识也在经济活动中起到非常关键的作用，但从资源的角度看，信息技术通过将知识编码化从而大大提升了将知识转化成资源的能力，因此，从这个角度而言，知识经济的发展程度，从根本上取决于可编码化知识的程度。

知识经济的关键资源是知识，而知识是由脑力劳动创造的，所以，在知识经济时代，劳动主体是脑力劳动者，核心动力是创造性脑力活动，主要的原材料是智力资源。在农业经济时代，自然资源和劳动的丰富程度决定了一个国家的发展水平，而工业经济时代，资本的富裕程度更为重要。后来，经济学家研究发现，生产要素数量并不是国家富裕和发展程度的决定性因素，要素使用的效率，即生产率才是决定一个国家富裕与发展程度的决定性因素。所以，才会出现日本作为一个国土面积小、资源少的低资源国家，而人均收入却高于俄罗斯这样一个地大物博的国家的情况。如今，进入比工业经济更为高级阶段的知识经济时代，生产效率依然是决定性因素，只不过，知识及其使用效率成为决定性的全新要素。在知识经济当中，我们创造的价值当中有一半以上是在只有很少或者根本没有原材料和能量的情况下创造的。经济增长已由以要素驱动为主转变为以技术进步驱动为主，而技术进步在很大程度上要依赖于知识的生产、传播和应用，因此，其效率决定了一国的富裕程度和经济发展程度。同时，在网络形成的虚拟空间，而不是实际国土面积大小，决定了一国经济活动的范围。知识经济时代，是一个完全不同于工业经济的时代。但由于各国发展的不平衡性，这个世界依然是农业经济、工业经济和知识经济共存的时代，只不过，引领这个世界的，一定是知识经济高度发达的经济体。

二、知识经济的特征

随着知识经济对整个人类社会的影响不断深化，人们对知识经济的研究也更为深入，对知识经济的认识也更为全面和清晰。相对于农业经济和工业经济，知识经济具有以下几个方面的特征。

（一）知识经济是虚拟经济

传统的农业经济和工业经济是实体经济。首先，其所依赖的资源是可见的实在物，如土地。劳动和资本虽然已抽象化，但劳动要通过劳动者来体现，资本通过生产资料，如机器来体现。因此，农业经济和工业经济所依赖的资源是实在的。其次，生产的过程是可见的，且需要消耗能源来形成动力。农产品的生产，虽然节奏缓慢，但春播夏长秋收，每一个步骤清晰明确，真实可见。工业产品的生产，速度快，规模大，实在可见性更强。再次，产品的实在性。农产品和工业产品，都是摸得着看得见的产品，其消费也是通过消耗这些实在的东西为前提的。

知识经济虽然与实体经济同时并存，但与实体经济相比较，由于有以下三方面的不同，从而成为本质上完全不同的一种虚拟化经济。

首先，决定性生产要素的虚拟性。在实体经济中，劳动、土地、资本是决定性的生产要素，而知识经济中，具有无形、可编译、易携带、易泄露、可压缩特征的知识成为决定性的生产要素。在知识的这些特征中，首要的特征就是虚拟性特征。知识经济的概念是就其内容而言的，是指以知识为主要生产要素的经济，虚拟经济则是就其要素形式特征而言的，它是指通过虚拟的知识要素替代物质资源。

其次，知识经济产品及其生产过程是虚拟的。知识经济产品大部分都是非实体性的虚拟产品，因而，其生产过程也具有虚拟性，因此，知识经济生产与传统经济有着显著不同的特点，即：它几乎不直接消耗物质和能源；它的生产过程具有很大的敏捷性、灵活性和可扩展性，可以大幅度节约成本，它的生产过程可以共享资源。因此，其生产过程不会导致知识资源的减少，反而会增加。

再次，虚拟经济是一种网络经济，它的产品可以借助网络化的虚拟空间进行消费。这并不是说知识经济不需要在物质世界中进行，而是强调在知识经济运行的过程中，经济活动更多地表现为数字化和网络化的特征。因此，通过现代信息技术与其他技术的综合运用，构建了各种模仿现实经济运行场景的虚拟空间，即虚拟现实。在此基础上，虚拟市场、虚拟公司、虚拟银行、虚拟商店以至于远距离的多主体的虚拟合作等虚拟现实不断涌现。通过虚拟现实，知识产品的消费得以在虚拟的环境下高效率地进行。

总之，以知识为基础的虚拟经济推动了一个全新时代的到来。知识作为一种相对来说比较稀缺的资源，能够创造价值、造福人类社会。

（二）知识经济是以知识为核心要素的经济

农业经济和工业经济以土地、劳动和资本的生产要素的数量为基础，以要素的生产率为决定因素，决定了一个国家的经济发展水平和程度。知识经济的发展将知识作为第一资源，其数量和生产率成为经济发展的关键。在传统经济理论中通常把知识当作外生变量，虽然有些学者通过知识转化为技术，从而将知识内化在促进生产率提升当中，但没有将其作为一种决定性的生产要素来看待。但在知识经济时代，知识已经成为促进经济增长的内生变量。从企业层面看，知识产权成为地位日益提高的无形资产，是知识产品竞争中最重要的竞争优势来源。在知识经济条件下，企业之间的竞争已经由有形的商品竞争向无形的知识竞争转变。产品中包含的知识量越来越成为竞争的基础和决定竞争结果的关键。因此，基于知识的创新创造构成知识经济运行的核心问题。

在知识经济时代，知识已经构成生产要素中最为重要的组成部分。按照传统经济理论，知识通过两种途径在经济中发挥作用。其一是通过教育转化为人力资本，即知识可以看作一种新形式的资本，并成为推动经济发展的动力。其二是转化为技术和机器设备，从而提升生产效率来发挥作用。在知识经济时代，知识成了一种核心生产要素，知识在实际生活中的运用越来越普遍，扮演的角色越来越重要，知识渗透到了社会经济和生活领域的各方面，成为促进经济发展不可或缺的一种要素。同时，知识自身也在这一过程中不断积累，反过来又强化了知识经济时代。所以，知识不再是促进经济发展的附属物，而是逐步取代了能源、原材料等有形资产，成为支撑经济发展的首要要素。

在知识经济时代，知识这一要素很大一部分要通过信息来表达，因而，知识经济也可以称为信息经济。就此而言，信息及其相关技术成为经济和社会发展的关键，谁掌握了信息及其相关技术，谁就会在竞争和发展中取得优势和主动权。在任何社会中，都有大量的信息需要收集、传输和处理。但是，只有在知识经济当中，知识和信息才有可能转化为促进社会经济发展决定性的生产软要素，并成为经济与生活的核心。

（三）知识经济是创新型的经济

知识经济时代以知识的生产和创新为基础，但关键在于创新，而且进行的是与传统经济不同的创新。

农业经济和工业经济中的创新都非常重要。在工业经济中，创新是决定竞争优势的关键因素之一。但在工业经济中，创新需要通过技术转化到产品的生产当中，并最终是以产品的形式或以产品生产的效率来体现的。当工业经济发展到一定阶段，生产性服务业越来越发达，服务创新也越来越多，但整个经济中的创新依然是以物质产品为核心进行的。

而知识经济中，围绕物质产品生产的创新会更为频繁，但已不是整个经济的核心。围绕知识产品生产的创新，才是整个经济的核心。知识产品的生产，其创新每时每刻都在发生，而且更多地通过交互式的方式发生。知识经济再生产的一个特征就是通过不断地创新，改变原有的技术、发展模式，实现产业结构软化。通过持续不断的创新可以推动知识经济的增长。

总之，在知识经济社会，整个社会从总体上看就是一个借助于知识创造而实现不断创新的社会，创新已经成了生存和发展的内涵之一。因此，企业要有知识创新和技术创新能力，才会在竞争激烈的市场中脱颖而出。而就国家而言，也必须具有持续的知识创新能力并将其转化为技术，才能够在经济发展中处于有利地位。

（四）知识经济是全球型的经济

经济全球化在"二战"以后不断深化，而知识经济更加速了经济全球化进程。知识经济从本质上要求经济全球化，否则就会受到抑制。虽然当前新冠肺炎疫情和贸易保护主义导致了全球化暂时停滞，但总的趋势是不可能回到原有的封闭状态的。这两大潮流之间具有很强的相关性，且互为因果又互相促进。19 世纪 60 年代，以电气技术为标志的第二次工业革命完成以后，世界市场通过全球贸易和投资就已经基本形成了。"二战"以后，随着贸易和投资自由化程度的提高，不仅商品越来越自由流动，对资本和劳动力的管制程度也不断降低。自此以后，以全球主要国家为主体，形成了一个相互分工合作并不断完善的全球经济。

随着以信息技术为核心的新技术革命产生的影响不断深入，经济全球化的进程逐渐加快并不断深化，而知识经济则为这一进程注入了新的黏合剂，世界经济一体化程度不断提高。在知识经济时代，随着互联网技术的进步和普及，国与国之间的界限被进一步打破，服务产品，以及信息和知识这些要素在世界范围内的自由流动性提升，随着管制的放松，它们成为黏合世界经济的重要因素。

另外，知识经济与经济全球化有着共同的载体，那就是跨国公司。随着跨国公司对外直接投资规模不断扩大，各国经济的依存度和融合性不断加强，知识经济可以促进国际分工的立体化和国际产业的梯度转移，为跨国公司在世界范围内生产和经营提供了更为便利的条件。跨国公司跨国界的生产与营销活动使经济活动日益超越国界向着国际化方向发展。跨国公司在知识经济时代促进全球化发展方面发挥着越来越重要的作用。知识经济是经济全球化的内在驱动力，知识经济的全球化极大地扩展了人类经济活动的时空范围，新的信息传输方式以及快速的传递速度使全球生产日益网络化，使世界经济的整体性不断增强。

（五）知识经济是一种可持续发展的经济

工业经济时代，生产要素主要是土地、劳动和资本，在生产过程中要消耗大量原材料，同时，由资本形成的机器和设备需要能源驱动。工业经济生产的产品主要是资源密集型、劳动密集型和资本密集型产品，大多数情况下都会造成资源的大量消耗，甚至浪费，并且由此带来严重的环境污染和生态破坏，总体上给可持续性发展带来严峻挑战。

在知识经济时代，知识成为发展经济的最重要的直接资源，产品以知识密集型和技术密集型为主，经济发展过程中，与环境和生态保持适度平衡，经济发展具有可持续性。在整个供应链中，从最上游的原材料提供到生产制造，直至最后消费，能够贯彻可持续发展理念。自然资源是不可再生的、稀有的，而知识资源是无穷无尽的、可不断开发的、永久的、公共的。知识经济时代的到来是人类社会进步的结果，用知识资源取代自然资源，可使经济得到持续发展，从而达到经济、社会、环境的和谐发展。知识经济化与可持续发展必将带来人类社会的全面发展和人的全面发展。未来，节能减排是世界性的趋势，传统工业这种资源消耗型的产业正在被高新技术产业所替代。

三、知识经济给产业发展带来的变化

知识经济不同于工业经济，其产业发展也会发生变化，主要体现在产业比重、企业规模、主导产业及企业核心竞争力等方面。

（一）产业比重发生变化，知识型服务业比重上升

如前所述，三大产业比重会随着技术进步和社会经济的发展，逐步发生变化。这种变化，在工业社会形成以后，更为显著，带来的影响也更为深远。从三次产业结构的变化看，第一产业和第二产业在国民经济中的比重呈不断下降的趋势，以服务业为主的第三产业的比重却是不断上升的。在传统工业经济中，第一产业和第二产业所占份额远远高于第三产业。在工业化后期，部分发达国家服务业所占比重超过了第一产业和第二产业之和，形成了服务经济，但全球总体情况还处于不平衡状态，绝大多数国家依然处于非服务经济阶段。知识经济则属于服务经济的高级阶段。

三大产业比重在知识经济时代会发生两个方面的变化。一方面，农业和工业所占的比重会继续下降，但其知识化程度在提升，因而其生产效率呈现增长的趋势。另一方面，在知识的生产与应用带动下不断发展的第三产业，其所占比重会逐步提升。

　　由于社会生产过程日益被知识、信息、技术这些软要素所主导，因而对于知识、信息、技术等软要素的需求急剧增加，这些要素的应用，使经济发展的重心由制造业向服务业转移。此时的服务业当中，知识密集型和智慧密集型产业所占的比重日益提高，服务业知识化程度在提升。在一些国家，服务产业已经开始取代工业产业，占据产业结构的主导地位。

　　在知识经济中，信息产业作为制造业与服务业相结合的新兴产业，它的增长速度是最快的，并成为名副其实的主导产业。信息产业所占比重可以作为衡量一国经济发达程度的主要指标之一。从图3-1中可以看出，在我国，第一产业在三大产业中的占比总体呈下降的趋势，2019年，第一产业占比7.1%。第三产业呈明显上升的趋势，2019年，第三产业占比53.9%。自2015年起，第三产业在三大产业的占比就已经超过50%。

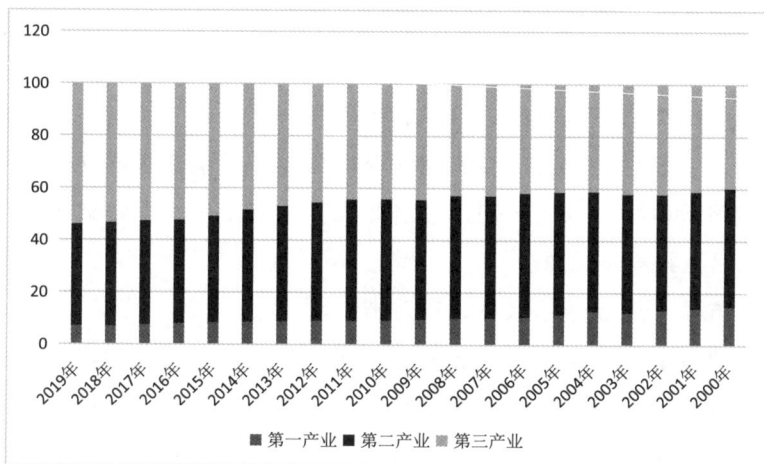

图 3-1　2000—2019 年三大产业所占比重

数据来源：根据国家统计局数据整理。

　　就业结构也随着产业结构的变化而变化。这主要表现为：第一、第二产业部门劳动密集型产业的就业人数在不断下降，而第三产业部门对劳动力的需求不断上升；传统制造业中，随着机器设备的投入，对体力型劳动力的需求不再像以前一样旺盛，而现代信息服务业由于对知识、技术这些要素的投入增加，对于知识型人才的需求始终在不断上升。随着知识经济的发展，对劳动者的文化水平、获取运用知识的能力要求也越来越高。在知识经济时代，这种产业结构变化引起的就业结构变化远远超过前两次技术革命。

总之，随着知识、信息等软要素的投入，知识技术密集型产业逐渐取代劳动力密集型产业，产业结构朝着合理化方向发展并不断升级。

（二）企业规模呈现"二元化"趋势

企业规模"二元化"趋势是指在知识经济时代，企业规模呈现大型化和小型化两方面的趋势。在工业经济时代，典型的生产方式是规模化的大生产，以取得规模经济利益。这种规模经济或通过企业规模扩大形成内部规模经济，或通过行业集中而形成外部规模经济来实现。

在知识经济时代，规模经济依然发挥重要的作用，但小型公司也能够取得巨大利润。随着知识、信息、技术的应用，一大批知识密集型的中小企业纷纷涌现。这类企业的内部规模经济并不都十分突出，因此，它们不必追求企业规模的扩大。而且，知识型的中小型企业具有组织结构扁平、自身灵活等优势，在竞争中，可以选择向具有优势的特定方向发展，并通过与其他企业联合，特别是与大型企业联合，从而获得技术支持或间接获得规模经济效应。所以，在知识经济时代，知识型中小型企业不仅有一席之地，而且更具竞争活力。

另一方面，随着通信技术、交通技术的改进，全球实现了互联互通，这为企业之间的收购兼并提供了外在技术支撑。在世界范围内，强强合并很常见，规模比较大的公司都在联合兼并，把企业规模不断做大做强，企业之间通过兼并，实现优势互补，以达到增强企业自身国际竞争力的目的，为企业的发展提供基础。因此，大型企业之间的联合兼并已经成为促进世界经济发展的新趋势。在知识经济时代，这种联合兼并更为频繁，因此，企业呈现规模扩大的趋势。

总而言之，在知识经济时代，企业规模呈现"二元化"趋势，大小企业均可按照适宜的方式获得顺利的发展。

（三）信息产业将成为知识经济的主导产业

在知识经济社会里，知识是通过信息这一形式表现出来的。信息产业属于知识密集型和技术密集型产业，信息产业的发展主要依赖于知识、信息、技术、服务等软要素。因此，在知识经济时代，软要素的重要程度远远超过农业经济时代和工业经济时代，信息技术已经被广泛应用到传统产业的方方面面，传统产业的信息化程度大大提高。信息、信息技术及与之相关的产业已经成为拉动经济发展的核心部门和关键力量，信息产业的发展状况在一定程度上成为知识经济的晴雨表，能够反映知识经济的发展水平。

总体来看，信息产业作为知识经济时代的主导产业，大致经历了三个阶段。第一阶段，不断更新的计算机系统和网络系统，为信息的传播提供了硬件支持。所以，在这一阶段，苹果公司、IBM 公司、微软公司等提供计算机相关软硬件的公司迅速崛起，成为大型跨国公司。与此同时，提供计算机和通信领域基础技术的芯片公司英特尔，以及提供网络服务的通信公司也成为实力雄厚的大型企业。第二阶段，基于网络而提供信息搜寻服务的公司，如谷歌、百度等公司，以及在此基础上提供信息内容服务的公司，成为引人注目的主导企业。第三阶段，随着网络的不断发达和完善，移动端的使用日益普及，基于网络的电子商务催生了一大批"互联网＋"企业，例如阿里巴巴、京东等企业。目前，这种趋势还在持续进行当中。

（四）知识管理将成为未来企业的核心竞争力

随着知识经济的到来，意味着知识在经济社会发展中扮演的角色越来越重要。企业要想获得这种稀缺资源，提高自身竞争力必然会把知识管理纳入自己的发展计划中。知识经济时代，是信息和知识爆炸式涌出的时代，人们能够低成本、多渠道地获取自己所需要的信息，但过多无序状态的信息并不能够直接作为企业可利用的资源，进行加工、处理后的信息才能够转化为企业可利用的资源。因此，越来越多的企业开始实施知识管理，期望通过知识管理提升自己的竞争力。

著名的管理大师德鲁克就曾说过："目前真正的控制性资源和生产决定性要素既不是资本，也不是劳动力和土地，而是知识。"知识管理是对知识、知识创造过程和知识的应用进行规划和管理的活动。企业如何通过知识管理形成企业自身的竞争优势是企业应该着重关注的问题。知识经济管理的关键在于对隐性知识的管理，而不是显性知识的管理。显性知识可以通过文字、符号、图形等加以表达或描述，因而是可编码的知识，对于企业的经营与发展起到基础性作用。隐性知识是难以用文字、符号、图形等方式加以表达或描述的知识，属于不可编码的知识，它存在于员工个体和企业内各级组织中，是难以规范化、难以模仿、难以交流、也不易被复制和窃取的知识。因此，对于企业来说，如何使隐性知识显性化并发挥作用是它们需要解决的问题。总而言之，企业通过知识管理将形成自己的知识地图，提高组织效率。

第三节 "互联网+"、人工智能与产业结构软化

信息技术已经发展到以网络为主导的时代，互联网已成为新时代经济发展的重要平台，"互联网+"成为推动产业发展的重要力量，已给产业发展，尤其是产业结构的软化带来了巨大的影响。我国在这方面和发达国家保持了同步发展，在某些方面甚至还处于领先地位。与此同时，以人工智能为代表的新一代技术，其应用也越来越广泛，未来其对产业结构软化的影响也不容低估。

一、"互联网+"与产业结构软化

（一）"互联网+"的内涵

初期的互联网主要连接个人计算机，因此是 PC 端互联网；第二代互联网连接的主要是移动端，因此是移动互联网。随着网络技术、计算机技术，尤其是人工智能的发展，互联网发展成为物联网，万物皆可联网，对于产业的影响，将更为全面和深入。

随着信息技术及其应用的不断深入发展，互联网日益普及，互联网在生产、消费、流通的各个环节的渗透程度不断提高，与各种产业形态的关联日益紧密，与之相关的产业日益壮大，"互联网＋"几乎无处不在。因此，在我国，还从国家层面提出了基于互联网基础上进行产业发展的"互联网＋"战略。

"互联网＋"这个概念最早出现在 2012 年第五届移动互联网博览会上。经济学家于洋指出："'互联网＋'是通过将互联网平台与传统产业相结合而形成的一个新的产业形态。"2015 年，马化腾在全国两会上提交了相关议案，指出互联网技术在传统产业中的应用将有力推动我国经济社会发展。在 2015 年举行的第十二届全国人大第三次会议上，"互联网＋"战略第一次在国家层面上被提及。从此以后，"互联网＋"得到广泛认可，并逐渐与各行各业的生产经营活动相结合，进而渗透到人们日常生活，产生了深远的影响。

从产业层面和技术层面来看，"互联网＋"是一种新型经济形态，它寻求通过技术的进步来实现企业的管理变革，并给顾客提供优质服务，从而获取高额利益，因此创造出了更高的产业形态。

"互联网＋"是在互联网平台上，将传统行业加上互联网思维、互联网运营，从而形成新的产业模式的过程。"互联网＋"的"＋"代表着给传统行业注入了新的动能，利用互联网技术，使互联网与传统产业深度融合，增强传统行业的创新力和生产力，而不是仅仅在传统产业基础上嵌入网络这样的简单操作。同时，"互联网＋"自身也能衍生出全新的产业的功能，新型的网络经济业态也将不断创新并发展。

当前，"互联网＋"这种互联网与产业结合发展的新模式方兴未艾，已经成为推动中国经济和社会发展的新范式，逐步实现了传统产业与互联网的融合与渗透，并向纵深发展，日益成为产业转型与升级的主要推动力。在发展新技术、新产业的时候，传统产业也在不断转型升级。通过"互联网＋"的融合，能够引发和推动传统产业创新，也能够衍生出全新的产业，更为重要的是，在此基础上能够带来更多的技术创新和服务创新，从而推动经济增长，优化产业结构。因此，借助"互联网＋"进行创新，已成为一种新的理念、一种新的思维模式，并用以指导产品创新、生产模式创新，进而对推动技术创新和促进产业结构优化升级都具有重要意义。利用新一代信息技术与传统产业跨界融合，可以转变发展模式、提升发展效率，彻底地改变传统行业。

"互联网＋"的本质含义不仅仅是信息化，而且是传统产业的数据化、智能化。尤其是智能化，将为传统产业发展提供巨大的发展空间。

而且，不同于传统产业的全新的互联网产业也将出现。第二次工业革命中，电力使很多行业发生了翻天覆地的变化。电力带来的是动力革命，电的应用普及，标志着经济发展的动力能够持续、高效、清洁、安全。"互联网"激活的信息和知识，它将孤立、分散、连接程度不高的信息和知识，通过网络能够快捷、高效地整合，从而迸发出新的力量，成为创新的新源泉，因而，使信息和知识的资源性质得到充分体现，使之渗入社会经济生活当中去。更为重要的是，信息和知识，包含了人类的智慧、创造力和创新能力。这种互联，相比于电力的互联，其潜在的价值要大得多。基于电力网，带来的是工业产品和诸多服务的不断持续出现与相应的革新。基于互联网带来的变革，代表着一种先进的生产力，它将推动经济形态不断地发展变化，大幅提升传统产业的效率，从而使人类的生产方式和生活方式都发生巨大的变化。

互联网产业主要是信息资源的整合与交互的产业，是将互联网的创新成果融入经济社会各个领域中，使之成为基于网络通信技术的一种综合性产业。该产业快速发展的先决条件为：第一，网络技术不断创新进步。网络能够将更多的单元接入，例如计算机、移动手机、电视等，这样，网络的相关组成才更为丰富。当企业和消费者普遍接受网络并离不开网络时，互联网产业才能壮大。第二，网络客户端普及。当移动客户端接入网络，并具备广泛便捷的智能化应用的时候，互联网的网络能量才能够得以发挥。第三，信息资源日益丰富。信息资源丰富到一定程度，并成为人们普遍需求的时候，网络存在的价值就更高。第四，信息储存、加工、处理与传递成本大幅度降低。目前，上述各个方面已经逐步得到完善，并在加速改善之中，因此，互联网技术在资源配置中的优化集成作用初步得到发挥，并形成了以互联网为基础技术的推动产业快速发展的巨大力量，"互联网＋"对社会经济发展带来的影响已势不可当。

总之，互联网产业作为 21 世纪对人类社会最具影响力的产业之一，具有广阔的应用前景，它正以前所未有的速度在全世界范围内急剧扩张，并对世界各国经济产生重要的影响。"互联网＋"是互联网与传统产业的结合，其深层意义是依托互联网来完成行业之间的信息交换，从而促进传统产业互联网化，创造更多的新兴产业和新型业态。

（二）"互联网＋"与产业融合的理论基础

1. "互联网＋"的网络经济效应

网络经济是一种以互联网为基础，以现代信息技术及其应用为核心的经济形态，是依托于互联网整合信息数据资源，生产、分配和消费互联网产品，并通过经济主体内外部信息网络进行动态化运作的商务活动。简而言之，网络经济就是指生产者和消费者利用互联网技术实现有效联系的一种经济模式，重点在于利用互联网完成交易。

对于网络经济的这种界定，只是看到了其表象。网络经济的价值本质在于以下几个方面：第一，参与网络的成员越多，其作用越大。电话网络就是典型。第二，网络内容具有共享性，网络中可供共享的信息内容越多，网络的价值越大。第三，网络中的内容具有模糊性和复杂性，网络中的信息筛选、处理需要成本，会抑制网络作用的发挥。一旦信息处理成本下降，就会突破瓶颈，将网络潜能引发。第四，网络具有累积爆发性，网络中的内容会逐渐累积，达到一定程度，其作用就会爆炸式发挥。第五，网络产品一般前期投入的研发成本由于具有知识密集和智慧密集的特征，投入成本相对比较高。一旦产品研发出来，对产品进行批量生产，其边际成本和平均成本就非常低，因而可以大大降低企业的运行成本，为企业发展带来更多活力。

网络经济是知识经济的一种具体形态，当社会经济发展到一定阶段，尤其是计算机技术、网络技术、移动通信技术、数字处理技术等信息技术发展到一定水平时，信息和知识等要素的价值借助于网络得到真正体现，网络经济就开始返回作用，并能极迅速地影响到社会经济以及人们的生活方式。

网络经济与传统经济相比，具有快捷性、高渗透性、外部经济性、可持续性和直接性等特征。网络经济与传统产业相融合可以形成新业态，为经济发展注入新动能。如今网络经济渗透到人们生活的方方面面，对现代经济发展产生了重要影响。

首先，网络经济下，信息的获取更为便捷，获取成本也很低。互联网突破了传统的国家、地区的空间界限，也突破了时间约束，使用者只要借助信息处理终端和网络，就能非常便捷低廉地获得所需相关信息。

其次，网络经济可以提高资源的配置效率。企业与企业之间、企业与消费者之间存在信息不对称，当信息交流成本比较高的时候，交易成本高，容易导致资源配置效率低下，甚至市场失灵。网络经济跨越了时空界限，在零距离、实时同步的互联网环境中，无论是生产、流通还是消费，信息不对称局面大为改善，交易成本得以降低，定制化、个性化生产成为可能。因此，企业可以更加有效率地进行生产经营活动，消费者消费时效用可以更高，从而大幅度提升了资源配置效率。

再次，网络经济能够推进传统产业优化升级。借助于信息技术和互联网平台，网络经济能够有效地推动传统产业信息化、自动化，促使产业模式由劳动密集型转变成技术密集型，实现产业结构的转型和升级，从而提高传统产业的生产效率和流通速度。

总之，人类已进入网络经济时代，互联网技术在很多行业中发挥着重要作用，在很大程度上影响着国民经济的产业结构、就业结构以及经济增长方式，对社会的综合效益有着重大影响。

2. "互联网 +" 的平台经济效应

平台经济是基于互联网的一种新商业模式，是一种依托实体交易场所或虚拟交易空间，吸引来自产业链上下游的相关主体加入，并以促成双方或多方之间进行交易或信息交换为目的的商业模式。国务院办公厅出台的《关于促进平台经济规范健康发展的指导意见》提出，"互联网平台经济是生产力新的组织方式，是经济发展新动能，对优化资源配置、促进跨界融通发展和大众创业万众创新、推动产业升级、拓展消费市场尤其是增加就业，都有重要作用。"

互联网商业平台将彼此相互依赖的不同交易主体聚集在一起，交易各方都在这个平台上实现点对点交易，从而形成低成本、高效率的点对点联结。美国的亚马逊平台和中国的淘宝平台都是其中的典型代表，它们都依托互联网平台的大规模、低连通成本等优势，形成强大的竞争力。

在互联网快速发展的条件下，平台经济之所以形成并得到快速发展，是因为其具有两方面的优势。第一，通过平台经济，能够实现信息精度匹配。平台企业通过互联网为供给方和需求方提供了一个直接进行信息交流的开放式虚拟平台，这一平台没有空间和时间限制，信息的交流可以多元化，形式多样，且成本低廉，从而更有利于交易撮合。第二，能够形成围绕平台的环形经济链条。平台能够将传统经济链条式的上中下游组织重构成围绕平台的环形链条，这样，企业端用户通过平台直接触及消费者，产销结合提高了产业效率。

作为一种商业模式，平台经济在当前已开始对经济产生越来越大的影响，并主要表现在两个方面。

首先，平台经济具有准公共物品属性。互联网平台能够连接人们的线上线下经济活动，平台企业成为供给方和需求方接入并形成互动的"基础设施"，是交易设施的提供者，因此具有准公共物品属性。从经济学角度看，这种平台为交易合同的达成、支付以及执行提供了新的实现形式，使交易成本大幅下降，许多原来在线下无法完成的交易变得可行，也使各方面参与者能够共享由此带来的效益。

其次，平台企业能够拥有规模经济、范围经济、网络外部性和资源优势。

网络平台能够产生不同于传统厂商的规模经济。以网络平台为核心的经济模式与工业时代的经济模式不同，厂商的规模经济效应不仅仅局限于单个企业产生规模经济，它还能够充分利用平台的规模，获得新形式的规模经济。

网络平台能够形成范围经济。依托网络平台，生产者与消费者直接进行交易，消除了传统商业模式下从生产到消费中间存在的多层营销体系，显著降低了交易费用。特别是小微企业，可以摆脱其企业规模小的不利影响，借助互联网平台，可以不受地域限制地向全球消费者提供服务，为企业创造更大的市场空间和盈利可能。一个巨型平台形成后，可以销售多种产品和服务，对消费者来说，登录一个平台就能找到满足自身需求的产品，对企业而言能最大化地利用平台资产，降低成本并提高效率。平台经济通过降低交易费用、分享价值增值收益，实现多方共赢。

网络平台能够获得网络外部性收益。参与网络平台的交易方越多，加入该平台的交易方的潜在收益也越高，而且还能够获得市场参与者的交易、结算等众多信息，从而获得平台的网络外部性收益。

（三）"互联网+"融入传统产业的途径

由于"互联网+"具有网络效应和平台效应，能够给经济主体带来收益，因此，互联网与传统产业，尤其是制造业的不断融合并逐渐深化，促进了产业升级，"互联网+传统产业"成为重要的经济发展驱动模式。

"互联网+传统产业"融合的具体途径是通过逐渐形成"互联网+产品+服务"这一模式来实现的。我国近年来的实践经验表明，互联网与传统制造业的融合在逐步深化，已经成为推动制造业转型升级的重要力量，因此，可以"互联网+制造业"为例来对此加以说明。

传统产业发展的初期，只注重产品的销售，后来才逐步意识到产品服务的重要性，从而衍生出"产品+服务"模式。随着互联网的出现与迅猛发展，"互联网+产品+服务"这一模式被众多企业所采用。尤其重要的是，随着"服务"所占的比例越来越高，服务中包含了更多的知识含量、技术含量和信息交流，产业结构更"软化"，整个经济更"软化"。

传统的制造业企业生产的产品，包含的服务相对较少，例如，产品的包装就可以看作一种产品附件的服务。随着技术不断进步，竞争越来越激烈，产品中包含的服务会逐步增加，例如不断完善的说明书、简单的售后服务流程。但这一阶段，依然以产品为中心，重产品，轻服务，因此，可以看作"产品+低服务"阶段。

当产品中包含的技术含量越来越高，而市场竞争加剧，消费者的需求不断变化时，企业"产品+低服务"销售产品的营销模式已经难以使企业维持竞争优势。企业只有提供更丰富的产品配套服务，才能满足消费者不断变化的产品需求，从而获得更大的市场份额，进一步提高企业的竞争能力。因此，越来越多的企业为适应消费者需求的变化，逐渐改变原来"产品+低服务"经营模式，进而转向"产品+服务"的一体化经营模式。这一模式下，产品和服务并重，其服务内容包括为客户提供来样设计、物流配送、产品安装、售后服务等在内的全包式服务。企业通过提供与产品相配套的完善服务，提高了产品的附加值，增加了客户满意度，有利于企业产品竞争力的提升。

但在提高服务附加值的同时，产品的成本也提高了。附加服务本身就是信息和知识含量很高的服务活动，中间要包含大量的信息收集、处理、交流等方面的工作，因此，需要企业进行大量的投入，这无疑会大幅度提高企业经营成本，降低企业产品的竞争力。如何在通过提高服务附加值进而提升企业竞争力与增加企业产品成本之间达到适度的平衡，是大多数企业面临的难题。

而以互联网为代表的信息技术的快速发展和应用，为企业破解上述难题提供了契机，借助互联网与制造业的融合，企业逐渐形成"互联网＋产品＋服务"这一模式。

在"互联网＋"背景下，高附加值服务变得更为便捷高效，从而能够嵌入企业经营活动的各个环节。企业通过互联网能够比较容易地收集到顾客数据，从而使得制造商可以通过互联网来制定产品销售策略，因此，传统制造企业生产经营模式由线下转为"线上＋线下"。通过互联网可以有效地对顾客相关信息进行收集和分析，从而使企业能够准确判断顾客的需求特性，并据此向消费者提供更为精准的个性化服务。通过这种方式，企业为客户提供的服务贯穿于产品从生产、物流到最终消费的整个过程。为保障这一过程的实现，新的以互联网技术为基础的云计算、大数据、人工智能、区块链等技术不断涌现，其目的是在最短的时间为客户提供最适宜的产品与服务。

在"互联网＋产品＋服务"模式阶段，互联网与传统产业深度融合，互联网的地位已经由辅助功能向支撑功能转变。这是互联网技术的应用以及服务的投入不断深化的一个过程，也是传统产业结构不断软化的过程。在这个过程中，将服务融合于生产、流通和消费的各个环节是传统产业服务化表现的一种形式。传统产业通过促进上下游产业链在资金资源、商品资源、物流资源方面的有效整合及互联网技术的应用对外提供专业化的服务，而互联网平台为生产者与消费者提供了一个共同发展的平台。当企业的服务化程度日益提高，服务化的质量与效率就会成为企业获得竞争优势的关键。互联网的应用与普及加速了传统产业的转型升级，使之"互联网化"，其实质就是产业越来越软化。传统产业已经对互联网产生了严重的依赖。

可以预计，随着互联网技术的不断升级，传统产业数字化、信息化的程度越来越明显，"互联网＋传统产业"这一产业融合模式将会取得极大的成功。在"互联网＋"背景下，传统产业经历了"产品＋低服务""产品＋服务""互联网＋产品＋服务"这三个阶段，使互联网经历了从最开始的辅助作用到最后的支撑作用的转变，传统产业与互联网正加速深度融合，并通过互联网技术的优化以及价值链的重组进一步深化产业结构软化。

（四）"互联网＋"与产业融合的影响

"互联网＋"是互联网进一步发展而产生的一种互联网与传统产业相结合的新模式，催生新的经济形态，促进产业的转型升级。随着时代的不断发展，科技水平也在不断地提升，"互联网＋"这一发展模式逐渐应用到了社会经济的各个方面，对社会中的各行各业都产生了极大的影响。

1. "互联网＋"与产业的融合可以创造新的消费

随着"互联网＋"时代的到来，传统产业集群与线上产业群共存，甚至向在线产业群转型，为诸多消费提供了新的便利条件，因此，互联网技术的发展，为消费注入了新的动力。

"互联网＋"扩大了产品消费范围。"互联网＋"可以依托互联网把原本孤立的某些行业联系起来，例如那些受到物流成本或者交通条件等方面限制，原先产品难以到达的地方，在"互联网＋"条件下，通过物流、信息流、资金流的三流合一，行业产品能够到达的范围扩大，从而能够将更多消费者纳入消费范围，创造新的消费热点。

互联网可以充分满足消费者个性化的需求。在传统的产品生产中，如果要满足消费者个性化需求，产品的平均产量就会下降，从而提高产品的平均成本，因此，消费者个性化需求受到抑制。借助互联网，通过利用线上大数据分析所获得的信息，使生产企业实现网络化，在不提高企业生产成本的前提下，又能够满足消费者个性化的需求，从而释放消费潜能。

互联网通过减少产品流通环节，从而能够提高经济效率，促进消费。在互联网出现之前，企业产品从生产到消费需要经过诸多经销商，企业不得不将部分利润转让给了经销商，因此，消费者消费的是经过经销商加价的商品，消费者福利水平下降。在"互联网＋"时代，企业可以越过中间商直接与消费者建立联系，从而提高各自利益，促进消费。现在，互联网与零售业结合形成了电子商务这样一个新兴产业，电子商务改变了原有的产销模式，差异化的消费对象、消费群体、消费环境、经营主体、运营模式被容纳于统一的电商平台。通过互联网平台，生产者和消费者之间不必借助经销商而直接通过网络交易，降低了交易成本。生产者与消费者借助互联网，缩短了信息距离，可以在一定程度上弥补信息不对称的缺陷，提高产品信息的透明度，也能够降低交易成本，促进消费。

互联网可以提供更多产品配套服务，促进消费。在"互联网＋"条件下，信息成本大幅度下降，生产者向消费者提供更多与产品相关的配套服务，消费者在购买产品的同时，能够获得更多的产品体验与后续服务，消费者福利水平得到更大提升。

2. "互联网＋"有利于产业结构优化升级

在互联网时代，传统产业发生了巨大变化，其中，最为重要的方面就是产业结构得到优化升级。互联网技术会对传统行业的生产方式、管理手段、营销模式等产生深刻的影响，有利于产业结构优化升级。

借助"互联网＋"，可以促使企业改变经营方式。互联网的发展和应用，可以使消费者个性化需求得到充分体现，导致需求结构的变化并传递到生产者。在市场经济日益激烈的条件下，需求结构的变化会迫使企业生产方式由大规模、低成本生产向小批量、柔性化定制生产转变。如前所述，企业销售可以越过经销商，从而使经销模式由"工厂—分销商—消费者"向"工厂—消费者"转变。这种转变可以更精确匹配产品的供给和消费，因此库存模式也从大量库存向接近零库存转变，广告方式也可以借助网络实行个性化精准推送。

"互联网＋"为促进产业发展方式由粗放型转向集约型提供了新途径。资源驱动型增长方式导致产业生产比较粗放，资源利用率不高，还容易造成环境污染和破坏，给环境造成巨大压力，与可持续发展背道而驰。粗放式生产，生产者和消费者之间由于信息不对称和信息成本高昂，容易形成产能严重过剩。传统产业通过与互联网技术结合起来，利用大数据对客户信息进行分析，为用户提供精准的个性化服务，从而调整企业的经营模式，能够解决传统产业中存在粗放式发展的问题。

"互联网＋"赋予传统产业新动能。互联网与传统产业的融合，可以提高资产结构中诸如信息、知识、技术等软要素的比例，成为促进传统产业结构优化升级的重要推动力量。同时，在"互联网＋"条件下，随着传统产业与互联网的融合，由此产生了新经济、新产业形态，从而可以从总体上促使产业结构转型和升级。

3. "互联网＋" 有助于产业结构实现高度化

产业结构高度化也可以称为产业结构高级化，它是指一国经济发展重点或产业结构重心从第一产业转移到第二产业和第三产业的过程，标志着一国经济发展水平。随着"互联网＋"在社会经济领域中的应用不断深入，互联网与传统产业，特别是与第三产业之间的联系更为紧密，成为产业结构高级化的重要助推力量。

生产性服务业是第三产业中最能体现互联网技术与产业融合的一个产业。随着"互联网＋"广泛应用于金融、物流、电子商务等新兴产业，提高了第三产业的知识、信息含量，提升了其服务能力和竞争能力，从而扩大了第三产业的比重。通过"互联网＋"，一国的资源从生产率较低的产业转移到生产率较高的产业，从而促进生产率较高的产业率先发展，优化了资源配置。

生产性服务业由于具有信息密集和知识密集的特点，更能够广泛利用先进的技术，尤其是互联网技术，并吸引更多的社会资源和各种生产要素。当前，我国的生产性服务业在互联网技术的支持下发展迅速，生产率不断提高，从而推动了第三产业的发展。从图 3-2 中可以看出，2013 年以前，对 GDP 贡献率最高的基本是第二产业，2013 年以后，第三产业一跃成为对 GDP 贡献率最高的产业。因而互联网技术与产业的融合有利于产业结构实现高度化。

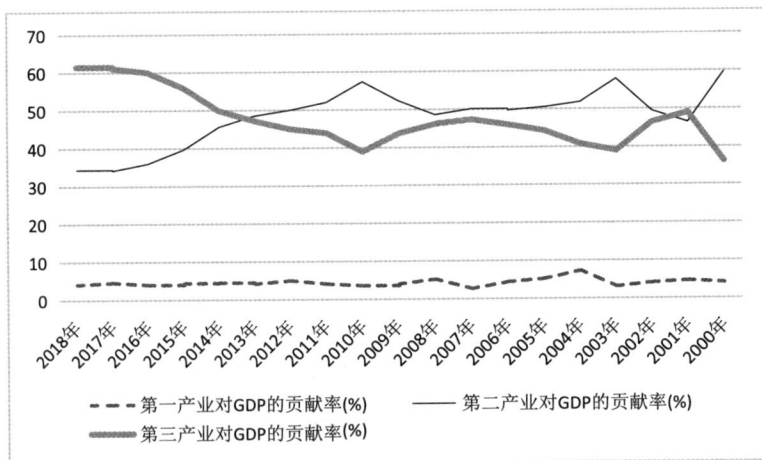

图 3-2　三大产业对 GDP 的贡献率

数据来源：根据国家统计局数据整理。

借助"互联网＋"使互联网与传统产业的融合，不仅仅是技术上的渗透，更重要的是产业互联网化，即传统产业要在思维、理念、模式上做出改变。因此，"互联网＋"还有巨大的发展潜力，将给产业发展带来根本性的技术变革。

（五）我国"互联网＋"与产业融合的实践

在我国，"互联网＋"与产业融合具有良好的基础条件，并取得了多方面的成功。

中国互联网络信息中心（CNNIC）2020年发布的《中国互联网络发展状况统计报告》显示，截至2020年6月，我国网民规模达9.40亿人，占全球网民的五分之一；互联网普及率达到67.0%，高于全球平均水平将近5个百分点。庞大的网民数量为"互联网＋"的发展提供了巨大的潜在市场。加上我国国内4G网络和应用已基本普及，5G网络正在加速应用之中，云计算、大数据、物联网等与互联网相关的信息通信技术发展迅速，在社会经济领域的应用也日益广泛，加速推进了互联网与传统产业的融合，为我国经济发展带来了新的活力，成为带动我国经济发展的新引擎。

1."互联网＋农业"

在"互联网＋"与产业发展深度融合和不断渗透的趋势下，"互联网＋农业"以服务化带动产业化，以产业化促进服务化，逐步将农业现代化提升到新水平。

在过去，农产品进入城市和农村的市场一般通过常规的零售自产自销，或者高度依赖有限的批销渠道，让分散的小农户与大市场对接，信息不对称导致销售困难，农民往往只能获得有限的生产环节的收益，严重损害了农户的利益，制约了农业的发展。而"互联网＋农业"模式的农产品电子商务能够直接建立农产品与消费者之间的联系，为农业发展提供了新机遇。这种利用大数据、云平台、物联网等互联网技术，通过对金融、物流等服务业的整合，可以使农业省去诸多高成本、不便利的中间环节，极大地提升农产品流通效率，成为新型的农产品交易平台，意味着新技术在农业发展中的应用和渗透不断深入和强化，也将衍生出更多的新型业态。

为推动"互联网＋农业"的发展，原农业部于2016年出台了探索"基地＋城市社区"鲜活农产品直配、"放心农资进农家"农业电子商务新模式试点的措施，决定在北京、河北、吉林、黑龙江、江苏、湖南、广东、海南、重庆、宁夏等 10 省（区、市）开展农业电子商务试点。

在试点工作的推动下，我国形成了一大批农产品电子商务平台，它们通过与传统城乡流通网络相结合，形成了农产品交易的线上平台，例如，中粮集团投资创办的"我买网"，顺丰集团创办的"顺丰优选"，都是有影响力的农产品电子商务平台。据中投网的《2021—2025 年中国农村电商市场深度调研及投资前景预测报告》，农村电子商务经营模式已扩展到"综合服务商＋网商＋传统产业""区域电商服务中心＋青年网商""生产方＋电商公司""集散地＋电子商务""农产品供应商＋联盟＋采购企业"和"专业市场＋电子商务"等多种形式共同发展的局面。在未来，将形成农产品电子商务全品类、全渠道、网上与网下、产前产中产后、售前售中售后等多渠道、多维度相互融合发展的趋势。

可以预计，随着农业电子总规模不断扩大，以无人机配送应用为代表的智能化，移动端介入的社交化，以及产业链、供应链、价值链、区块链的综合应用将得到进一步提升，我国农产品电子商务将进一步朝高效、安全、健康、绿色、智能、生态的方向发展，从而推进我国农业现代化快速发展。

2. "互联网＋制造业"

互联网已对制造业产生了深刻影响，形成了网络化制造，而且这种影响将会随着时间推移变得更加深入和广泛。网络化制造发展经历了三个时期，即以计算机集成制造为代表的萌芽期，以敏捷制造为代表的成长期和以物联云制造、社会制造和智能制造等为代表的膨胀期。未来，网络化制造将走向人、机、物集成的社会信息物理生产系统。

我国是制造业大国，也是互联网大国。据报道，2016 年至 2019 年，我国工业增加值由 24.54 万亿元增至 31.71 万亿元，年均增长 5.9%，而同期世界工业年均增长率只有 2.9%。2019 年，我国制造业增加值为 26.90 万亿元，占全球比重 28.1%，连续 10 年保持世界第一制造大国的地位。

在我国，制造业与互联网的融合也正在成为趋势，越来越多的"中国制造"正在向"网络智造"转变。互联网与制造业的融合，使企业能够利用互联网信息技术构建一个完备的控制系统，全面提升了企业生产的智能化水平。

为推动我国制造业与互联网融合，提升我国制造业发展水平，推动产业结构升级，我国政府于 2016 年颁发了《国务院关于深化制造业与互联网融合发展的指导意见》。该政策的出台，是在"双创"（大众创业、万众创新）背景下，旨在通过政府支持，让互联网"双创"平台成为巩固我国制造业大国地位、加快向制造业强国迈进的核心驱动力。大力发展制造业互联网"双创"平台，拟通过制造业重点行业骨干企业互联网"双创"平台普及率的提升，大幅度增加工业云企业用户数量，来缩短新产品研发周期，提高库存周转率和能源利用率，从而使制造业互联网"双创"平台成为促进制造业转型升级的新动能来源，并通过新的具有示范引领效应的制造新模式，形成跨界融合的制造业新生态，促使制造业数字化、网络化、智能化快速发展。按照目标，到 2025 年，我国制造业与互联网融合发展将迈上新台阶，融合"双创"体系基本完备，融合发展新模式广泛普及，新型制造体系基本形成，制造业综合竞争实力大幅提升。

制造业与互联网融合发展的关键领域之一是工业互联网的发展和应用。我国工业互联网的启动与发达国家基本同步，但总体发展水平不高，为了深入推进"互联网＋先进制造业"，规范和指导我国工业互联网发展，《国务院关于深化"互联网＋先进制造业"发展工业互联网的指导意见》，为进一步推动新一代信息技术与制造业深度融合，支撑和深化"互联网＋先进制造业"的进一步发展，以应对未来工业发展产生全方位、深层次、革命性影响，提出了针对性的措施。

中国投资顾问网发布的《2016—2020 年中国互联网＋制造业深度调研及投资前景预测报告》指出，我国制造业与互联网融合发展出现了新的趋势和特点。首先，这种融合逐步向制造业生产流程的研发、生产、供应、销售、生产服务等各个环节逐步深入渗透，并呈现出智能化、协同化、定制化、服务化和平台化的特点；其次，制造业是与互联网融合发展最为快速和普遍的领域之一；再次，在汽车、机械、食品加工、医药、电子、化工等行业，互联网融合发展导致的转型创新更为突出。

我国的制造业与互联网融合发展，已有不少成功的案例，如上海汽车有限公司与阿里巴巴公司共同打造了互联网汽车，东风汽车有限公司和华为公司共同开发了智能汽车，等等。但我国的制造业与互联网融合发展总体水平还有待提高。首先，我国制造业与互联网的融合发展总体上处于低水平的起步阶段，目前二者的融合主要是价值链中前端的采购与销售环节的融合，而技术含量和附加值高的生产过程的融合较少；其次，从加工程度看，靠近下游和用户的产业，如服装、家电等行业与互联网融合的步伐较快，但中游的装备与上游的原材料等行业，互联网的嵌入则非常少，有些还是空白；再次，从融合的程度看，制造业与互联网所实现的更多是制造单元或者生产线的融合，融合程度较低，达到整个车间和工厂智能化效果的高水平融合比较少；最后，从融合路径看，大部分制造企业选择自建互联网平台，制造业与互联网企业跨界融合较少。因此，中国制造业与互联网融合的水平不高，还有待于进一步发展。

中国投资顾问网发布的《2021—2025 年中国互联网＋制造业深度调研及投资前景预测报告》预测，未来几年信息通信技术将进一步加速发展，跨领域多技术的融合创新将成为常态，经济发展方式的转变将成为"互联网＋制造业"深度融合的内在动力，这也是产业变革的必然选择。"互联网＋制造业"将加速我国制造业转型，并为其变革提供坚实的基础，从而促使新型的智能产品和与云制造、电子商务、众包模式、个性化定制、网络协同开发等相关联的新型业态出现。

3. "互联网＋服务业"

在"互联网＋"背景下，服务具有巨大商业价值，对服务的理解也需要重新定义，因此，服务业会发生根本性的变化。

互联网经济已经贯穿于整个服务产业链条的方方面面，"互联网＋服务"对服务业的影响甚为全面，更为深远。互联网技术的广泛应用使服务业可以摆脱时间和空间的局限，目前，互联网技术已到了全面应用的阶段，并出现了新型的基于服务的互联网公司，例如阿里巴巴、拼多多、美团等。在互联网的影响下，现代服务业体系发展越来越完善。互联网的出现从根本上改变了一些垄断行业的垄断状况，互联网将物流、信息流和资金流整合在一起，互联网经济时代的到来使传统服务业上升到一个新的高度。

2019 年 8 月，国务院办公厅出台的《关于促进平台经济规范健康发展的指导意见》，明确提出要大力推进"互联网＋"与服务业融合发展。根据该意见，要支持社会资本进入基于互联网的医疗健康、教育培训、养老家政、文化、旅游、体育等新兴服务领域，改造提升教育医疗等网络基础设施，扩大优质服务供给，满足群众多层次多样化需求。

目前，我国基于互联网的服务业得到了快速发展，网络零售业发展表现尤为突出。据网经社电子商务研究中心（100EC.CN）2020 年 6 月发布的《2019 年度中国网络零售市场数据监测报告》，我国 2019 年网络零售市场交易规模达 10.32 万亿元，同比增长 20.56%，居全球第一；网络零售用户规模达 7.32 亿人，同比增长 28.42%。

在"互联网＋"与服务融合的过程中，将推进技术不断创新。京东公司在 2016 年成立了"X 事业部"，专注智慧物流相关技术的研发，并取得了巨大的成功，目前已构建起了以无人仓、无人机和无人车为三大支柱的智慧物流体系。

在未来，随着新技术的不断应用，将促进"互联网＋"与服务业的良性互动发展，在该领域，我国将依然保持与世界同步发展的状态。

二、人工智能、产业结构升级和软化

（一）人工智能的概念

人工智能是指利用计算机来模拟人类的思维过程和具体行为，从而实现智能化运行的一种技术。人工智能这一概念 60 多年前就提出来了，但在当时并未引起较大反响。1956 年，麦卡锡首次提出了"人工智能"的概念，这被公认为是 AI 诞生的标志。

人工智能的发展大致经历了三个阶段。1956 年至 1980 年属于起步期，社会各界对人工智能的关注度不高，人工智能技术、产品均存在不同程度的缺陷和问题，人工智能基本上不能够解决现实中的问题，导致其应用少，无法通过市场实现商业化，因此，人工智能发展遭遇瓶颈。1980 年至 21 世纪初是人工智能技术调整与技术积累期。在此阶段，对人工智能的研究逐渐系统化，以专家系统为代表的人工智能快速发展。专家系统实现了人工智能与实践领域的融合。第五代计算机技术和神经网络技术的突破，推进了人工智能技术的进步，但依然缺乏很强的实用性。目前，进入第三阶段，即应用推广与快速发展期。网络技术与人工智能的融合加速了人工智能的发展，同时推动其在家居、教学等多个领域的快速普及。

虽然人工智能技术的应用仍处于初级阶段，但人工智能可以应用于经济社会各个领域，并通过制造类似人脑智能的计算机，实现人类活动目的。人工智能具有重要价值和作用，它是下一次产业革命的通用技术。通用技术是可以全面影响经济社会中各个产业的基础性技术。推动第一次工业革命的通用技术是蒸汽技术，推动第二次和第三次工业革命的通用技术分别是电力技术和计算机技术。作为通用技术，人工智能可以渗透到社会经济的各个领域，不断生成新产品，提供新服务，从而形成新的产业。目前，世界上的主要经济大国都把人工智能作为增强国家综合实力的核心技术，将人工智能提升到了国家战略规划的高度，并在人工智能的研究与开发方面投入了大量资金。在我国，2018 年底的中央经济工作会议上明确提出"应增加对人工智能技术的投资，促进人工智能技术的发展，从而推动产业结构转型升级"。这意味着大力发展人工智能已经上升到国家战略层面。

（二）智能经济

人工智能是驱动智能经济的核心力量，智能经济是信息经济的高级阶段，是以人工智能为代表的新一代技术革新的必然结果。

1. 智能经济的内涵

李彦宏在"2019 年第六届世界互联网大会"上提出，数字经济在经历了从 PC 的发明和普及，到 PC 物联网，再到移动互联网，最后已经进入了以人工智能为核心驱动力的智能经济的新阶段。通过他的突出强调，智能经济概念迅速流行，并被看作是给全球经济带来新的活力，拉动全球经济重新向上的核心引擎。

早在 2011 年的"欧洲 2020 战略"中，就提出了智能经济和智慧经济概念，并认为智能经济是以智能机和信息网络为基础、平台和工具，以知识和创新为主的智慧经济，因此，是智慧经济形态的组成部分，突出了智慧经济中智能机和信息网络的地位和作用，体现了知识经济形态和信息经济形态的历史衔接。

智能经济是信息经济和知识经济发展的新阶段。在这一阶段，信息和知识不仅仅是经过数字化处理后的信息和知识，而且是可以被智能化感知的信息和知识，因此，信息和知识得以成为关键生产要素并发挥重要的作用。因此，围绕信息和知识智能化处理和感知的智能技术，包括人工智能、云计算、大数据、物联网、5G 技术、区块链等成为智能经济发展的重要推动力量。在智能经济时代，通过智能技术的广泛应用和渗透，将推动人类社会生产方式、生活方式和社会治理方式智能化变革，从而形成新型经济形态。

2. 智能经济的特征

智能经济是信息经济和知识经济的高级阶段，与其他经济形态相比，智能经济有如下特征。

（1）数据驱动性。

在智能经济阶段，信息和知识经过数字化处理后，成为可智能化感知的数据，而这些数据，成为驱动智能发展最为关键的生产要素。

计算机的发明，主要解决了信息的处理和海量存储问题。互联网技术的发展，解决了信息的交换和信息不对称问题。随着互联网的发展，数据的规模越来越大，进入了大数据时代，数据的挖掘和开发利用，成为将信息和数据转化为经济资源的关键一步。

通过数据、算法和算力的整合，新一代人工智能发展取得突破，数据挖掘和利用的效率大幅度提升。通过大规模获取数据和处理数据，并基于数据及数据之间的联系，从而为产品的创新、生产经营决策提供依据，甚至开发新产品，发现新机会。阿里巴巴、腾讯、百度等企业就是智能经济中的典型代表。

随着网络化的进一步发展，网络中形成、传递、交换和存储的网络数据会越来越多，这些数据是智能经济发展的基础，而对此进行处理和挖掘，是未来驱动经济发展的关键要素。

（2）人机协同。

人机协同发展模式是智能经济重要特征之一。在这一模式下，处于同一智能运行系统的人与机器，处于互相依存、配合和促进的和谐状态，人在一定程度上被"机器化"，机器在一定程度上也被"生命化"。

工业革命过程中的自动化主要是用机器替代人简单重复的手工劳动，从而促使大规模机器化的工业产品生产效率得到大大提高。在这一替代过程中，机器对人的替代是局部的、僵化的。当生产方式转变为柔性生产，特别是更多服务性的生产环节需要由机器替代时，人工智能的优势开始得到充分发挥。在智能程度不断提高的技术条件下，通过人机协同，强调机器自主适应环境，自主配合人的工作。自主性是机器人智能的体现，随着智能机器感知的信息越来越丰富，面对复杂的环境，机器人能够自主地适应变化，智能地处理解决问题。

通过人机协同模式，人和机器可以进行合理的分工。大量简单、烦琐、重复性的工作由智能机器人完成，人类只需要发挥处理抽象化、情绪化、非逻辑性问题的优势，完成更需要思考和创造力的工作。通过人机协同，可以提高人们的工作舒适度，尤其可以提升创新工作效率和工作质量。

人机协同模式将逐渐覆盖从决策到运营，从生产到服务的整个过程，并成为智能经济中一个重要特征。

（3）共创分享性。

在智能经济模式下，有形产品和无形服务都越来越具有智能特征，因此，其生产、流通和消费也会随之发生变化。在智能经济时代，智能化产品（或服务）的用户既是产品的使用者，同时也是产品的创造者，消费者能够在产品研发阶段深度介入，从而生产出满足自身需求的产品。高度智能化的产品，已成为生产者和消费者共同创造的产品。

智能经济是高度开放的经济形式，一方面，各种闲置资源可以借助智能化网络最大限度地得到有效利用，另一方面，各种数字化后的信息和知识可以得到智能化利用，真正转化为经济资源，从而为实现共享创造条件。也只有跨出这一关键步骤，数据才可以发挥其可以反复使用的特点和优势。

通过共创分享，智能经济的生产要素才能在经济活动中无限制地流通，从而最大限度地挖掘出经济价值，生产者和消费者才可共享数字化福利。

（三）人工智能与产业的结合

李彦宏认为，人工智能引发的智能经济将对人机交互方式、IT的基础设施层和催生很多新的业态三个方面带来重大的变革和影响，其关键点和落脚点应该是在第三个方面。人工智能技术作为一种新的通用技术，可以充分参与农业、制造业、服务业等各种行业的智能化转型。通过"智能＋"的方式，促进人工智能与传统产业的深度融合，行业之间的界限会变得越来越模糊，跨界、跨行业的融合发展正在成为一种新的经济发展形式。

1. 人工智能与农业的结合

人工智能在农业领域已得到广泛的应用。在传统农业中，种植收成取决于天时地利，而且，还存在劳动投入相对较大、经验化生产占据主导、标准化生产不足等特征，导致农业收成效率低下。随着生物技术、种子技术和水利工程不断完善，机械化生产日益普及，农业生产的效率已有较大提升，但依然存在诸多技术上的瓶颈。随着人工智能技术的快速发展，农业与人工智能技术相结合，促进传统农业向智能农业、数字农业、可视农业升级。

按照农产品生产周期长的特点，可以把农产品生产全过程划分为生产前、生产中和生产后三个环节，人工智能的应用，已普及贯穿到三个环节的诸多方面。在产前阶段，人工智能主要用于农作物选种、土壤成分检测与分析、灌溉控制。在产中阶段，人工智能广泛应用于专家系统、设施农业生产智能控制、病虫害识别、农田杂草处理、农作物施肥给药、农作物嫁接、农作物采收、农产品产量预测等方面。而在产后阶段，人工智能的应用则体现在农产品检验、农产品电商运营、农产品智慧物流。

纵观人工智能在农业领域的广泛应用，可以发现，人工智能与农业的融合，表现为以下三个方面。

第一，促使农业由机械化向智慧化转变。农业机械化替代了农民的体力劳动，人工智能则能够部分替代农民的脑力劳动，智慧农业得以初步体现。例如灌溉在农业生产中非常重要，智能灌溉控制系统借助人工神经网络等人工智能技术，将农作物用水量控制在最佳状态，从而在保证农作物高产高收的同时，降低水的使用量。而且，其智慧性还表现在：一是该系统具有强大的学习能力；二是智能灌溉系统还可以对土壤含水量进行实时监测，并反馈给系统进行调整；三是智能灌溉系统可以利用大数据将所在地区水文气象指数、气候指数等结合，做出最佳灌溉计划。再如，人工智能技术可以识别某一片农业生产基地各个地方植被分布的情况，区分田埂、水渠和植被，并通过AI算法形成含有有效信息的图片，然后再输入无人机、机器人中，从而给农田喷洒相应的化合物。通过图像识别技术可以实现机械自动化对人力的深层次替代。从上述两个方面，我们可以发现，农业已成为和制造业一样具有高度知识含量的行业，是智慧化的行业。

第二，人工智能技术的应用使农业和制造业、服务业的边界变得模糊。专家系统是常用的人工智能系统，在农业中也得到广泛应用，因此，农业中已包含越来越多的知识密集型的现代咨询业的应用。设施农业是具有高集约化程度的新型农业产业，在人工智能的推动下，得到了快速发展。设施农业已初步具备制造业的特点，已不同于传统的农业生产方式。因此，智慧农业已从根本上改变了农业的生产方式，与制造业和服务业之间的界限越来越模糊。从产业结构软化的角度来看，农业已变为具有高度软化特征的产业。随着人工智能的进一步应用，农业的软化度将进一步提升。

第三，人工智能技术促使传统农业的运营模式发生改变。在传统农业中，生产者和消费者之间还有很多的中间商，这就导致物流和贸易成本相对来说比较高。传统农业供应链主要形式是"农产品生产者—农产品采购者—农产品运输者—农产品批发市场—农贸市场—农产品消费者"，其环节过多，链条过长，农产品从生产到消费者的过程中，需要时间长，农产品由于腐烂等原因消耗十分严重，因此效率低下。而互联网平台和智慧物流的广泛利用，使农户和消费者之间直接建立起沟通的桥梁，减少了诸多不必要的中间环节。在网络条件下，农产品的经营方式，将逐渐向其他产品的经营方式靠拢，从而使传统的经营方式发生变化。

在未来，人工智能、互联网、大数据、物联网等新技术的加速发展和应用将为智慧农业提供更加宽广的发展空间。随着 5G 通信技术的普及，人工智能的普及和应用将迈上一个新的台阶，智慧农业的发展也将步入快车道。

2. 人工智能与制造业的结合

人工智能在制造业的渗透与应用比在农业和服务业的渗透和应用更为便捷和深入，从而对实体经济发展产生重要影响。数字化、网络化、智能化是今后制造业发展的趋势，而人工智能的发展及其应用处于十分关键的地位。人工智能能够促进工业化与信息化深度融合，推动制造业智能升级。在 2018 年世界人工智能大会上，马云预测"未来 10 到 15 年，传统制造业面临的痛苦将会远远超过今天的想象，企业如果不能从规模化、标准化向个性化和智慧化转型，将很难生存下去。未来成功的制造业一定是用好智能技术的企业，因为不会用智能技术的企业，将全部进入失败领域。"人工智能正在向制造业的多个环节渗透。结合人工智能技术，企业在生产、供应、销售等方面将更加智能化。

人工智能可以促进制造业智能化。在生产领域，人工智能技术通过互联网注入生产过程，使机器能够应对复杂的生产状况，智能化工业设备带来的是精准化、高效化生产，从而进一步提升生产效率。通过将智能化的工业生产设备投入产品的生产过程，大大减少人员配备的需求，并且智能机器人可以代替危险系数较高的工作，这样一方面保证了生产过程中人员的安全，另一方面机器人的使用可以实现精准化生产。人工智能技术也广泛应用于产品质量控制。人工智能能够结合大数据和信息技术对产品的合格率、生产线的故障率进行自动预测和检测，从而实现产品质量的智能控制。同时，基于信息管理技术和虚拟仿真系统，人工智能可以对企业的要素投入和产品的产出进行优化，从而实现资源优化配置。目前人工智能也比较多地应用于工艺优化，通过让机器学习合格的产品模型，使之可以独立完成质检、视觉识别等工作。例如，可以利用计算机视觉技术发现生产的残次品。总之，AI机器人可以替代一些基础性的工作，人工智能技术对第二产业内部的智能生产将产生重要影响，最终将实现低投入、低消耗、高产出、高效益式的经济增长。

人工智能可以协助制造业智能决策。在供应链方面，传统的供应链模型完全是线性的，着眼于货物在不同地方的实物移动，因而在互联网高度发达的今天，具有非常大的局限性。人工智能技术作为一种通用的基础性技术，可以为企业合理控制产品的供应链、物流链、生产链等各个环节，减少相关流程中不必要的成本。借助对大数据的分析，人工智能可以通过收集的信息，使用算法来准确定位供应链中的薄弱环节，从而提前预测库存短缺程度、消费者的需求和运输管理的问题所在，随时调整生产计划，并主动采取其他行动来降低风险。

人工智能可以促进企业实现精准销售。通过人工智能和大数据，可以对用户的需求进行更为全面的分析，生产适销对路的高质量产品，实现产品精准投放。大数据、物联网和人工智能算法可以实现产品的实时监测和管理，消费者也可以通过互联网平台来反馈对产品的评价，从而影响到其他消费者的购买。人工智能技术为企业的消费提供智能化服务，提升产品和售后服务的针对性，并加速制造业中人工智能技术的深化，以实现"产、供、销"一体化模式。

人工智能使企业的组织形态向智慧型和生态型转变。传统企业的直线职能制、事业部制和矩阵制组织形态是实体型组织，以追求内部资源配置效率最大化为目标，后来衍生出以追求外部资源能力利用最大化为目标的虚拟型组织，出现了内包、外包和众包等形态的组织。而网络技术得到广泛应用以后，现代企业形态出现了平台化企业和模块化企业等智慧型组织。当人工智能技术应用以后，企业逐渐向生态化企业、个人化企业转变，企业组织也演变为共生型生态组织。

总之，人工智能与制造业的结合方兴未艾，并具有巨大的空间。

3. 人工智能与服务业的结合

服务业远比制造业和农业要复杂，所以，发展相对比较缓慢，尤其是其技术的应用和生产率的提升，比制造业要慢得多。但这也为人工智能赋能服务业提供了更为广阔的空间。人工智能给服务业带来的变化绝非以往的技术变革可比拟的，因此，通过人工智能不仅将推动传统服务业向智能服务业升级，而且，也会催生出非常多的全新的智能服务行业。更加信息化和智能化的服务业将从根本上改变服务业的构成，真正意义上的第四产业也将成为现实。

首先，人工智能能够提供更加个性化的高质量服务业。在传统服务业中，提供服务的方式主要是通过服务人员与消费者面对面直接交流提供服务来实现的，因此，服务的质量与服务人员个人能力和素质的高低紧密相关，这就容易导致在服务供给方和服务消费方之间产生不平衡、不公平、不一致的服务体验。人工智能与服务业融合，一方面为实现服务供给标准化创造了条件，同时，也能够满足消费者个性化的需求。人工智能通过智能识别技术来满足个性化服务。由于人工智能的应用，人机服务的质量将大大提高，传统服务升级为智能化服务。目前，新一代人工智能已应用到医疗、养老、教育、文化、体育等多领域，它可以帮助企业收集消费者独具个性化的需求数据，并且能够检测服务供给过程中存在的问题，反馈给企业从而对产品做出改进。

其次，在保证服务效率的同时，人工智能可以提升服务体验，实现人机互补服务。人工智能可以创造一种更智能的生活方式和工作方式，也可以在提升效率的同时，全方位地提升人们的生活体验。智能家居产品快速发展就是其中重要的体现。智能家居产品包括智能手机、智能音箱、智能电视等娱乐产品，智能门锁、智能监控、智能开关等安防产品，扫地机器人、智能冰箱、智能洗衣机等厨卫家电产品，智能手环、空气净化器、智能水杯等健康医疗产品，智能电灯、智能窗帘、智能空调等室内环境产品，提高了用户的生活水平和生活质量，使生活更加便利、安全和环保。2018

年，我国智能家居市场规模达到了 1707 亿元，同比增长 19.54％，进入了快速发展阶段。

最后，人工智能技术可以实现远程服务的供给。高质量的服务供给存在地区差别，也经常受到各种特定条件的制约，服务难以有效提供。而人工智能技术远程服务提供了解决途径。在新冠肺炎疫情防控中，"人工智能＋医疗"发挥了重要的作用。在疫情高风险条件下，AI 影像在 CT 阅片、病灶定量分析及疗效评价等方面具有高效率和高准确率的优势，而且通过远程会诊系统，降低了交叉感染风险，5G 云端抗疫机器人 24 小时在医院工作，可以高效率地替代医护人员完成特定区域的清洁消毒和药品配送工作。

当前，人工智能已经呈现出深度学习、跨界融合、人机协同、自主操控等新特征，在零售、金融、医疗、电信等领域应用前景广阔。

总而言之，不同产业的生产方式有所不同，与人工智能这项技术的融合也会产生不同的效果。人工智能与不同产业融合，由此所产生的经济新业态和新模式将推动产业结构调整升级。人工智能技术的普及将推动传统行业的自我革命，通过创新为经济的增长开辟崭新的空间，实现智能化的产业结构。随着计算机处理海量数据能力不断成熟，以及机器自我深度学习能力的发展，人工智能迎来了新的发展浪潮，拥有巨大的增长空间。人工智能技术在产品开发、服务创新、产业升级等方面具有很强的技术优势，人工智能与产业结合，将成为新的发展点，形成新引擎，推动各产业变革。

人工智能在给产业发展带来新机遇的同时，也带来了就业方面的挑战。其产业发展总体趋势既可以扩大相关产业规模，也可以优化产业结构，利大于弊。因此，我国对人工智能的发展和应用给予高度的重视和大力支持。2017 年 7 月，国务院发布了《新一代人工智能发展规划》。在未来，人工智能技术将通过与大数据、物联网、区块链等技术的有机融合，推动我国三大产业向创新型、协调型和绿色型方向转变，从而使我国经济结构得到转型升级。

本章参考文献

[1] 于娜.三次工业革命演变的动态分析 [J]. 中国科技论坛 ,2014(9):
40-45.

[2] 魏佑海.浅议第三次技术革命 [J]. 深圳大学学报 (人文社会科学
版),2016,33(1):126-130.

[3] 孙寿涛.信息革命：称谓及其历史地位 [J]. 北京邮电大学学报 (社会
科学版),2007(2):55-60.

[4] 胡志坚.信息技术革命的演化趋势 [J]. 科技中国 ,2020(1):1-3.

[5] 贺俊，姚祎，陈小宁."第三次工业革命"的技术经济特征及其政策
含义 [J]. 中州学刊 ,2015(9):30-35.

[6] 张伟庆.浅析新技术革命的兴起及其对世界经济格局的影响 [J]. 市
场周刊 (理论版),2019(33).

[7] 郭朝先，刘艳红.中国信息基础设施建设：成就、差距与对策 [J].
企业经济 ,2020,39(9):143-151.

[8] 王帅，周明生.信息基础设施建设、产业集聚与经济增长：基于中
介效应模型的实证分析 [J]. 上海经济 ,2018(5):5-18.

[9] 冯其予.信息技术引领行业蜕变 [N]. 经济日报 ,2020-10-20(8).

[10] 郭垒.第二次现代化的两大发展趋势：经济全球化和知识经济 [J].
国家教育行政学院学报 ,2003(5):61-65.

[11] 彭斯达.信息技术革命与经济全球化 [J]. 湖北大学学报 (哲学社会
科学版),2002(4):23-26.

[12] 王战.新兴全球化与创新发展 [J]. 决策 ,2018(6):36.

[13] 黄凤志.信息革命与经济全球化 [J]. 东北亚论坛 ,2003(3):87-90，
97.

[14] 魏南枝.新技术革命、经济全球化与国家能力分化 [J]. 中央社会主
义学院学报 ,2020(1):64-71.

[15] 张玉利，杜国臣.跨国公司全球战略转变及其对发展中国家的影响：

基于共生演进理论的分析 [J]. 国际贸易,2008(2):48-52.

[16] 左孝顺. 跨国公司：新技术革命的重要载体 [J]. 经济研究参考,1999(59):29-37.

[17] 徐琴. 创新型国家建设与知识经济时代 [J]. 江西社会科学,2006(6):15-19.

[18] 林永青. 知识经济是虚拟经济 [J]. 金融博览，2016(5):44-45.

[19] 王丽丽. 论知识经济时代的技术创新及其知识产权保护 [D]. 长春：吉林大学,2004.

[20] 王玉琴. 新经济时代知识经济管理的发展趋势分析 [J]. 经济师,2019(8):292-293.

[21] 陈景伟. 基于知识经济下的企业经济管理创新与实践探讨 [J]. 商讯,2020(10):96-97.

[22] 黄宏俊. 知识经济与经济全球化 [J]. 全国商情,2016(23):100-101.

[23] 韩兰. 把握知识经济特征迎接新经济时代挑战 [J]. 辽宁经济,1999(2):21.

[24] 张超. 论知识经济背景下我国产业结构调整方向 [J]. 纳税,2020,14(4):182-184.

[25] 王倩. 知识经济与就业方式多元化的探讨 [J]. 现代经济信息,2018(11):1，3.

[26] 郎雪鸥. 知识经济在产业结构优化中的作用探究 [J]. 中国外资,2013(6):169-170.

[27] 刘亚铮,谭劲松. 知识经济时代企业规模探析 [J]. 科技进步与对策,2002,19(4):71-72.

[28] 陆汉明. 知识经济环境下的信息生产力特征探究 [J]. 教育教学论坛,2013(29):151-153.

[29] 储节旺,郭春侠. 知识管理学科兴起的基础及文献计量分析 [J]. 情报理论与实践,2011,34(4):15-20.

[30] 盛小平,曾翠. 知识管理的理论基础 [J]. 中国图书馆学报,2010,36(5):14-22.

[31] 戴创. 新经济时代知识经济管理的发展趋势研究 [J]. 中外企业家,2019(28):78-79.

[32] 孙忠悦. "互联网＋"背景下我国装备制造业服务化转型研究 [D]. 吉林大学,2019.

[33] 孙杰贤. 传统工业的互联网再造 [J]. 中国信息化,2014(19):6-10.

[34] 焦妍妍,郭彬,优瑞池. 科技创新、金融创新与产业结构优化的耦合关系研究：基于"互联网＋"视角 [J]. 管理现代化,2019,39(5):32-36.

[35] 王晓娣. 基于"互联网＋"的制造业升级模式研究 [D]. 大连：大连理工大学,2018.

[36] 上海艾瑞市场咨询有限公司. 中国网络经济年度洞察报告 2020 年 [J]. 艾瑞咨询系列研究报告,2020(7):75.

[37] 周睿. 网络经济给实体经济带来的影响分析 [J]. 环渤海经济瞭望,2018(9):165.

[38] 李玉芳. 网络经济对实体经济的影响及对策 [J]. 经济导刊,2010(10):84-85.

[39] 杨雪飞. 互联网时代网络经济对现代经济发展的影响 [J]. 中小企业管理与科技 (中旬刊),2019(11):103-104.

[40] 魏丽萍,常春. 当代共享经济发展趋向的政治经济学分析 [J]. 海派经济学,2020,18(2):110-122.

[41] 国务院办公厅关于促进平台经济规范健康发展的指导意见 [J]. 中华人民共和国国务院公报,2019(23):20-23.

[42] 江小涓. 高度联通社会中的资源重组与服务业增长 [J]. 经济研究,2017,52(3):4-17.

[43] 李冬梅. 互联网与产业的融合 [J]. 统计与管理,2015(11):108-109.

[44] 金炜晗. 互联网经济发展对相关产业影响分析 [J]. 商场现代化,2016(18):252-253.

[45] 范彩霞,臧旺浩,杨晓雨,等. 互联网＋对制造业产业的影响研究分析 [J]. 物流工程与管理,2016,38(12):1-3，10.

[46] 黄浩. 互联网驱动的产业融合：基于分工与纵向整合的解释 [J]. 中国软科学,2020(3):19-31.

[47] 陈利霞. 互联网经济发展对相关产业影响探讨 [J]. 经贸实践,2018(7):130.

[48] 惠宁,周晓唯. 互联网驱动产业结构高级化效应分析 [J]. 统计与信

息论坛,2016,31(10):54-60.

[49] 周永亮.产业互联网:赋能先转型 [J].企业管理,2020(3):48-49.

[50] 新华网.最新统计:中国网民规模达 9.40 亿 [EB/OL].（2020-09-29）[2020-10-30].http://www.xinhuanet.com/politics/2020-09-29/c_1126558608.htm.

[51] 安岩,李清晨,赵经华.互联网 + 时代产业转型升级路径探索 [J].产业与科技论坛,2017,16(23):11-12.

[52] 农业部办公厅关于印发《农业电子商务试点方案》的通知 [J].中华人民共和国农业部公报,2016(2):25-27.

[53] 姚锡凡,陶韬,葛动元."互联网 + 制造"的发展现状与展望 [J].制造技术与机床,2018(8):29-34.

[54] 昌校宇,杨洁.工信部：2019 年我国制造业增加值达 26.9 万亿元连续十年保持世界第一制造大国地位 [EB/OL].（2020-10-23）[2020-10-30].https://new.qq.com/omn/20201023/20201023A0C7ID00.html.

[55] 刘唯."互联网 +"时代中国产业转型升级的路径研究 [J].工业经济论坛,2016,3(4):380-388.

[56] 国务院关于深化"互联网 + 先进制造业"发展工业互联网的指导意见 [J].中华人民共和国国务院公报,2017(34):12-20.

[57] 宋立凡.互联网经济对相关产业的影响 [J].现代经济信息,2016(7):341.

[58] 网经社.中国网络零售市场交易规模达 10.32 万亿元 增长 20.56％[EB/OL].（2020-06-17）[2020-10-30].https://www.sohu.com/a/402416950_120491808?_trans_=000014_bdss_dkwhfy.

[59] 张军平.人工智能的发展历程与未来方向 [J].国家治理,2019(4):3-6.

[60] 罗通.人工智能的概念及发展前景分析 [J].无线互联科技,2019,16(10):147-148.

[61] 郭凯明.人工智能发展、产业结构转型升级与劳动收入份额变动 [J].管理世界,2019,35(7)：60-77,202-203.

[62] 于靖园.智能经济将带来三个层面的重大变革:专访百度创始人、董事长兼首席执行官李彦宏 [J].小康,2020(33)：54-55.

[63] 王振.人工智能对产业发展的影响 [J].现代管理科学,2018(4):58-60.

[64] 孙守迁.智能经济构建未来形态 [J].杭州（周刊）,2018(36)：13-16.

[65] 阿里研究院：下一个 10 年的智能经济 [J].领导决策信息,2019(6):26-27.

[66] 刘双印,黄建德,黄子涛,等.农业人工智能的现状与应用综述 [J].现代农业装备,2019,40(6):7-13.

[67] 马菁泽,甘诗润,魏霖静.人工智能在农业领域的应用现状与未来趋势 [J].软件导刊,2019,18(10):8-11.

[68] 蒋万胜,李冰洁.论人工智能技术对人类社会发展的影响 [J].西安财经学院学报,2020,33(1):23-29.

[69] 郭金麟.2018 世界人工智能大会模拟汉英同传实践报告 [D].青岛大学,2019.

[70] 苏海涛,王秀丽.人工智能对我国产业结构的影响分析 [J].产业创新研究,2018(10):18-22,51.

[71] 刘绪勇.刍议人工智能对制造业转型升级的影响 [J].信息记录材料,2019,20(9):55-56.

[72] 人工智能在未来制造业发展应用中扮演的角色 [J].中国电梯,2019,30(17):1.

[73] 李海舰,李燕.企业组织形态演进研究：从工业经济时代到智能经济时代 [J].经济管理,2019,41(10):22-36.

[74] 朱涛,董凡.人工智能在家庭服务业的应用问题及趋势研究 [J].中州大学学报,2020,37(1):22-26.

[75] 王小艳.人工智能赋能服务业高质量发展：理论逻辑、现实基础与实践路径 [J].湖湘论坛,2020,33(5):136-144.

[76] 国务院关于印发新一代人工智能发展规划的通知 [J].中华人民共和国国务院公报,2017(22):7-21.

第四章　生产性服务业与制造业耦合的理论分析

第一节　生产性服务业与制造业耦合概述

一、耦合的概念与内涵

当前我国工业化进程进入中后期，经济增长从高速逐步转向中高速。根据国家统计局数据，2018 年第二产业产值占 GDP 比重为 38.9%，对 GDP 的贡献率达 34.4%。由此可见，制造业依然是我国经济发展的重要支柱和强大动力。2019 年规模以上工业企业增加值增速为 5.6%，为近年来较低水平。一方面，波谲云诡的国际局势以及疫情的冲击导致全球经济发展放缓；另一方面，我国制造业仍然存在大而不强的问题，产业普遍处于微笑曲线较低的位置，以加工贸易模式为主，产品附加值低且资源消耗大，与此同时，这种模式带来能源短缺、环境污染等问题，对经济发展产生负的外部性。

实现传统制造业向先进制造业转型是激发经济活力的重要突破点。生产性服务业与制造业的互动融合是促进制造业转型升级的关键途径之一。生产性服务不是为最终产品服务，而是指那些被其他商品和服务的生产者用作中间投入的服务。生产性服务业的服务客体主要为生产者，一般融合于制造企业的各个生产环节之中。生产性服务业把高新知识和技术嵌入制造业中从而提高其生产效率和专业化水平，并有效降低交易成本。生产性服务业的集聚能够促进高新技术和知识在制造业中扩散并形成融合效应。这种产业间的融合效应可以再次激发知识和技术创新，从而不断提升制造业的竞争力。制造业竞争力的提升会进一步扩大其生产进而实现规模经济，这使生产性服务业所提供的人力资源、技术知识的需求增加，从而促进生产性服务业的长足发展。通过上述途径，先进制造业和生产性服务业之间形成了类似于种群生态系统中良性的互利共生、双向拉动的关系，并能够最终达到产业间的稳定均衡状态。凌永辉等根据实证分析得出结论，生产性服务业发展与先进制造业效率提升之间存在显著但非对称的双向互动关系。

目前，我国制造业存在效率不高、技术含量和附加值低等问题，但同时制造业作为我国经济的支柱产业，决定着经济发展水平，因此，通过生产性服务业引导制造业转型升级，同时反过来进一步促进生产性服务业的发展，对我国具有非常重要的现实意义。

产业耦合是建立在系统论上研究制造业和生产性服务业间互动关系的新视角和新方法，有利于更加深刻分析制造业和生产性服务业的互动关系。

"耦合"起初源于物理学概念，主要指两个或多个系统或运动方式之间彼此作用并相互影响以至联系的现象。耦合是一种通过不同子系统间的正向关联，形成子系统之间相互依赖、相互协调、相互促进的动态关联关系。简而言之，耦合这一名词是指两个及以上的个体相互依赖于对方的程度。耦合的概念在社会科学领域也得到了推广应用，并用来指在某种条件下，两个主体相互作用，进而对彼此产生新功能和作用的过程。经济学者也将耦合的概念借用到产业经济学领域中，并用于描述和分析两个产业之间存在紧密配合和互相影响的程度。生产性服务业与制造业的耦合不是简单的耦合，而是以系统的方式体现，它通过规模、结构、发展和效益子系统相互关联，相互影响，共同促进并带动耦合体系发展。

耦合的内涵包括以下四个方面。一是耦合的关联性。在耦合系统的内部，不同耦合元素之间是互相联系的，耦合系统是一个开放且与外部形成要素流动的系统。二是耦合的整体性。各子系统内的耦合元素按照某种需求重新整合，形成一个全新的有机整体。新形成的耦合系统不是子系统的功能与性质的简单相加，它具有独立子系统所不具备的新功能和新性质。三是耦合的多样性。子系统中的元素具有自组织能力，即耦合系统内部的子系统可以按照某种规则由无序的原始状态演化为有序的稳定结构。由于耦合系统在演化的过程中具有不同的分叉和突变，导致形成的自组织可能多种多样。四是耦合的协调性。系统需要从原始轨道跃迁至更加高效的新轨道，子系统内的元素重新整合，形成更加协调、优势互补的新结构。耦合系统由无序走向有序机理的关键在于其内部各子系统序参量之间的协同作用，它决定着系统变化的特征与规律。

二、生产性服务业与制造业产业耦合的内容

把物理学意义上的耦合借用到产业经济学领域，可以将产业耦合界定为：以系统论为基础的各产业间的相互依赖、相互协调、相互促进的动态正向关联关系。因此，该概念完全适用于生产性服务业和制造业之间的关系。生产性服务业与制造业的耦合是指两者协调互动、相互促进、共同发展的正向关联关系。

生产性服务业与制造业耦合的具体内容可以分别从产业要素、产业结构、产业布局三个角度进行分析。

（一）产业要素

产业要素的耦合包括产品与服务、技术和资本三个方面。产品与服务的耦合主要表现为生产性服务业所提供产品与服务和制造业的产品与服务形成了互补。前者融入后者的生产环节之中，为后者提供了高效便捷的产品与服务；后者则为前者提供了实践经验与技术反馈，并提高了前者产品与服务水平。

技术上的耦合大多数表现为生产性服务业的先进技术和知识向制造业扩散、渗透。

资本上的耦合以生产性服务业中的金融行业为制造业提供成熟的融资服务为主。

（二）产业结构

产业结构的耦合是指生产性服务业与制造业具有合理的比例关系，以促进产业间的协调发展。在知识经济和全球化条件下，发展现代生产者服务业可以推进制造业的结构调整和优化。通过不断提升高技术含量的生产性服务业所占比重，能够促进传统制造业的转型升级，并成长为先进制造业，从而使产业中先进制造业比重不断提高，处于产品生命周期衰退期的

传统制造业比重不断下降或渐渐退出市场。因此，生产性服务业和制造业产业结构的耦合会形成产业结构效应，进而推动经济发展。

（三）产业布局

产业布局的耦合是指生产性服务业与制造业在地域上具有合理的分布，以保证产品生产流程能够顺畅地衔接。产业布局的耦合表现为生产性服务业可以支撑制造业空间布局优化。通过产业布局的优化可以显著促进区域产业发展与经济增长。产业布局的耦合具体表现为生产性服务业与制造业的产业集群形成。

三、生产性服务业与制造业产业耦合的特征

生产性服务业由于自身具有知识密集型的特征，因此，生产性服务业与制造业耦合时，也具有和一般产业系统之间耦合不同的特征，主要表现在以下四个方面。

（一）耦合系统的开放性

生产性服务业与制造业耦合所形成的系统是开放的，这一开放性具有两方面的含义。

第一，耦合系统内部的各子系统是相互开放的，元素能够自由流动，产生高效的关联，这也是形成耦合系统的重要前提条件。在生产性服务业与制造业的耦合系统中，生产性服务业子系统与制造业子系统各自都是开放的，两者处于产业链的不同位置，生产性服务业一般处于产业链上游和下游，制造业处于产业链的中游。在传统的生产方式中，两者在产业链中有多处衔接，技术、知识、资本等元素通过衔接处在产业链中自由流动，系统内部形成高效的融合与协同。但随着"互联网＋"与制造业的融合发展，生产性服务业与制造业的耦合已贯穿于制造业的所有环节和全过程，而不是某些局部，因此，这种开放性表现得更为彻底，并呈现系统性的特征。因此，在"互联网＋"条件下，生产性服务业和制造业的耦合度大为提高。

第二，耦合系统整体对外部环境是开放的，与外部环境进行能量交换，

并相互作用。生产性服务业与制造业的耦合系统受到外部环境的影响，例如产业政策、经济发展水平等。当前，以互联网、人工智能为代表的新技术的快速发展，加速了生产性服务业自身水平的提高，也为生产性服务业和制造业耦合提供了更高水平的平台，二者之间的耦合水平和层次将得到进一步提升。产业耦合系统也同样对外部环境产生影响，例如在线支付、网络银行等新的金融方式出现，要求相应的制度进行调整。

（二）耦合系统的联系性

两个独立的产业之间存在着交流和联系，存在着相互作用和影响。正因为生产性服务业和制造业是属于开放的系统，因此，彼此之间才能够相互影响、相互作用、相互依赖，构成了更大的耦合系统。

由于生产性服务业具有信息、知识和技术密集型的特点，因而与制造业之间的关联性更大。而互联网环境为生产性服务业与制造业之间信息、知识和技术的流动创造了更为有利的条件，因此，它们之间的联系更为频繁，关系更为紧密。

（三）耦合系统的层次性

生产性服务业与制造业的产业耦合系统分为四个层次。

最高层次为生产性服务业与制造业构成的整体协同系统。这一层次的耦合水平决定了其他三个层次耦合层次的发展程度。具有高技术含量的生产性服务业通过技术溢出效应带动传统制造业优化升级；传统制造业作为支柱产业，所拥有的强大的硬件设备与专业的人力资源，同时也会推进产品竞争力的不断提升，必然会对生产性服务业提出更高的要求，推动生产性服务业的进一步发展。例如信息技术与制造企业车间的结合，生产信息化管理系统提供给生产企业一个便于操作的制造协同管理平台，降低了成本，提高了生产率。

目前，借助于互联网和人工智能的技术发展，初步形成了智能经济，使生产性服务业和制造业之间的耦合达到了新的阶段。

第二个层次为生产性服务业与制造业两个子系统。木材行业与家具行业存在密切联系，木材质量以及木材加工水平都直接决定了作为最终产品家具的质量。倘若木材行业提供的原木质量低劣、加工水平低，家具行业就会蒙受巨大损失，导致产品的市场竞争力和附加值较低，影响行业整体发展。

目前，制造业正朝智能制造方向转化，其内部的耦合程度将越来越高。而生产性服务业子系统，由于生产性服务业自身的复杂多样性，虽然互联网和人工智能对其总体发展具有极大的推进作用，但在各个具体领域会出现不平衡性，因而差异将日益显现，但其潜力也非常大。

第三个层次为生产性服务业与制造业各自涵盖的各行业子行业。例如，生产性服务业包含研发设计、货物运输、仓储邮政、信息服务、金融服务等子行业。这些行业，耦合程度有差别，尤其是互联网和人工智能等新技术给耦合代理造成了不同影响，但总体上看，都带来了快速发展。制造业中的计算机、通信、汽车等子行业，其耦合程度也随着制造业发展到智能制造的新阶段而达到了新高度。

第四个层次为更加微观和具体的子行业中的企业，不同行业企业在研发、制造、销售的合作中相互作用和影响。无论是生产性服务业企业内部还是制造业企业内部，其耦合程度已随着互联网和人工智能等技术的发展取得突破。

（四）耦合系统的多样性

生产性服务业与制造业的产业耦合系统属于两大本来就非常复杂的子系统之间的多层次耦合系统，因此，其耦合具有多样性，并主要表现在两个方面。

一方面，生产性服务业与制造业的产业耦合系统的内部层次多、结构复杂，子系统相互形成非线性作用。生产性服务业与制造业的产业耦合系统发展过程存在着数量众多的不同路径，不同路径将导致耦合系统发展趋势差异巨大。与此同时，生产性服务业与制造业的产业耦合系统内部一个微小的影响因素变化就可能导致蝴蝶效应，从而使生产性服务业与制造业的产业耦合系统突变或发展至意想不到的状态。所以生产性服务业与制造业的产业耦合系统存在较强的多样性。由于生产性服务业自身的特点决定了其发挥作用时更多地体现为非线性作用，因此，其耦合带来的多样性特征更为明显。

另一方面，外部环境也将通过各种因素影响生产性服务业与制造业的产业耦合系统，导致系统朝着不同方向演化。生产性服务业的信息、知识和技术密集型特征，决定了其受外部环境影响，尤其是受创新环境、信息交流环境和营商环境影响更大，因此，越是到经济发展的高级阶段，当外部环境变化时，越会导致生产性服务业朝多元化方向发展。

生产性服务业与制造业的产业耦合系统的结构和功能不是子系统的结构和功能的简单相加。耦合使系统产生质的变化，不仅会大幅提高协调效率，还会产生新的结构和功能。目前，在互联网和人工智能快速发展的情况下，这种情况更为明显。

四、耦合度与耦合协调度

生产性服务业与制造业之间的耦合关系，既可以如前述进行定性分析和描述，也可以用耦合度与耦合协调度这样的定量分析工具来加以度量。

（一）产业耦合度

分析生产性服务业与制造业的耦合度模型源于物理学中的容量耦合系数模型，该模型主要是描述两个或两个以上子系统通过相互作用和影响，进而协同的过程。引申到产业经济学领域中，生产性服务业与制造业构成了一个产业系统。在该产业系统中，生产性服务业与制造业作为两个子系统相互依赖、协同发展。整体系统从无序状态发展到有序状态的关键就在于系统内部各个子系统能够有效地协同运作，这种协同运作左右着系统变化的特征和规律，并用耦合度来度量这种协同作用。换句话说，耦合度描述了生产性服务业子系统与制造业子系统之间相互作用的强弱，但没有体现相互作用带来的结果。

引用物理学中包括 n 个子系统的容量耦合系数模型，该模型可以表示为：

$$C = n[u_1 u_2 ... u_n / \prod (u_i + u_j)]^{\frac{1}{n}} \qquad （4-1）$$

在生产性服务业与制造业构成的系统中含有两个子系统。故使用 n=2 的耦合度模型：

$$C = 2\sqrt{u_1 \cdot u_2} / (u_1 + u_2) \qquad （4-2）$$

u_i 是指子系统的综合发展水平，描述了制造业与生产性服务业的发展现状。C是两个子系统之间的耦合度，取值范围为0到1之间。当C=0时，表示两个子系统之间没有相互作用，当前产业系统发展处于无序状态；当C=1时，表示两个子系统之间具有很强的相互作用，当前产业系统发展处于有序状态。即C值越大，产业系统内协调程度越强。

借鉴廖重斌（1999）的分类方法，可以将耦合度划分为五个等级，如表4-1所示。

表4-1 产业协调等级划分表

耦合度C	0.00~0.19	0.20~0.39	0.40~0.59	0.60~0.79	0.80~1.00
协调等级	重度失调	中度失调	勉强协调	中度协调	良好协调

耦合度模型虽然可以度量子系统之间的协调程度，但是该模型存在较严重的缺陷。当两个子系统的综合发展程度均较低时，耦合度模型计算出的数值会比较高，此时该数值并不能正确地反映实际耦合程度，导致得出错误的研究结论。因此，为准确地反映两个子系统之间的耦合协调程度，需要进一步构建耦合协调度模型。

（二）产业耦合协调度

$$D = (C \cdot T)^{\frac{1}{2}} \qquad （4-3）$$

$$T = \alpha u_1 + \beta u_2 \qquad （4-4）$$

D为制造业与生产性服务业的耦合协调度，是指相互作用中良性耦合程度的大小，表明了该系统协调发展状况的好坏，各子系统之间是在高水平上相互促进，或者是低水平上相互制约。C为耦合度。

T为反映制造业与生产性服务业协同效应的综合协调指数，α 和 β 为待定系数，是制造业与生产性服务业对整体系统耦合协调作用的贡献程度。α 和 β 的数值可以使用专家赋值法或根据所求得的客观数据采用典型相关性分析。

表4-2 制造业与生产性服务业系统协调耦合发展判定标准

区间	可接受区间			
协调数值	0.9 < D ≤ 1	0.8 < D ≤ 0.9	0.7 < D ≤ 0.8	0.6 < D ≤ 0.7

基本类型	优质协调发展型	良好协调发展型	中级协调发展型	初级协调发展型
区间	过渡区间			
协调数值	0.5 < D ≤ 0.6		0.4 < D ≤ 0.5	
基本类型	勉强协调发展型		濒临失调衰退型	
区间	不可接受区间			
协调数值	0.3 < D ≤ 0.4	0.2 < D ≤ 0.3	0.1 < D ≤ 0.2	0 < D ≤ 0.1
基本类型	轻度失调衰退型	中度失调衰退型	重度失调衰退型	极度失调衰退型

数据来源：唐晓华,张欣珏,李阳.中国制造业与生产性服务业动态协调发展实证研究 [J].经济研究,2018,53(3):79−93.

第二节 生产性服务业与制造业耦合的机制

　　生产性服务业与制造业耦合需要通过一定的机制来实现。产业关联和产业融合是产业耦合协调发展得以实现的基础与条件。产业融合是促进产业耦合协调发展的路径，产业融合发展包括价值链环节的融合发展和空间协同集聚的融合发展。生产性服务业与制造业产业融合发展中的价值链融合强调产业间的相互渗透和价值链重组，而生产性服务业与制造业融合发展的协同聚集主要强调产业间的协调。

一、生产性服务业与制造业耦合的基础：产业关联与产业融合

（一）生产性服务业与制造业产业关联

1. 产业关联的内涵

世界一切事物之间都以某种方式建立不同程度的关联。产业是提供产品和服务的经济体，因此，产业关联是指产业间或企业间以各种投入品和产出品为链接纽带的技术经济联系。产业间和企业间的关联具有多样性和复杂性，可以从不同角度加以研究和分析。产业关联显然是从产业最为本质的功能角度来考察其关联的。

产业关联是产业耦合的基础与条件，耦合是对产业关联状态的一种描述方式。产业链系统中各产业通过大量物质、能量和信息的互流来实现相互作用，形成一个价值增值过程，产业耦合能够在产业间产生较好的协同效应，提高产业链系统的稳定性和运行效率。

2. 生产性服务业与制造业产业关联的方式

产业关联的具体连接方式为产品（服务）联系、生产技术联系、价格联系、投资联系。这些关联都是围绕产业或企业提供的产品和服务而建立的联系。

产品（劳务）联系是其他联系的载体，生产性服务业与制造业的关联主要以中间产品或服务的形式与制造业相互作用，进而实现产业链融合。随着技术进步和社会发展，产品（劳务）联系越来越重要。第一，产品中包含的信息、知识和技术越来越多，作为中间投入品的产品，需要的售后服务等关联日益频繁，联系更为紧密。第二，生产性服务业以服务形式与制造业建立联系为主要方式。即使是以产品投入的方式，产品也因含有高技术、高知识性而越来越服务化。第三，生产性服务业所提供的服务，不是简单的服务，而是知识密集型、技术密集型和信息密集型的服务，因而需要提供者和使用者之间建立高度紧密的关联。在互联网环境和人工智能等新技术的推动下，产品（劳务）关联正在发生根本性的改变。

生产性服务业的生产技术水平会通过生产技术联系的方式影响到制造业最终产品的质量和水平。倘若生产性服务业的技术较为落后就会制约制造业的发展，难以发挥协同效应。相反，生产性服务业的技术进步也将通

过生产技术联系的方式对相关联的产业产生积极影响，促进产业协调发展。这种"关联效应"对劳动就业也会产生类似的影响。随着技术的进步，生产越来越复杂，生产技术越来越体系化，专业化的技术服务日益增加，产业中的技术性关联越来越多。这种技术性的关联是一种广义的"技术"，既包括传统的技术，也包括专业性的"服务性技术"。

产业间的价格联系是双向的。一方面，原材料价格、技术水平等原因导致了中间产品的价格波动，生产性服务业将这些信息通过价格反映给下游的制造业；另一方面，生产最终产品的制造业通过中间产品价格将市场需求的信息传递给上游生产性服务业。在价格联系下，同类型的中间产品也得以更高效地竞争，节省了生产成本，提高了资源的配置效率。这种价格联系，随产业发展而变得越来越复杂。

投资联系主要是指为促进制造业的发展，需要对制造业进行投资，同时需要对与之相关联的生产性服务业进行投资。这将使制造业与生产性服务业协调发展，促进产业融合和经济发展。

生产性服务业与制造业之间的关联决定了生产性服务业与制造业耦合的可行性与必要性。产业之间的产品（劳务）、生产技术、价格和投资以及这些要素在空间上的联系，为产业耦合创造了可能，而产业耦合又深化了产业之间的产品（劳务）、生产技术、价格和投资联系。

（二）生产性服务业与制造业的产业融合

1. 产业融合的内涵

产业融合现象在经济发展中十分常见，反映了产业间的相互作用和影响。产业融合是指不同产业或者同一产业内部的不同行业在技术融合的基础上相互交叉、相互渗透，逐渐融为一体的动态发展过程，在这个过程中会形成新的产业属性或新型的产业形态。

2. 生产性服务业与制造业融合发展阶段

生产性服务业与制造业的融合发展可分为两个阶段。

第一阶段为制造业需求驱动生产性服务业融合发展阶段。一般出现在工业化后期，该阶段主要以制造业的需求为主，进而驱动制造业与生产性服务业融合发展。

第二阶段为生产性服务业驱动型产业融合发展阶段。一般出现在服务经济发展繁荣时，该阶段产业融合不仅仅是靠制造业的需求驱动，更受服务业自身的需求驱动。当一国处于工业化后期，制造业的转型升级是进一步提高劳动生产率与促进经济增长的关键。与此同时，产业融合是制造业转型升级的重要途径之一。通过生产性服务业与制造业的融合，可以增加制造业的技术知识含量，促进产业结构软化，实现经济高质量发展的目标。当前，互联网技术和其他新技术的迅速发展，为生产性服务业有效发挥作用提供了坚实的基础，生产性服务业成为与制造业融合发展的主导力量。

3. 生产性服务业与制造业融合发展类型

产业融合是促进产业耦合协调发展的路径，生产性服务业与制造业产业融合发展包括价值链环节的融合发展和空间集聚的协同集聚发展。

先进制造大部分产品都有较长的产业链。例如，先进的电子产品往往需要先进的硬件和高端的软件匹配在一起才能达到最好的使用效果。当技术越来越进步，产业分工越来越细化，先进制造业的产业链条就会越来越长。生产性服务业与制造业价值链环节的融合发展实质就是原有产业价值链的重组整合与渗透延伸的过程。

生产性服务业与制造业，由于相互关联度大，很容易在某一区域内聚集在一起，形成一个相互联系、相互支撑的产业群，进而产生协同聚集效应，推进生产性服务业与制造业耦合。

总之，通过生产性服务业和制造业的融合发展，能够使二者之间的产业边界和空间边界越来越模糊，逐渐趋向于相互交融、相互渗透的融合发展态势。产业融合通过不同技术的融合促进了创新，并且降低了产业间的技术壁垒，有利于企业间的竞争与合作，从而能够提高产业的耦合协调度。

二、产业融合：生产性服务业与制造业的价值链重组耦合

（一）价值链的内涵

产业链是产业经济学的一个重要概念，通常从三个角度对其内涵进行理解。一是"过程论"。此观点认为产业链是产业产品生产或服务提供从原材料到消费者手中的一个完整产业过程。二是"价值论"。该观点认为产业链是产业价值转移和创造的过程，上下游企业之间的产品交换和信息传递，

能够进一步开拓新用户、生产新产品。三是"组织论"。该观点认为产业链是一种基于分工经济的产业组织形态，包括从供应商到制造商再到分销商和零售商所有节点企业的分工合作关系。因此，可以将产业链定义为各个产业部门之间基于一定的技术经济联系而客观形成的链条式关联形态，包括价值链、企业链、供需链和空间链四个维度。产业链的这一定义，融合了"过程论""价值论"和"组织论"，并把价值链看作介于市场与企业之间一个中观层面的新型产业组织结构与形态，包括产品生产和服务提供的整个环节，以实现产业组织、生产过程和价值实现的最终统一。

用价值链对产业进行分析最早由迈克尔·波特提出。他认为企业创造价值的过程可以分解为一系列价值增值活动，包括基本活动和支持性活动。基本活动是指生产经营环节，涉及企业生产、销售、购买原材料、发货和售后服务等的活动。支持性活动包括人力资源、财务、管理和研发等。这两部分构成了企业的价值链。在价值链中不是每一个环节都能创造价值，事实上只有某些特定的环节才能创造实际的价值，这些环节被称为"战略环节"。

波特将制造业价值链按照生产流程划分为上游、中游和下游三个部分。上游部分包括市场调研、产品研发等附加值高的环节，一般被认为是价值链的高端；中游部分包括零部件的生产制造、模块化的加工组装等附加值低的环节，一般认为是价值链的低端；下游部分包括产品包装、品牌营销和售后服务等附加值高的环节，也属于价值链的高端。农业和服务业不像制造业那样能够将产品的生产环节进行细分，因而其价值链各个环节难以严格划分，但大致上可以参照制造业做类似的分析。

（二）生产性服务业与制造业的价值链重组耦合

随着现代信息技术的快速发展，尤其是基于互联网基础上的云计算、大数据，以及人工智能等新一代技术的快速发展和应用，生产性服务业和制造业耦合发展已经成为现代产业发展的趋势之一，也成为推动全球产业升级的重要推动力量。生产性服务业和制造业之间呈现出耦合互动、相互依存的协同集聚发展关系，进而深化到产业链重组耦合，并主要体现在产业链的整合和延伸两方面。生产性服务业和制造业的耦合过程通过生产性服务业向制造业渗透和延伸来实现，即制造业的服务化，以及以实物产品生产为价值链核心的制造业，转变为以实现客户价值、为客户提供全方位服务为核心的价值链来实现。

1. 价值链的分解与整合

（1）价值链的分解与整合的内涵。

随着专业化分工的发展，以先进制造业为代表的产业，其价值链越来越长，价值链上增加价值的环节越来越多，结构日趋复杂。

不同企业的增值环节不尽相同，为降低生产成本、集中资源发展核心竞争力，企业会剥离掉价值链中一些不创造价值的支持性活动，甚至包括一些创造价值不高的活动。价值链的各个环节逐渐分解开来，这种现象被称为价值链分解。价值链分解的具体形式为服务外包。

对于先进制造业而言，基本增值活动中的经营性环节经常被外包。苹果手机把零部件组装为产品的环节外包给富士康这样的企业，一方面是因为这些零部件生产都非常标准化，组装环节演变为具有规模经济的劳动密集型环节，将其外包给布局在发展中国家进行生产的富士康公司，能够在成本上实现最小化。另一方面，可以集中资源来进行研发，从而提升企业的竞争能力。许多家电企业和汽车行业，随着竞争加剧，出于考虑成本的原因，也将售后服务外包给专业化的售后服务企业。至于支持性的人力资源、财务、管理和研发等价值链环节，也被分离出来由专门的生产性服务业企业来提供服务，这已越来越成为普遍现象。互联网的快速发展和普及，进一步推动了这一趋势。

价值链整合是指价值链分解后，市场中存在大量在价值链各个环节中具有竞争优势的企业，企业以全方位提高产品与服务的市场竞争力为战略目的，对分解出来的，但又在价值链上相互关联的环节进行重构，形成全新的价值链。价值链整合的具体形式为纵向一体化。整合后的新价值链包括了具有比较优势的制造环节和生产性服务业环节，大大提高了资源配置效率与价值增值能力。

产业价值链整合的实质是作为主体的节点企业对作为客体的相互间交易关系所进行的调整，一般包含纵向整合、横向整合和混合整合三种类型。纵向整合是通过约束市场上、下游企业以使其接受一体化合约，达到利润最大化；横向整合是指约束产业链中相同的企业，通过提升企业集中度的方式增强企业的竞争能力，以提升效益；而混合整合是综合运用纵向整合和横向整合约束相关联的企业以实现价值链重构。

通过价值链的分解与重构，生产性服务业与制造业降低了生产成本，易于实现规模经济，同时增加产品的技术知识含量，从而实现了产业更好地融合。在这一过程中，生产性服务业和制造业基本上属于良性互动，从而有利于两者的耦合。

（2）价值链分解与整合的成功案例。

产业链的整合是产品和服务的整合，即形成"产品—服务包"模式，由原来以产品为核心转变为以产品为基础，通过改善和客户的关系、为客户提供持续的增值服务来提高产品竞争力，延长产品的生命周期，拓展企业的生存空间和市场机会。美国的 IBM 公司就是产业链整合成功的典型。

IBM 公司一开始是提供计算机硬件的制造业公司。1993 年，IBM 公司由于外部经济条件变化遭受巨大损失，迫使企业改变经营策略，将其经营活动从以硬件制造转向增加软件和服务。到 1997 年，IBM 来自服务的收入占到了 40%，向服务的成功转型使 IBM 公司经受住了 2008 年金融危机的冲击。很多其他制造业公司也经历过类似的发展转变过程。在产品生产和销售的过程中融入服务要素，可以增强企业产品的异质性和竞争优势，成为制造业企业获得竞争优势的重要手段。"产品寓于服务""服务寓于产品"，两者相互融合，交叉融合发展，产品生产和服务两者之间的边界逐渐模糊，通过以制造业生产的产品为物质载体，实现了服务的物化，并以服务为平台，提升了产品的附加值，实现了广义上的产品创新。

随着互联网的不断发展、应用和普及，网络平台为生产性服务业和制造业之间的产业价值链整合提供了基础和便利条件，促使这种价值链整合比以往更为频繁，也更为成功。

产业价值链链条较长，环节较多的行业一般会进行纵向整合，以提高竞争力。例如"爱空间"公司是小米公司旗下的一个互联网家装公司，该公司整合上游资源，目的是通过采购标准化确保材料质量；整合下游的行业人力资源以便缩短家装时间。通过这种纵向整合，提升企业的竞争力。

借助互联网平台，服务业企业更容易发生价值链横向整合。"滴滴"和"快的"都是网约车企业，它们之间进行的战略合并，扩大了用户群，推进了技术创新和数据共享，大大提升了企业的竞争能力。

生产性服务业和制造业的产业价值链整合属于混合型整合，即既包括横向整合，也包括纵向整合。南京领行科技股份有限公司打造的"T3出行"智慧生态平台就属于生产性服务业和制造业企业价值链整合的成功案例。

2019年3月22日，中国第一汽车集团有限公司、东风汽车集团有限公司、重庆长安汽车股份有限公司联合苏宁、腾讯、阿里等企业，共同成立T3出行公司。T3出行整合了汽车制造与经销商、互联网平台、地方出租车服务、汽车经销商等多个企业多种价值链，在一开始就获得了极强的竞争优势。

因此，知识、技术密集型的生产性服务业企业为制造业企业提供服务，促进制造业企业的创新，通过混合整合的方式，生产性服务业和制造业企业不断地交流合作，最终提升企业的竞争力。

在全球经济从产品经济向信息和知识服务经济过渡的过程中，传统制造业的价值链不断扩展和延长，在互联网技术、大数据、云计算等新兴的信息技术支持下，生产性服务业不断融入制造业诸多环节中，与制造业耦合程度越来越高，从而促使制造业从"生产型制造业"向"服务型制造业"转变，工业产品附加值构成中纯粹制造环节所占的比例逐渐降低，而研发、设计、物流配送、产品营销、电子商务、金融服务等服务环节所占的比例越来越高，逐渐成为提高企业竞争力和经济效益的主导因素和决定性因素。制造业竞争力越来越多地依赖服务并将它作为重要的提高产品附加值的竞争手段，呈现"制造业服务化"的趋势。

2. 价值链的渗透与延伸

生产性服务业与制造业的价值链，在环节上有许多相似之处。例如，生产性服务业的采购服务、广告策划环节与制造业的购买原材料、市场营销环节等。在上下游企业的竞争与合作中，这些环节会相互渗透融合，价值链环节会发生分解与重构，从而形成全新的竞争力更强的价值链。价值链的渗透与延伸是双向的，既有制造业向生产性服务业的渗透与延伸，也有生产性服务业向制造业的渗透与延伸。

价值链的渗透与延伸形式之一为制造业向价值链的上下游生产性服务环节延伸与渗透，也称为制造业服务化。制造业服务化是通过顾客参与、服务要素的投入和供给，最终实现价值链中各利益相关者的价值增值。换句话说，也就是制造业企业围绕产品的服务类型不断增多，服务带来的产值在企业总产值中的比重不断提高。企业通过向价值链"微笑曲线"两端不断延伸，提高制造业企业在价值链中的分工地位与产品的附加值。制造业向生产性服务的上游产品研发、市场调研等环节延伸，缩短了产品服务与消费者的距离，提高了满足消费者个性化需求的能力，提高了有效需求的比例。制造业向价值链的下游延伸，主要是指制造业逐渐拓展至市场营销、广告运营、售后服务等。苹果公司的线下店绝大多数为直营店，除了销售产品之外，还会提供产品的使用指导、技术支持以及售后服务等。例如，定期举行 8 岁至 12 岁儿童的基于苹果产品的音乐、编程、影片制作的夏令营等活动，拓宽了产品的使用人群，实现了纵向一体化。

价值链的延伸之二为生产性服务业向制造环节延伸，体现为作为中间投入的生产性服务要素投入在制造业的总投入中所占比重越来越大。企业掌握产品的核心技术、高效的经营管理方式、广阔的销售渠道，并建立自主品牌，从而在价值链上居于主导地位，进而全球市场选择代工厂进行贴牌生产或以连锁经营等方式嵌入制造企业中，共同向消费者提供服务。例如，沃尔玛凭借自己全球的销售渠道，在本地选择制造加工厂进行生产，以自有品牌进行销售赚取中间利润。在全球各大知名百货零售商中，这种现象十分常见。

通过价值链的渗透与延伸的方式，生产性服务业的中间投入大幅增加，技术知识更加灵活地流动，制造业与生产性服务业的界限日趋模糊，价值链上下游更加匹配，提高了生产效率，产业达到了深层次的融合。同时，产业价值链也逐渐由单纯的服务业价值链和制造业价值链演化为包含制造业价值链增值环节与服务业价值链增值环节的融合型产业价值链，因而更有利于产业提升利润，具备更大发展潜力，从而能够促进产业结构升级。

三、生产性服务业与制造业的协同集聚

（一）生产性服务业与制造业的协同集聚的内涵

产业集聚是指在某一区域内，在同一行业内或者是相互关联的行业间的企业在空间上聚集在一起，进而形成一个相互联系、相互支撑的产业群。

经济学家马歇尔在 1890 年就观察到了相同产业聚集在同一区域的现象，并从内部经济和外部经济角度对此做出了初步的分析。这一现象后来

逐步引起了经济学家的注意，并尝试从不同角度加以解释，如韦伯提出了区位集聚论，熊彼特提出了创新产业集聚论，E·M·胡佛提出了产业集聚最佳规模论，以及波特提出了企业竞争优势与钻石模型，等等。

最早的集聚，是单一的产业聚集在某一区域，后来逐步发展到多个不同产业集聚到同一区域。但处于这一阶段的集聚，不同产业之间没有太多的关联，处于分离状态，彼此之间没有相互促进的关系，因此，这种集聚对于区域经济的发展和创新，没有发挥应有的作用。

当社会经济发展到一定阶段，城市规模扩大，从而为不同产业集聚在一起，并为彼此相互促进创造了条件的时候，就形成了产业协同集聚。这种集聚也称为产业联动。

产业协同集聚是指在同一区域或临近不同区域产业发展中，不同的产业借助协同进而联动关系，形成合理的产业分工体系，实现区域内产业的优势互补和协同发展，从而达到优化区域产业结构、提升产业能级、增强区域产业竞争力的目的。

生产性服务业由于和先进制造业关系密切，因此，其产业集聚一开始就具有与制造业协同聚集的特点。

从产业集聚的角度来看，生产性服务业与制造业的耦合表现之一是生产性服务业与制造业的协同聚集。生产性服务业与制造业的产业协同集聚就是生产性服务业集聚与制造业集聚在空间上建立起一定的联系，从而更有效地推动两类产业的有效互动和融合。

生产性服务业与制造业的产业协同集聚过程中，生产性服务业通过研发、设计、金融、财务、技术、营销等服务能够全面参与渗透到制造业的各个生产环节，推动制造业由劳动和资本密集型向知识和技术密集型转变，从而有效地促进区域内产业的合理分工，提高区域内要素的生产效率。与此同时，生产性服务业与制造业的协同集聚也能够促进区域内产业价值链的分解、延伸与重组，并赋予新的价值链更多核心技术与服务，从而促进区域内整体价值链的升级与增值。

（二）生产性服务业与制造业协同集聚耦合机理

1. 制造业集聚与耦合形成

当经济发展到一定阶段，在经济相对发达的某一地区，通常是城市及其周边地区，由于拥有区位优势，出现符合该地区生产要素条件、政策、需求以及环境的制造业企业。随着该制造业企业规模逐渐增大、产品竞争力提升、盈利能力增强，该企业持续的盈利信号，加上该企业在经营过程中产生和形成了大量专业的劳动力聚集并带来知识溢出效应，因此，会吸引更多与该企业相关的企业进入该区域。当集聚的企业数量达到一定的规模，就逐步形成了以第一个制造业企业为核心的制造业产业集群。

制造业产业集群形成以后，会进一步演化出生产性服务业和制造业的集聚及耦合。当该区域制造业集群相对完善后，围绕这一制造业产业链的分工完善的上下游产品以及服务的需求逐步扩大，从而会拉动前向关联和后向关联的生产性服务业的发展。为了节省交易成本、降低运输费用，这些新出现的生产性服务业和原有的制造业产业集群在空间上会比较临近，从而形成了生产性服务业和制造业的协同集聚。位于美国加利福尼亚北部的硅谷，由于拥有斯坦福大学和加州大学伯克利分校等美国顶尖大学，一开始主要研究和生产以硅为基础的半导体芯片，后来逐步形成了以芯片为核心的中小型技术密集型半导体工业制造业产业集群。

生产性服务业在将高端技术和知识，以及其他相关服务嵌入制造业产品过程中有效发挥了中介作用。生产性服务业是提升制造业竞争力的关键，是促进制造业转型升级的主导力量。先进的生产性服务通过降低区域交易成本、新型资本深化、专业化分工的深化与泛化、培育产业竞争优势，以及增强地区创业与创新能力等多种途径与方式，极大地催生了制造业的大量集聚。

2. 生产性服务业与制造业的协同集聚与耦合

（1）生产性服务业集聚对制造业集聚的协同与耦合作用。

生产性服务业集聚对制造业的集聚作用，通过协同与耦合来实现。

生产性服务业聚集可以降低集聚区内的交易成本，从而为制造业的聚集与发展提供了重要的基础。在制造业的集聚产业发展过程中，分工完善、便捷高效的物流业能够降低产品的运输费用；不断完善的信息服务业降低了信息获取、处理、交换与沟通成本；生产流程控制软件、ERP 管理系统等能够提高优质产品比例和管理效率，从而降低了生产成本；金融服务业为需要大量资本的制造业降低了融资成本；批发零售业的发展降低了产品的分销成本。

生产性服务业是促进先进知识和技术进入制造业的中介渠道。借助于技术中介、产学研创新平台、孵化器、众创空间等生产性服务业，能够将高校、科研院所培养出的专业化人才和产业有效对接，促进先进知识和技术转化为制造业生产能力，从而融入生产过程，提高生产的效率，扩大企业的规模，增加产品的技术含量。通过上述过程，知识和技术最终转化为实际的产品价值。

（2）制造业集聚对生产性服务业集聚的协同与耦合作用。

从产业集聚发展的过程来看，在制造业集聚形成基础上才进一步形成生产性服务业的集聚。

制造业集聚使集聚区内的制造业企业之间的竞争更为激烈，因此，为了在竞争中处于有利地位，企业一方面要采用差异化的产品战略，使产品的功能越来越细化，产品种类不断增加，另一方面，必须加快产品更新换代的速度。制造业企业对前沿技术和知识的需求大大增加，对于市场信息、企业经营战略等方面的服务需求也日益增加。所以，制造业集聚对生产性服务业形成大量的需求，从而促进了生产性服务业集聚，因此，制造业集聚是生产性服务业形成和发展的基础。

（3）生产性服务业与制造业协同集聚与耦合。

制造业集聚有利于生产性服务业发展壮大。如上所述，制造业是生产性服务业形成和发展的基础。同时，制造业集聚发展到一定程度，也会剥离出一部分生产性服务业。随着竞争的加剧，当生产性服务集聚到制造业，能够为制造业提供专业化服务时，制造业企业从生产成本角度考虑，会将价值链中价值较低的生产性服务业环节从价值链中剥离出来，从而也有利于生产性服务业的发展壮大。制造业产业链上游的研究开发、设计、技术创新等价值链环节，以及下游的市场营销、广告策划、物流网络等价值链环节的独立，能够提高制造业企业满足需求方个性化需求的能力，也能够提升每个产业链环节的产品与服务水平，同时避免了制造业自身力量过于分散带来的风险。因此，专业化分工提高了制造业企业生产要素的分配效率，帮助制造业企业将资源集中在核心环节。同时，也能够促进行业内部的竞争，提高最终产品的竞争力，进而促进制造业的集聚。

生产性服务业与制造业间的产业协同集聚，能够充分发挥两者之间产业的关联效应，推动生产性服务业与制造业的耦合，从而使其互动协调发展。由产业集聚引发的多产业协同集聚将会极大地促进集聚区域市场体系及市场机构的完善。与此同时，协同集聚也能加速集聚区产业结构优化升级，从而促进产业间的良好耦合与区域经济发展。

随着经济的发展，工业化程度不断深化，生产性服务业和制造业协同集聚发展成为驱动经济发展的"双轮"，当两者耦合度更高时，"双轮"运转就会更为顺畅，两者就会步入良性循环。通过围绕制造业这个"实体经济"大力发展生产性服务业，把高端服务元素坚实地嵌入制造业之中，通过生产性服务业促进制造业转型升级和竞争力提升。

当然，生产性服务业的产业集聚对制造业的产业集聚的促进作用在不同产业内不均衡。技术密集型的制造业与信息、商务、科技类生产性服务业之间能够形成良好的空间协同集聚进而耦合度较高。现代交通运输业以及信息技术的快速发展，地理空间对生产性服务业和制造业集聚的制约作用在下降，跨区域的产业耦合成为可能，协同集聚在地理空间上趋向弱化，但网络虚拟空间的集聚在强化，而且集聚的本质并没有发生变化。

硅谷是生产性服务业与制造业协同集聚与耦合较为成功的区域。在形成半导体工业集群后，风险资本不断进入，极大地促进了硅谷的发展。在以芯片为基础的半导体工业集群得到完善的同时，硅谷也发展成为软件产业和互联网服务产业集聚的区域，从而最终形成了产业间相互联系、相互协调、相互支撑及以信息技术为核心的生产性服务业与制造业协同耦合的产业集聚区。

（三）生产性服务业与制造业协同集聚的效应

产业协同集聚就会产生协同效应。协同效应本来指化学中的增效作用现象，即两种或两种以上的化学成分相加或调配在一起，能够产生大于各种成分单独应用时所产生作用的总和作用。因此，协同效应用于分析产业协同效应就非常合适。

生产性服务业与制造业的协同集聚程度是影响产业耦合的重要原因，而对协同聚集度产生的影响即协同效应，包括协同集聚的正向效应和负向效应。

1. 协同集聚的正向效应

产业协同效应的正向效应分开来看应该包括区域内的技术创新效应、

合理分工效应、经济增长效应、产业结构优化与升级效应、产业竞争力提升效应等。在这些效应中，最为核心的是技术创新效应，它是区域产业协同集聚效应的集中体现。

生产性服务业与制造业的协同集聚形成的技术创新协同效应是指集聚区中的企业因技术扩散、资源共享和合作竞争等效应而比非集聚区中的企业拥有更好条件进行技术创新。

云计算、大数据、物联网等新信息技术产业已经进入快速发展时期，并成为区域经济产业结构优化升级和提高竞争力的重要驱动力。由于新信息技术具有高度的知识和技术密集性，因此，创新成为区域发展的关键和核心因素。所以，可以用产业协同集聚的技术创新效应来说明生产性服务业与制造业的协同集聚的正向效应。这些正向效应主要包括以下三个方面。

（1）技术扩散效应。

技术扩散效应是指，产业集聚区域内的企业，吸收消化区域外的经济体产生新思想和新技术后，区域内其他企业通过低成本甚至零成本进行学习与模仿，从而取得外部经济效益。生产性服务业和制造业的协同集聚，可以为集聚区内的企业提供更多的获取信息和知识途径，因而可以更便捷地获得更多的技术和信息。当集聚区内的某一企业在技术上取得创新，集聚区内的其他企业借助技术溢出效应对此进行低成本学习，增强自身的研发能力，从而使得整个产业集聚区获得领先地位。

（2）资源共享效应。

生产性服务业和制造业协同集聚区内的企业可以通过三种方式来实现资源共享，从而形成相互协作关系，提高效率，提升竞争力。

第一，可以共享生产资源。在集聚区内的企业，通过企业之间的交流，促进资本、劳动力和土地等生产要素交换和整合，解决单一企业可能面临的创新资源不足等问题，实现在更大范围内优化创新资源的配置。生产性服务业的集聚，可以通过金融服务集聚，为集聚区提供风险投资等创新资本，从而缓解创新资源稀缺程度。

第二，可以共享基础设施。产业集聚发展到生产性服务业和制造业协同集聚阶段，集聚区往往是高度发达的城市群，因而具有完善的交通基础设施和其他配套设施，从而能够使集聚区内的企业充分获得共享资源带来的利益。

第三，可以共享制度环境。生产性服务业和制造业协同集聚区内具有良好的创新制度环境和完善的创新平台，而且，先进的制造业和高度发达的生产性服务业拥有丰富的知识产权资源和技术上的优势，因此，集聚区内的企业可以通过共享知识、信息、技术和品牌等无形资源，也可以共享创新制度环境和创新平台，从而使产业集聚区保持创新和竞争活力。

（3）竞争合作效应。

在互联网快速发展条件下，生产性服务业和制造业的协同集聚使产业集聚区内企业突破了地理空间上的局限，形成了更为密切的竞争与合作关系。

地理上的突破使企业面临更大的竞争压力，迫使企业不断学习和提高自身能力，并追求新的技术突破以求获得竞争优势。由于技术创新包括研发、设计、试验和生产等众多复杂环节和过程，单个企业仅靠自身力量无法成功应对技术发展的不确定性、市场需求的不确定性，从而需要承担较大风险，因此在新形势下的技术竞争和创新，决定了单个企业无法完全实现技术封锁或阻止其他企业进行技术跟踪与模仿。所以，在生产性服务业和制造业协同集聚区内的企业会通过合作与交流形成合理分工来实现新的技术突破。

（4）网络嵌入效应。

传统技术创新主要通过创新企业自身创新要素的投入来实现企业创新产出。随着新一代信息技术不断发展，与之相关的企业创新更多地依赖企业与外部环境不断交互的过程，尤其是企业外部的创新环境和非正式制度安排。因此，在生产性服务业与制造业协同集聚区域内，产业集聚对于实现企业间面对面沟通、隐性知识学习和创新具有更为重要的价值。在集聚区内的企业，通过嵌入集聚区内非正式的社交网络渠道，企业可以获得所需要的信息和知识，并以此为基础进一步提高创新能力。

2.协同集聚的负向效应

生产性服务业与制造业的协同集聚也会产生负向影响的集聚协同效应。当集聚达到一定的规模，会产生拥挤效应就是其中之一。

生产性服务业与制造业协同集聚的正向效应是由集聚规模扩大造成的规模经济产生的。集聚程度比较低的时候，生产性服务业与制造业产业耦合水平较低，集聚区内的技术扩散效应、资源共享效应、竞争合作效应和网络嵌入效应等难以发挥作用，产业间协调发展程度低。当集聚程度过高，成果集聚超过最佳规模时，会造成租金等生产要素价格上升、环境污染等负外部性，使协同集聚的正向效应向"拥挤效应"的负向效应转变，影响区域经济增长。

拥挤效应主要是从生产要素角度来观察协同集聚的负向效应，是指在特定生产条件下一种或多种投入要素增加到一定程度时，由于投入过多造成生产阻塞而导致产出降低的现象。

如果从生产性服务业与制造业协同集聚的角度看，这种拥挤效应主要是对技术创新带来负面影响的挤占效应。这种挤占效应包括生产要素稀缺、认知距离锁定、"柠檬市场"形成三个方面，通过它们的共同作用导致集聚区内要素资源的非生产性消耗不断增加，规模收益递减，从而抑制了集聚区内企业的技术创新。

（1）生产要素稀缺。

生产性服务业和制造业协同集聚于一个特定区域，而该区域内资源数量、市场容量和空间与环境承载能力都是有限的。当集聚超过最佳规模，集聚区内的经济活动超过区域承载能力，就会导致对该区域各种生产要素需求急剧增加，从而引发各类成本上升，同时引发环境污染、交通堵塞等问题使产业协同集聚的负向效应凸显。

对生产要素需求的急剧增加，导致要素资源变得稀缺，从而制约集聚区内企业的技术创新。由于生产性服务业和制造业协同集聚区内的企业都属于高技能劳动力、知识和信息密集型的企业，生产要素的稀缺导致要素价格上升，直接增加了企业的生产成本，尤其是研发成本，从而抑制了创新。

因此，对于生产性服务业和制造业协同集聚来说，适度的产业集聚才能充分激发产业耦合对经济发展的积极影响。

（2）认知距离锁定。

生产性服务业和制造业协同集聚区内的企业具有信息和知识密集型的特征，它们需要大量获取外部信息和知识。企业从外部获得有关信息和知识的范围就是企业的认知距离。在其他条件不变的情况下，企业之间的认知距离越短，越有利于企业之间互相合作与学习，并形成密切的合作与信任关系，从而更有效地获得外部信息和知识。

但这种对于认知距离的长期依赖，会导致认知距离锁定，引发协同集聚的负面效应。长期的近距离密切联系和合作，使协同集聚区内的生产性服务业企业和制造业企业之间形成了本地忠诚和集团式思维惯性，会排斥集聚区外的企业提供的新信息和新机会，逐渐弱化其对新知识与新技术的吸收能力。在比较严重的情况下，认知距离锁定还会导致生产性服务业与制造业协同集聚区由于路径依赖形成区域内部化知识和信息，从而把整个集聚区的技术创新锁定在一个固定的轨道上。

因此，认知距离锁定会阻碍生产性服务业和制造业协同集聚区新信息和新知识的流入，从而抑制区域内的技术创新。

（3）"柠檬现象"形成。

生产性服务业和制造业的协同集聚会形成集聚区内的技术扩散效应。任何事物都会有正反两方面作用。持续的扩散效应会形成"柠檬现象"，抑制集聚区内的技术创新。

由于外部规模经济导致的技术扩散效应等正向协同集聚效应能够使生产性服务业和制造业集聚区形成优势，从而吸引更多生产性服务业和制造业进入该集聚区，因而集聚规模不断扩大，集聚强度不断提高，企业密度增大。在这一过程中，由于技术扩散效应发挥作用，集聚区内知识流动加快，企业之间学习、模仿成本也不断降低。

在生产性服务业与制造业协同集聚的初期，当借助于技术扩散效应，集聚区中某一企业生产的创新产品具有广阔的市场前景时，其创新成果就会被其他企业快速模仿，这有利于集聚区内的创新。但是，创新企业进行技术创新的未来经济收益是不确定的，而且由于创新的研发投入都存在较高的风险，因此，从长期看，由于模仿成本和风险远低于自主研发，从而使集聚区内的企业为规避自主研发投入的不确定性和风险而不断减少研发投入，原有的创新企业也因为创新收益下降而逐步放弃自主创新。这样，形成了鼓励通过模仿获取有用的技术和知识，反而使自主创新行为受到伤害，从而最终产业集聚区出现模仿驱逐创新的"柠檬现象"，抑制了集聚区内的技术创新。

（四）生产性服务业与制造业产业链重组与企业竞争能力提升

生产性服务业与制造业通过产业链重组，即产业链整合与延伸，使企业的创新能力和竞争力得到提升。

1. 产业链重组能够提升价值创造能力

生产性服务业与制造业在产业链重组过程中，因为二者融合形式主要表现在产业链的整合和延伸上，生产性服务企业所提供的服务产品和制造业企业生产的产品之间存在较强的前向和后向关联。一方面，当知识、信息和人才等要素融入制造业的生产过程中，会增强产业链不同环节的匹配性和互补性，降低协调成本，提高制造企业和生产性服务企业的运营效率。另一方面，当制造业中融入了高质量的服务投入时，产品的质量提升使其他企业更难进行模仿，在市场竞争中就会形成竞争优势。

2. 产业链重组能够形成差异化优势

产品差异化程度是企业提升竞争力，进而获得利润的决定性因素之一。从产业价值链来看，能够决定产品差异化程度的环节一般处于价值链上游和下游两端，例如上游的研发设计和下游的售后服务。因此实施差异化的战略是企业市场竞争的重要选择。生产性服务作为知识密集型、技术密集型的行业，既是创新的源泉，也是创新的桥梁，生产性服务业和制造业通过产业链的整合和延伸，能够大幅度提升产业的创新能力，提高企业的学习和创新能力，通过交流和相互学习，从而为企业实施差异化战略提供基础，并最终实现生产性服务业与制造业在耦合与协同创新中的共同发展。

第三节　生产性服务业与制造业耦合对区域经济的影响

如前所述，生产性服务业与制造业耦合主要通过生产性服务业与制造业产业价值链重组和协同集聚两种途径形成。通过形成耦合，能够提升产业的层次和水平，对于区域经济乃至一国国民经济都会产生极大的影响。

一、生产性服务业与制造业耦合对区域经济发展的促进作用

生产性服务业与制造业耦合是促进经济高质量发展的重要途径。杜传忠等人运用耦合协调度模型证实，制造业与生产性服务业耦合协调度较高对区域制造业竞争力确实具有明显提升作用，但影响程度因区域不同存在差异。制造业与生产性服务业间的耦合对区域经济的促进作用主要体现在增强制造业的竞争优势、提升生产性服务业竞争力、优化产业结构、促进产业集聚、激发产业间协同创新以及优化制度环境六个方面。

（一）可以增强制造业的竞争优势

生产性服务业与制造业耦合程度较高的地区，其经济发达程度本身就高于其他区域。耦合程度的提高，促进了区域内的专业化分工，从而为进一步提升该区域提供的产品与服务的个性化程度和竞争力提供了坚实的基础。

当生产性服务业和制造业存在良好耦合关系时，从制造业价值链重组的视角来看，区域内的生产性服务业企业能够高效地为制造业企业提供高水平的研发、设计、广告策划等专业化服务，并充分保证制造业的优势资源都集中在具有核心竞争力并能创造高价值的优势环节上。换言之，该区域内的价值链重组较其他区域而言更有效率。因此，通过价值链重组，具有良好耦合关系条件下的生产性服务业就能够为制造业提供技术匹配度更高、成本更低的高水平服务，从而有助于制造业企业提高生产效率和产品竞争力。同时，借助良好的耦合关系，知识密集型的生产性服务业能够为制造业提供更多差异化产品创造条件，从而通过产品增值获得更高的利润。

总之，生产性服务业与制造业耦合协调能够增强制造业的竞争优势，从而促进区域经济发展。

（二）可以提高生产性服务业竞争力

生产性服务业是区域经济发展到一定阶段后的产物，而且通常也需要依托制造业才能够逐步得到发展。在生产性服务业与制造业耦合较好的区

域，制造业是生产性服务业的主要服务对象，其发展水平与生产性服务的类型与质量有密切关系。

生产性服务业与制造业关联度高的区域，会逐渐形成协同集聚从而使二者耦合程度不断提高，并为生产性服务业发展提供节省交易成本等各种有利条件。高水平的协同集聚和耦合度，能够有效降低生产性服务业的搜寻成本，迅速锁定服务对象，明确目标市场及其特定需求，并缩短单件产品生产经营周期，还能够在提供服务的同时随时动态调整战略，提供更加定制化的服务。

在与制造业耦合过程中，生产性服务业可以逐渐提高专业分工的程度、知识技术的含量，从而获得竞争优势。另外，通过与制造业企业更加高效地互动，在耦合中二者的需求与供给匹配程度提高，避免了各种生产要素的浪费，提高了资源使用效率。

因此，生产性服务业与制造业耦合可以提高生产性服务业的质量和效率，优化资源配置，从而有利于区域经济增长。

（三）有利于优化产业结构

区域经济发展水平的提升，一定伴随着产业结构的不断调整和优化，通常会发生从劳动密集型到资本密集型向技术密集型、知识或信息密集型的演变，进而带来效益提升和经济进一步持续快速发展。在这一过程中，生产性服务业和制造业的耦合发挥了巨大作用。

经济发展到较高水平阶段，生产性服务业和制造业的耦合度业已达到一定程度，其对产业结构的优化作用才能够充分体现出来。生产性服务业通过与制造业的良好耦合，逐步将先进的知识技术、高端的人力资源嵌入制造业中，从而推动产业结构向高级化演进，同时，其自身也能够获得向高级化方向发展的动力。因此，二者的耦合也促进了生产性服务业的发展，优化了第三产业的产业结构。

总之，生产性服务业和制造业的耦合能够推动区域产业结构合理化，提高产业之间的协调度，深化产业之间的关联，从而成为区域产业结构优化的重要推动力量。

（四）能够促进产业集聚

生产性服务业与制造业耦合本身就是产业集聚的产物，两者的耦合度不断提升，也是集聚水平不断提升的一种表现。因此，生产性服务业与制造业耦合既能促进自身集聚的进一步发展，也能从更广泛的角度促进产业集聚。

生产性服务业由于具有很好的集聚学习机制、与上下游产业间关联效应决定的规模经济，以及就近获得与生产发展相匹配的生产要素等方面原因而具有强烈集聚倾向。正因为如此，生产性服务业要与制造业相结合才能够使其集聚倾向成为现实。

生产性服务业与制造业之间通过供求关系，会形成产业之间的较高关联度，进而使生产性服务业集聚与制造业集聚形成互相影响、决定和促进的良性互动。在互动过程中，生产性服务业与制造业耦合协调不断提高，产业关联度进一步深化，进而促进产业间的协同聚集，生产性服务业与制造业得到发展，专业化水平和生产效率得到提升，产业竞争力提高。

当区域生产性服务业与制造业耦合发展水平较高时，区域经济发展水平得到提升，同时，也为区域产业发展的集聚提供了更加有利的条件，进而产业集聚范围更广，水平更高，从而驱动区域经济快速发展。

（五）能够激发产业间协同创新

生产性服务业与制造业的协同集聚是其产业耦合的重要途径。产业耦合，比单一的制造业独自发展更有利于创新。

生产性服务业与制造业的协同集聚导致了二者之间通过现实空间或虚拟空间而变得临近，并形成关系融洽的协同定位关系。协同定位关系是促进创新的重要因素，尤其是当经济发展到一定阶段，技术水平越来越高，创新不仅仅是一种技术创新，更重要的是包含越来越多的服务创新的时候，生产性服务业和制造业的耦合协同创新就更为关键。通过产业耦合，不同类型知识可以加速流动，从而推动了技术改进和知识创新。

通过二者的协同关系，首先能够促进交互式学习和知识传播过程，增进资源或隐性知识交换所需的频繁"面对面"交流机会。这些对于服务化程度日益提高的制造业的创新尤其重要。其次，借助于二者之间的耦合进程，通过将先进的知识、前沿的管理手段等软性生产要素潜移默化地嵌入到制造业产业链的各个环节之中，从而通过二者之间的协同来促进创新。例如，生产过程管理技术就是典型的生产性服务，在服务过程中体现了生产性服务和制造环节的耦合与创新。生产过程管理就是对产品生产每一个环节和流程实施精确化的自动化监测、分析与调整，因此需要与具体的产品生产流程形成良好的匹配关系，并在每一次上下游衔接过程中不断改进和创新，并最终形成完全适合产品生产流程的管理。这一过程，既实现了两者耦合度的提升，也促进了管理创新。从制造业的生产链看，生产性服务业在上、中、下游都能够无缝嵌入，例如上游的产品研发、市场调查等，中游的生产过程管理技术等，下游的市场营销、售后服务等。

因此，生产性服务业与制造业耦合协调发展激发了产业间协同创新，尤其是在网络技术、云技术、大数据等新技术的推动下，将推进生产性服务业与制造业进入创新驱动的协同发展阶段。

（六）可以优化制度环境

生产性服务业与制造业协同集聚耦合发展会迫使营商环境进行调整，从而推动制度创新。

生产性服务业与制造业进入协同集聚阶段，意味着两者之间的产业耦合程度已从磨合阶段演进到良好协调阶段，此时，产业要素间关系的复杂程度越强，各种信息、知识交换越来越频繁，对于政策变化的反应就越敏感，对制度环境的要求就越高。

生产性服务业具有知识密集、信息密集和智慧密集的特点，并要以高质量人力资本为载体来具体实施，因此，在提供服务的过程中，还会有各种复杂的正式与非正式的知识、信息和情感的交换，因此，需要有良好的制度环境做保障。例如，完善的专利与知识产权保护制度有利于激励企业加大对研发、设计方面的投入，从而促进企业的技术创新和升级。高效、便捷、安全的网络环境已成为生产性服务业和制造业协同集聚发展的重要基础条件。

因此，通过生产性服务业与制造业耦合发展间接地促进了制度环境优化。

二、生产性服务业与制造业耦合有利于区域经济可持续发展

全球经济的快速发展，对资源的需求量不断增加，造成了资源的紧张，导致了土地、水和空气的严重污染，制约了经济的进一步发展。尤其是粗放式的制造业快速发展和大规模的集聚，给区域资源和其他方面的承载力带来了巨大的挑战，区域经济可持续成为亟须应对的挑战。

生产性服务业与制造业协同集聚发展能够通过降低研发风险，推动产品差异化战略，促进形成公共产品、提高环境治理效率等途径降低环境污染，有利于区域经济可持续发展。

（一）能降低研发风险

企业研发需要大量人才、资金等方面的投入，但研发不一定能够成功，即使成功也不一定有市场，而且还非常容易被模仿。因此，研发是一种高风险的企业行为。

生产性服务业与制造业协同集聚有利于降低企业研发风险。生产性服务业集聚或制造业集聚若各自独立进行，很难形成二者之间良好耦合关系，对研发没有明显的促进作用。当生产性服务业与制造业进行协同集聚时，既有利于获得制造业产业内部的知识溢出效应，也能够能促进生产性服务业与制造业之间的知识、技术信息流动。随着制造业与生产性服务业协同集聚度提高，人才、资本、技术、信息等创新要素也不断进入集聚区，通过协同效应可以有效避免重复研发，减少资源浪费，提高资源的利用率，从而提高了研发的成功率，因此能够在很大程度上降低企业的研发风险。

通过降低研发风险，直接节约了资源，也能够大力促进集聚区内的技术创新，有利于区域集约式发展，从而有利于区域经济可持续发展。

（二）能推动产品差异化战略

生产性服务业与制造业协同集聚会带来集聚区内更为激烈的市场竞争，并推动区域内企业的产品差异化战略。

产品差异化战略是企业应对激烈竞争的重要措施之一。在协同集聚区域竞争日趋激烈的背景下，为了维持企业的竞争优势，许多企业为适应环保要求，以开发绿色工艺为基础进行产品差异化战略。而生产性服务业与

制造业的协同集聚会通过知识溢出效应和技术扩散效应，使先进的环保理念和工艺迅速渗透到关联度强的上下游企业，并对其他企业产生影响，从而形成绿色环保的技术创新与清洁生产。

因此，生产性服务业与制造业耦合能够推动粗放式生产向集约式的可持续发展转变。

（三）有利于形成公共产品，促进环境治理效率提升

生产性服务业与制造业协同集聚区一般都是在政府产业政策引导下通过市场力量推动逐步形成的。在集聚区协同发展过程中，政府会提供政策支持、研发经费、环保基础设施等公共产品，从而引导集聚区内企业向绿色环保的生产方式转换。

同时，协同集聚区域能够集聚数量众多的企业，提高公共产品利用率，这样也可以形成良性循环，从而使集聚区成为绿色发展的示范区域，并推动更多绿色公共产品的建设。

环境治理是一项高技术含量的复杂过程。生产性服务业与制造业协同集聚能够促进环境治理效率的提升。

生产性服务业与制造业的协同集聚能够通过服务种类不断细化形成高效率的合理专业分工。在集聚区内，制造业企业可以将非核心业务的环境治理外包给专门的生产性服务企业，从而提高了环保治理的专业程度和治理效率。

综上所述，生产性服务业与制造业的协同集聚与产业耦合发展能降低环境污染，推动产业结构升级，实现经济的可持续增长。

**影响生产性服务业与制造业耦合的
因素**

　　能够影响生产性服务业与制造业耦合的因素有很多，主要包括两类：
第一类为人力资本和技术进步等内生性因素，这些因素在生产性服务业和
制造业耦合过程中起决定性作用；第二类为生产性服务业的聚集、经济发
展水平、跨国公司等外生性因素，其在生产性服务业和制造业耦合过程中
起到辅助作用。

（一）影响生产性服务业与制造业耦合的内生性因素

　　1. 人力资本

　　生产性服务业通过人力资本和知识技术等要素向生产者，主要是制造
业生产者提供中间产品和服务。人力资本是生产性服务业最重要的生产要
素，是生产性服务业所需的其他生产要素以及提供最终服务的载体，因此，
人力资本直接决定了生产性服务业的发展水平和服务质量。高质量的人力
资本能够满足产业间协同发展的需要，促进生产性服务业和制造业之间的
耦合程度不断提高。

　　人力资本主要通过三种机制来促进生产性服务业与制造业协同集聚，
进而促进二者之间的耦合。

　　（1）吸引机制。

　　人力资本的流动性和物质资本相比较要缓慢得多，而人力资本是决定
生产性服务业发展水平和提供服务质量最重要的投入要素，因此，人力资
本是生产性服务业企业区位选择当中必须重点考虑的因素。从人才招聘成
本、人才的可得性角度考虑，人力资本丰富的区域，例如大学密集的地区，
就比较容易吸引生产性服务业集聚。

　　（2）强化机制。

　　人力资本具有的主观能动性是发挥强化机制的基础。正因为人力资本

具有其他生产要素所不具备的主观能动性，因此，生产性服务业和制造业协同集聚过程中，人力资本自身能够不断自我学习，提高工作技能，从而得到自我强化。人力资本的自我强化对生产性服务业集聚的推动作用表现在三个方面。首先，通过人力资本的自我强化提高了生产性服务业企业的生产效率，推动集聚区内的生产性企业规模扩大，实力增强；其次，生产性服务业企业和行业的发展壮大提升了集聚区内生产性服务业的竞争力和影响力，盈利能力得到提升，从而能够吸引更多的生产性服务企业进入该集聚区；第三，随着集聚区内企业数量不断增加，集聚规模不断发展壮大，集聚区内的企业面临更为激烈的竞争，因此促使每个企业不断进行创新，进而会促进集聚区内的技术溢出。

（3）创造机制。

人力资本对生产性服务业和制造业耦合产生的创造机制主要体现在两个方面。第一，人力资本密集有利于促进专业化分工。随着技术的进步，制造业所需要的各种专业化的生产性服务业越来越多，越来越复杂，从而对生产性服务业提出了更高的要求。人力资本密集的区域，具有劳动力素质和专业化程度方面的比较优势，因而能够有效进行专业化分工，满足生产性服务业行业不断进行细分的需要。通过分工的细化，生产性服务业企业能够充分发挥比较优势，集中力量发展自己最有优势的业务，更好地服务于制造业企业。第二，人力资本密集能够促进创业。人力资本密集的区域，具有企业家才能的人才相对比较丰富，政府部门也会为创业者提供创业基地、孵化基地、创业基金等便利措施，以及提供其他资金和技术方面的支持，从而会促使更多创业企业的产生。

总之，通过借助更多高水平的人力资本，生产性服务业渗透到了制造业生产的各个环节与阶段，通过工作过程中知识和技术的相互交流和碰撞，新技术新知识得到扩散，产品技术不断提升，生产性服务业和制造业耦合不断加强。

2. 技术进步

技术水平高低是产业硬实力和软实力的综合体现，也是产业发展潜力的决定性因素。对于生产性服务业和制造业的协同集聚来说，区域内拥有的技术资源、专业设备等硬实力，以及科研人员的水平和数量、拥有的技术和知识程度等（例如专利等）软实力，对于区域内产业的协同集聚和耦合发展具有重要意义。

技术进步是推动社会经济发展的根本性力量，也是推动产业，尤其是生产性服务业发展的关键性影响因素。通过技术进步，在提高生产性服务业和制造业市场竞争力的同时，也能够加速生产性服务业向制造业投入高技术密集和知识密集的服务进程，优化制造业的生产流程，提高制造业的生产效率，延长产业价值链，从而推动两者耦合。反过来，生产性服务业和协同集聚及耦合发展，又会进一步推动集聚区内的技术创新，从而形成良性循环。

技术进步在生产性服务业发展中的关键作用，以及在促进制造业和生产性服务业耦合协调发展中的重要影响，可以通过信息通信技术在生产性服务业中的应用来加以说明。

信息通信技术发展非常迅速，在生产性服务业中的应用也非常广泛，既影响了生产性服务业自身的发展，也促进了生产性服务业和制造业的耦合。其具体方式包括以下几个方面。

第一，信息通信技术有利于实现生产性服务业的内部变革。随着信息通信技术的不断进步，其在生产性服务业中的应用日益广泛和深化，因而使生产性服务业发展的途径、方式和方向更加多元，尤其是发展方向更加多元。

第二，信息通信技术有利于提高生产性服务业服务质量。生产性服务业通过渗透到制造业全生产过程，并在提供产品基础上为客户提供更多优质的服务来体现其价值。信息通信技术的广泛应用，能够促进生产性服务业服务质量和效率的提升。

第三，信息通信技术发展能够拓展生产性服务业的服务外延。信息通信技术在信息获取、传递、处理和交换等方面具有不受时间、空间限制的优势。随着技术的进步，逐步建立起了成本不断下降、效率不断提升的全球化的信息网络。信息通信技术在产性服务业中的广泛应用，可以使产性服务业的服务外延得到不断扩展。

第四，信息通信技术的应用可以促进生产性服务业创新。生产性服务业属于知识密集型和技术密集型产业，其服务过程中，企业与客户之间需要建立紧密的合作关系才能够为用户提供更加精准的个性化服务，因此需要大量的实时信息交流，对信息收集、处理、传递和交流有更高的要求。

信息通信技术的快速发展和应用能够降低信息成本，从而推动了生产性服务业发展。

（二）影响生产性服务业与制造业耦合的外生性因素

影响生产性服务业和制造业耦合的外生性因素很多，这些因素的影响程度虽然不像内生性因素那样直接，但对于二者之间的耦合也会产生重要影响。

1. 生产性服务业的集聚

生产性服务业和制造业协同集聚，进而耦合发展，是发展到一定阶段的必然产物，因此，生产性服务业集聚是影响生产性服务业和制造业协同耦合的重要影响因素。

生产性服务业的集聚能够产生规模经济并促进制造业的转型。生产性服务业集聚通过共享大量相同的生产要素而获得规模经济，降低其自身成本，从而有利于制造业朝服务化方向转型升级，并实现耦合发展。

生产性服务业的集聚能够有效降低制造业寻求生产性服务业的成本和交易成本。制造业发展到高级阶段需要借助大量的个性化和细分化的专门知识和技能来实现产品服务化以提高竞争力，但要获得满足于先进制造业的特定生产性服务会提高寻求成本和交易成本。生产性服务业与制造业的集聚可以提高二者之间耦合发展程度，从而实现了生产性服务与制造业的匹配度，优化了制造业的资源配置效率。

生产性服务业的集聚会提高服务质量，促进与制造业的耦合。生产性服务业集聚程度越高，集聚区域内生产性服务业竞争程度就越激烈，迫使生产性服务业不断创新求变，提高服务水平与质量，完善服务流程，从而使集聚区内的制造业获得了更好的生产性服务，二者的耦合得到进一步完善。

生产性服务业集聚会促进新技术和新知识的产生，有利于生产性服务业企业创新。生产性服务业的集聚，使提供生产性服务业的主体，即高技能劳动力之间有更多机会进行交流，尤其是非编码化知识的交流，同时也能加强企业之间的合作，有利于知识和技能的碰撞，从而使生产性服务业在动态中不断完善和创新。新技术和知识推进了生产性服务业的发展，也使制造业获得知识溢出效应，二者的耦合程度得到提升。

因此，生产性服务业的集聚促进了生产性服务业和制造业的协同发展，提高了它们彼此之间的耦合协调程度。

2. 经济发展水平

生产性服务业和制造业的耦合协调是经济发展到一定阶段的产物。随着经济发展水平的提升，耦合协调度不断提高。较高的区域经济发展水平能够为生产性服务业发展提供其所需要的人力资源，也能够为制造业提供其所需要的资本和劳动力。因此，经济繁荣的城市地区比较容易形成产业集聚，从而有利于生产性服务业和制造业的耦合发展。

产业集聚与城市经济之间的相互促进作用，也会受到一定的制约。威廉姆森在 1965 年提出的倒 U 形理论指出，在经济发展初级阶段，空间集聚带来的经济增长速度会加快；在经过某一门槛值后，经济增长速度会减缓，直至消失。

进而有学者指出，生产性服务业与制造业协同集聚要对城市经济增长产生积极影响必须使城市规模达到一定程度，即越过"规模"门槛才能发挥作用。

总之，城市经济发展水平对于生产性服务业和制造业的协同集聚有明显的促进作用，进而能够推动二者之间的耦合。

3. 跨国公司

跨国公司在对东道国进行直接投资的过程中会给东道国带来大量的资本、先进的设备，并伴随着技术、管理和高水平的人力资本，从而成为促进东道国生产性服务业和制造业耦合的重要外生性因素。

我国在吸引外资过程当中，就充分利用跨国公司在生产性服务业和先进制造业技术方面的优势来提升我国产业耦合发展的水平。例如，通过实行业务领先模型 (BLM)，华为公司打通了外部市场机会和内部资源配合，提升了项目执行过程的协同和效率。

跨国公司对东道国生产性服务业和制造业耦合发展的促进作用主要通过以下三个方面来体现。

第一，跨国企业会带动东道国企业发展。跨国公司在东道国经营过程中，由于成本、贸易壁垒、市场准入等各种原因，对其所需要的生产性服务和中间投入品，会优先考虑选择本地的供应商，从而带动了东道国当地关联企业，尤其是生产性服务业的发展。在上述过程中，跨国公司将先进的产品生产技术和高质量的生产性服务知识传递给了东道国本地企业，有效提高了本地市场产品质量和标准，也促进了生产性服务业和制造业之间的协同发展。

第二，跨国公司能够为东道国改善人力资源结构。由于成本原因，跨国公司在东道国投资建立的企业所需要的人力资源不可能全部来自母国，绝大多数需要在东道国招聘和培训，从而能够为东道国培养大量研发、设计、技术、市场营销与品牌经营等方面的人才，并通过本地人力资源市场的流动，改善本地人力资源结构。人力资源得到改善的同时，也能够将技术和知识扩散到本地企业，促进本地生产性服务业和制造业的协同与耦合发展。

第三，跨国公司能够促进东道国市场竞争，提升经济效率。跨国公司可以借助其本身具有的优势打破东道国市场上的垄断格局，促进市场竞争，从而使东道国资源配置效率得到提升。同时，在一个市场合理竞争的环境下，生产性服务业和制造业的创新潜能得到释放，相互之间的协同发展也能够达到恰当的程度，从而实现良好的耦合发展。

本章参考文献

[1] 顾乃华，毕斗斗，任旺兵. 生产性服务业与制造业互动发展：文献综述 [J]. 经济学家,2006(6):35-41.

[2] 王正新，孙爱晶，邱风. 中国生产性服务业与先进制造业的互动关系：基于 Lotka-Volterra 模型的实证分析 [J]. 华东经济管理,2017,31(7):88-93.

[3] 凌永辉，张月友，沈凯玲. 生产性服务业发展、先进制造业效率提升与产业互动：基于面板联立方程模型的实证研究 [J]. 当代经济科学,2017,39(2):62-71,126.

[4] 陈晓峰,邢建国.集群内外耦合治理与地方产业集群升级:基于家纺产业集群的例证 [J].当代财经,2013(1):102-110.

[5] 孟鸣宇.福建省生产性服务业与制造业的协同发展研究 [D].厦门:集美大学,2016.

[6] 宋德军.生产性服务业与制造业耦合式发展研究:以黑龙江省为例 [M].北京:经济管理出版社,2018:17-18.

[7] 熊勇清,李世才.战略性新兴产业与传统产业耦合发展的过程及作用机制探讨 [J].科学学与科学技术管理,2010,31(11):84-87,109.

[8] 刘志彪.发展现代生产者服务业与调整优化制造业结构 [J].南京大学学报(哲学·人文科学·社会科学版),2006(5):36-44.

[9] 周鹏,余珊萍,胡凯.生产性服务业与制造业空间布局升级间相关性分析 [J].统计与决策,2011(5):93-95.

[10] 曹超.基于区域差距与经济增长协调度的区域政策研究 [D].长沙:湖南师范大学,2012.

[11] 廖重斌.环境与经济协调发展的定量评判及其分类体系:以珠江三角洲城市群为例 [J].热带地理,1999(2):76-82.

[12] ARNOLD J, B JAVORCIK, A MATTOO.Does Services Liberalization Benefit Manufacturing Firms?Evidence from the Czech Republic[J].Research Working Papers,2006, 85 (1) , 136-146.

[13] 苏东水.产业经济学 [M].北京:高等教育出版社,2000.

[14] 曹力维,何波,廖婴露.城乡统筹下产业耦合研究的思考 [C]// 生态文明视角下的城乡规划:2008 中国城市规划年会论文集.中国城市规划学会,2008:1685-1692.

[15] 植草益.信息通讯业的产业融合 [J].中国工业经济,2001(2):24-27.

[16] 王小波.生产性服务业与制造业融合发展研究 [D].湘潭:湘潭大学,2016.

[17] 刘斌,魏倩,吕越,等.制造业服务化与价值链升级 [J].经济研究,2016,51(3):151-162.

[18] 吴金明.产业链形成机制研究:"4+4+4"模型 [J].中国工业经济,2006(4):36-43.

[19] 王玉玲.中国生产性服务业与制造业的互动融合:理论分析和经验

研究 [D]. 上海：上海社会科学院，2017.

[20] 许二 . IBM 从制造向服务的转型研究 [D]. 南昌：南昌大学 ,2015.

[21] 闫佳 . 品牌定位理论驱动家装行业诞生"独角兽"企业：以爱空间科技（北京）有限公司为例 [J]. 品牌与标准化 ,2020(5):90-92.

[22] 朱琳，史元 . 互联网企业竞争下的生存选择：基于滴滴快的合并案例分析 [J]. 中国市场 ,2017(13):232-233.

[23] 任娅斐 .「国家队」T3 出行征战网约车市场 [J]. 创业邦 ,2020(10):44-47.

[24] 魏佳波 . 关于制造业服务化、产业转型升级和经济绩效的文献综述 [J]. 经济研究导刊 ,2020(25):36-37.

[25] 李茜茜 . 制造业投入服务化与价值链提升：一个文献综述 [J]. 中国经贸导刊（中）,2020(8):183-184.

[26] 程佳韫 . 基于生产性服务业的制造业产业集群发展 [J]. 安徽工业大学学报 ,2011(11).

[27] 李美云 . 基于价值链重构的制造业和服务业间产业融合研究 [J]. 广东工业大学学报（社会科学版）,2011,11(5):34-40.

[28] 江建英 . 政府主导下欠发达区域产业整合与发展对策 [J]. 价格月刊 ,2011(8):25-28.

[29] 陈晓峰，陈昭锋 . 生产性服务业与制造业协同集聚的水平及效应：来自中国东部沿海地区的经验证据 [J]. 财贸研究 ,2014,25(2):49-57.

[30] 纪祥裕，顾乃华 . 生产性服务业与制造业协同集聚具有创新驱动效应吗 [J]. 山西财经大学学报 ,2020,42(7):57-70.

[31] 高传胜，刘志彪 . 生产者服务与长三角制造业集聚和发展：理论、实证与潜力分析 [J]. 上海经济研究 ,2005(8):35-42.

[32] 赵伟，王春晖 . 区域开放与产业集聚：一个基于交易费用视角的模型 [J]. 国际贸易问题 ,2013(7):38-49.

[33] 夏杰长，张晓兵 . 生产性服务业推动制造业升级战略意义、实现路径与政策措施 [J]. 中国社会科学院研究生院学报 ,2013(2):20-25.

[34] 江曼琦，席强敏 . 生产性服务业与制造业的产业关联与协同集聚 [J]. 南开学报（哲学社会科学版）,2014(1):153-160.

[35] 陶爱萍，查发强，陈宝兰 . 产业集聚对技术创新的非线性影响 [J].

技术经济 ,2017,36(5):82–89.

[36] 顾洁 , 胡雯 , 胡安安 . 空间集聚与网络嵌入对技术创新的非线性影响 [J]. 科学学研究 ,2019,37(9):1721–1728.

[37] 徐继业 , 花俊 . 空间经济学视角下的产业集聚与经济增长研究：对拥挤效应的探讨 [J]. 北方经济 ,2009(18):23–25.

[38] 唐根年 , 管志伟 , 秦辉 . 过度集聚、效率损失与生产要素合理配置研究 [J]. 经济学家 ,2009(11):52–59.

[39] 王玉玲 . 中国生产性服务业与制造业的互动融合：理论分析和经验研究 [D]. 上海：上海社会科学院 ,2017.

[40] 王玉玲 . 中国生产性服务业与制造业的互动融合：理论分析和经验研究 [D]. 上海：上海社会科学院 ,2017.

[41] 夏杰长 , 张晓兵 . 生产性服务业推动制造业升级战略意义、实现路径与政策措施 [J]. 中国社会科学院研究生院学报 ,2013(2)：20–25.

[42] 刘重 . 现代生产性服务业与经济增长 [J]. 天津社会科学 ,2006(2):89–92.

[43] 李志强 , 吴心怡 . 产业协调发展对区域经济的影响研究：基于制造业与生产性服务业面板数据模型的分析 [J]. 商业研究 ,2016,(04):25–32.

[44] 王琢卓 . 生产性服务业集聚与经济增长 [D]. 湖南大学 ,2014.

[45] 陈国亮 , 陈建军 . 产业关联、空间地理与二三产业共同集聚：来自中国 212 个城市的经验考察 [J]. 管理世界 ,2012(4):82–100.

[46] 刘胜 , 李文秀 , 陈秀英 . 生产性服务业与制造业协同集聚对企业创新的影响 [J]. 广东财经大学学报 ,2019,34(3):43–53.

[47] 徐力行 , 高伟凯 . 生产性服务业与制造业的协同创新 [J]. 现代经济探讨 ,2008(12):53–56.

[48] 苗建军 , 郭红娇 . 产业协同集聚对环境污染的影响机制：基于长三角城市群面板数据的实证研究 [J]. 管理现代化 ,2019,39(3):70–76.

[49] 隆艳平 . 人力资本与生产性服务业集聚的互动关系研究 [J]. 物流工程与管理 ,2017,39(3):120–122.

[50] 彭娜 . 生产性服务业集聚与技术进步之间关系的研究 [D]. 上海：上海师范大学 ,2014.

[51] 蒋诗百 , 李雅洁 , 黎红 , 等 . 信息通信技术在生产性服务业的应用

与创新 [J]. 数字通信世界 ,2019(11):177.

[52] 朱梦瑶,许继清.国内生产性服务业空间集聚研究述评 [J]. 中外建筑 ,2020(11):75-77.

[53] JEFFERY G.Williamson.Regional Inequality and the Process of National Development:A Description of the Patterns[J].Economic Development and Cultural Change,1965,13(4):1-84.

[54] 徐盈之,彭欢欢,刘修岩.威廉姆森假说:空间集聚与区域经济增长:基于中国省域数据门槛回归的实证研究 [J].经济理论与经济管理 ,2011(4):95-102.

[55] 周圣强,朱卫平.产业集聚一定能带来经济效率吗:规模效应与拥挤效应 [J].产业经济研究 ,2013(3):12-22.

[56] 豆建民,刘叶.生产性服务业与制造业协同集聚是否能促进经济增长:基于中国 285 个地级市的面板数据 [J].现代财经(天津财经大学学报),2016,36(4):92-102.

[57] 唐翠仙.管理咨询的机会和作用研究 [J].中国高新科技 ,2018(14):107-111.

[58] 韩鹏,陈德棉,张黎.跨国公司对中国本地企业知识溢出模型分析 [J].科学管理研究 ,2004(4):78-81.

第五章　产业结构软化、生产性服务业与制造业耦合的实证分析

　　产业的发展并不是一个线性发展过程，而是一个螺旋式上升过程。随着产业分工的不断深化，服务业特别是生产性服务业与制造业逐渐分离。分工会带来收益，同时也会带来成本，因此，分工程度会受到制约。尽管通过分离，服务业得到快速发展，规模越来越大，但服务业不可能完全离开制造业和农业而独立发展。当分工发展到一定阶段，制造业与生产性服务业之间相互依赖的需求又在不断加强，这一点随着全球市场化、工业化的不断加深而越来越明显。这就导致制造业呈现出再次融合的趋势，从而导致了生产性服务业与制造业耦合，产业结构也不断软化。

　　前文已对产业结构软化及生产性服务业和制造业耦合进行了理论上的分析，本章则主要对此进行实证分析。本章首先对我国生产性服务业和制造业产业发展水平进行测度，以便对两者的耦合实证分析提供基础。进而，对我国生产性服务业集聚对制造业竞争力的影响进行了实证分析。随后，对我国制造业产业结构软化进行了测度，并与其他国家进行了比较，以证实我国产业结构软化和生产性服务业与制造业耦合机理的合理性，同时也为我国未来经济发展的产业重心提供方向。最后，对我国制造业与生产性服务业耦合发展的状况进行了测度。

第一节　我国生产性服务业产业发展水平的测度

　　最近几年，我国生产性服务业获得快速发展，主要得益于工业化、信息化、市场化、城市化和全球化等方面的推进。工业化使很多企业生产与服务相分离，促进了产业分工；信息化与大数据的联合发展使生产、流通与销售的连接更加紧密，提高了发展效率；市场化使资源与要素的配置更加合理，激发了市场活力；城市化连接了乡村与城市的发展，加速了城乡一体化进程；全球化使更多的国外资源流通到国内，更多的服务业企业入驻国内，其外溢效应使得本土服务业获得更好发展。由于上述各方面因素的共同作用，促进了我国生产性服务业的发展，同时，也对我国产业结构合理化做出很大贡献。

一、我国生产性服务业的发展现状

近年来，经过长期发展的积累和不断调整，我国经济结构得到提升并渐趋合理。2018年，我国经济总量首次突破90万亿元大关，全国GDP达900309亿元，比2017年增长6.6%，人均国民生产总值64644元，比上年增长6.5%，其中第二产业增加值为366001亿元，占全国GDP的比重为40.7%，第三产业增加值为469574.6亿元，占全国GDP的比重为52.3%。总体上看，我国经济正在持续健康稳定增长，这种良好的经济运行环境促进了生产性服务业的发展。

（一）生产性服务业在我国整体经济中的地位不断上升

全国生产性服务业增加值从2012年的140144.8亿元到2016年的221444.3亿元，忽略价格因素，5年平均增长7.34%。2012年全国生产性服务业增加值对我国GDP的贡献为26.2%，2016年的贡献为29.7%，5年共上升了3.5个百分点。5年具体变化见图5-1。

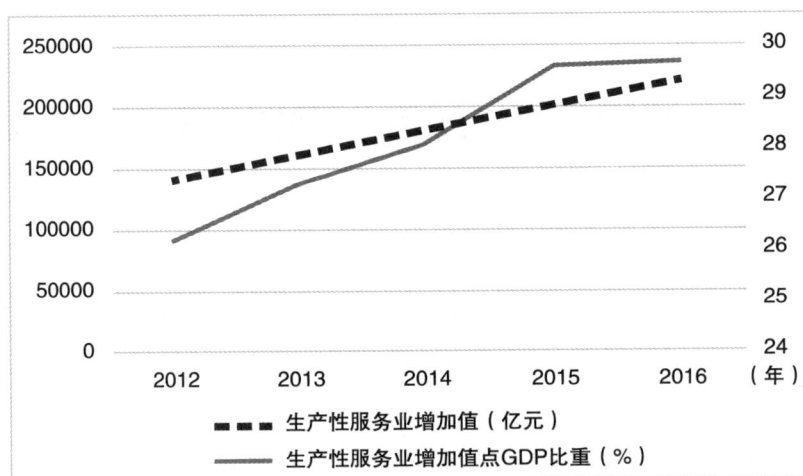

图5-1　2012—2016年全国生产性服务业增加值及占GDP比重

数据来源：《中国第三产业统计年鉴2012—2016》。

（二）生产性服务业从业人员数持续上升

2012 年，全国生产性服务业从业人数为 27690 万人，而生产性服务业从业人员占全国服务业从业人员的比重为 9.94％，为 2752.9 万人。到了 2017 年，全国服务业从业人员数为 34872 万人，生产性服务业从业人员占全国服务业从业人员的 10.65％，为 3713.9 万人。6 年具体变化见图 5-2。

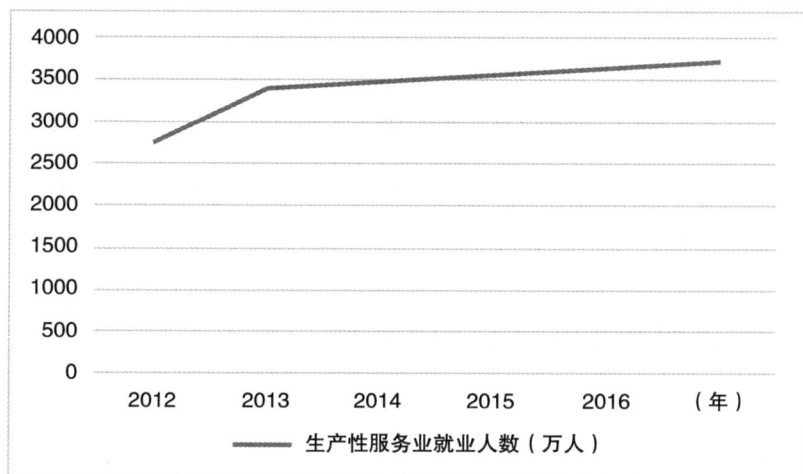

图 5-2　2012—2017 年全国生产性服务业从业人员情况

数据来源：《中国第三产业统计年鉴 2012—2017》。

（三）生产性服务业结构逐渐优化

与新兴的生产性服务业相比，传统服务业在经济运行中依然占有很重要的地位，但新兴服务业在运营效率与提升竞争力方面更有优势。2012 年全国新兴服务业占生产性服务业增加值比重为 47.49％，近几年，其占比持续上升，2016 年比重为 52.88％，上升了 5.39 个百分点。5 年具体变化见图 5-3。

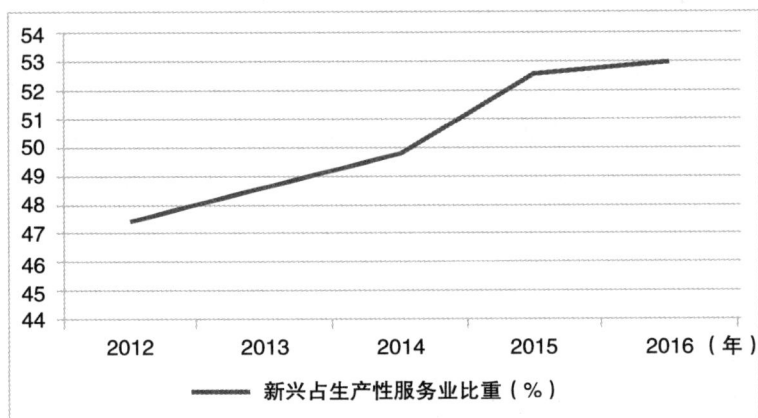

图 5-3　2012—2016 年新兴服务业占生产性服务业的比重

数据来源:《中国第三产业统计年鉴 2012—2016》。

二、生产性服务业发展水平的测度

（一）测度方法

本节通过构建我国生产性服务业竞争力评价指标体系，根据 2012—
2016 年 15 个省（区、市）的面板数据，借助 Topsis 法改进的因子分析法，
对我国生产性服务业竞争力进行评价，根据测量结果分析我国生产性服务
业发展现存的问题，并提出相应的对策建议。

（二）评价指标选取

通过对现有文献的梳理，借鉴相关领域学者们的研究方法，从经济规
模、产业结构、发展潜力三个一级指标衡量我国生产性服务业竞争力水平，
又从三个一级指标出发构建了 12 个二级指标，具体指标选取情况及说明见
表 5-1。

（三）生产性服务业竞争力评价指标体系的构建

表5-1　生产性服务业竞争力评价指标体系

项目	指标	单位
经济规模	国内生产总值（X1）	亿元
	工业增加值（X2）	亿元
	第三产业增加值（X3）	亿元
	生产性服务业增加值（X4）	亿元
	第三产业固定资产投资（X5）	亿元
	生产性服务业固定资产投资（X6）	亿元
产业结构	第三产业增加值占全国生产总值比重（X7）	%
	生产性服务业增加值占全国生产总值比重（X8）	%
	生产性服务业增加值占第三产业增加值比重（X9）	%
发展潜力	科学技术支出（X10）	亿元
	教育支出（X11）	亿元
	生产性服务业增加值增长率（X12）	%

（四）分析过程

表5-2是公因子方差表。第一列是表5-1所选择的12项评价指标，第二列数据是因子分析初始解下的变量共同度，变量的共同度均为1，若用主成分分析法对所有特征根（即原有12个变量）进行提取，则原有变量的所有方差均可被解释。由第三列可以看出，变量之间的共同度均在0.90以上，表明选取的12项指标之间信息重叠度很高，说明我们选取的指标是可信的，而这也充分验证了我们所选数据之间的相关性。

表5-2　公因子方差

指标	初始	提取
地区生产总值	1	0.799
工业增加值	1	0.949

续表

指标	初始	提取
第三产业增加值	1	0.994
生产性服务业增加值	1	0.982
第三产业固定资产投资	1	0.898
生产性服务业固定资产投资	1	0.9
第三产业增加值占地区生产总值比重	1	0.933
生产性服务业增加值占地区生产总值比重	1	0.986
生产性服务业增加值占第三产业增加值比重	1	0.84
科学技术支出	1	0.92
教育支出	1	0.967
生产性服务业增加值增长率	1	0.806

表5-3为总方差解释表，表5-3的初始特征值中，总方差解释的是该
指标对主成分的影响力。根据表中显示的数据，主成分1、主成分2、主成
分3的方差累积贡献率为91.444%，解释了我们所需要的绝大多数信息。
其中，主成分1的特征根为6.588，对总方差解释的贡献率为54.899%；
主成分2的特征根为3.383，对总方差解释的贡献率为28.189%；主成分
3的特征根为1.003，对总方差解释的贡献率为8.356%。基于此，我们选
取主成分1、主成分2、主成分3作为变量去描述问题。

表5-3 总方差解释

成分	初始特征值			提取载荷平方和		
	总计	方差百分比	累积%	总计	方差百分比	累积%
1	6.588	54.899	54.899	6.588	54.899	54.899
2	3.383	28.189	83.088	3.383	28.189	83.088
3	1.003	8.356	91.444	1.003	8.356	91.444
4	0.56	4.666	96.11			
5	0.252	2.098	98.208			
6	0.1	0.833	99.041			
7	0.055	0.457	99.498			

续表

成分	初始特征值			提取载荷平方和		
	总计	方差百分比	累积 %	总计	方差百分比	累积 %
8	0.035	0.295	99.793			
9	0.022	0.185	99.978			
10	0.002	0.019	99.997			
11	0	0.003	100			
12	0.000002073	0.00001728	100			

表5-4是主成分得分系数矩阵，各数据为标准化的主成分用标准化后的原始变量线性表示的系数矩阵。

表5-4　主成分得分系数矩阵

指标	成分		
	1	2	3
地区生产总值	0.109	−0.130	−0.297
工业增加值	0.147	−0.035	−0.023
第三产业增加值	0.147	0.060	−0.118
生产性服务业增加值	0.142	0.093	−0.048
第三产业固定资产投资	0.137	−0.065	0.195
生产性服务业固定资产投资	0.129	−0.065	0.357
第三产业增加值占地区生产总值比重	0.023	0.280	0.109
生产性服务业增加值占地区生产总值比重	0.015	0.290	0.117
生产性服务业增加值占第三产业增加值比重	0.013	0.257	0.275
科学技术支出	0.112	0.114	−0.475
教育支出	0.148	−0.023	−0.101
生产性服务业增加值增长率	0.076	−0.120	0.625

由此得到主成分 F1、主成分 F2 和主成分 F3 的得分等于标准化后的原始变量乘以相应的系数。即：

$$F1 = 0.109X1 + 0.147X2 + 0.147X3 + 0.142X4 + 0.137X5 + 0.129X6 + 0.02$$

3X7+0.015X8+0.013X9+0.112X10+0.148X11+0.076X12　　　　（5-1）

由上式可以看出第一主成分 F1 主要是由 X1、X2、X3、X4、X5、X6、X10、X11 来确定的，它们的系数远大于其他变量的系数，表示 F1 是 X1、X2、X3、X4、X5、X6、X10、X11 这 8 个指标的综合表示。

F2=−0.130X1−0.035X2+0.060X3+0.093X4−0.065X5−0.065X6+0.280X7+0.290X8+0.257X9+0.114X10−0.023X11−0.120X12　　　（5-2）

由上式可以看到第二主成分 F2 主要是由 X7、X8、X9、X10 来确定的，它们的系数远大于其他变量的系数，表示 F2 是 X7、X8、X9、X10 这 4 个指标的综合指标。

F3=−0.297X1−0.023X2−0.118X3−0.048X4+0.195X5+0.357X6+0.109X7+0.117X8+0.275X9−0.475X10−0.101X11+0.625X12　　　（5-3）

由上式可以看到第三主成分 F3 主要是由 X5、X6、X9、X12 来确定的，它们的系数也是远大于其他变量的系数，表示 F3 是 X5、X6、X9、X12 这 4 个指标的综合表示。

算出各主成分的得分后，再乘以各主成分的方差贡献率就可以得到 15 个地区的综合得分。综合评价是根据 K 个主成分的加权值作为综合评价值，权数取各主成分贡献率 bj，即综合评价值，并对其按综合主成分值进行排序，即可对 15 地的生产性服务业竞争力进行综合评价比较，并得：

F= 0.54899F1 + 0.28189F2 + 0.08356F3

由于综合指标包含各个方面的信息，因此可以利用该指标对 15 个省（区、市）的生产性服务业竞争力进行排名，结果见表 5-5。

表 5-5　15 地生产性服务业竞争力排名

地区	第一主成分	第二主成分	第三主成分	总得分	排名
广东	30135.51	−9072.15	−29035.93	11560.50173	1
江苏	29043.24	−9368.99	−25649.54	11160.14715	2
山东	25391.57	−8208.70	−20105.24	9945.774558	3
浙江	18598.94	−5769.32	−14599.45	7364.386513	4
河南	15350.55	−5882.84	−11248.23	5829.081593	5
湖南	12093.55	−4431.97	−7965.18	4724.339174	6

地区	第一主成分	第二主成分	第三主成分	总得分	排名
河北	11925.36	−4350.48	−8479.57	4611.994578	7
上海	11073.91	−1914.42	−11194.93	4604.359226	8
北京	10649.09	−1382.75	−10261.73	4598.991496	9
福建	11435.35	−4088.31	−7973.43	4459.181471	10
安徽	9838.47	−3761.43	−5914.34	3846.711295	11
天津	6393.15	−1797.56	−4366.37	2638.205263	12
新疆	13667.07	−13194.40	−29137.08	1349.018231	13
宁夏	1283.29	−429.02	−708.03	524.4168615	14
青海	1114.02	−387.73	−265.37	480.1154457	15

由表 5-5 可以看出，经过对 15 地的生产性服务业竞争力进行计算，表明 15 地的生产性服务业竞争力排名顺序与其在全国经济发展中的排名顺序大致一致。在选取的 12 个省（区、市）中，广东省、江苏省、山东省、浙江省、河南省的竞争性服务业竞争力排名分别为第 1、2、3、4、5 位，而福建省、安徽省、新疆维吾尔自治区、宁夏回族自治区和青海省的竞争性服务业竞争力排名分别为第 10、11、13、14、15 位。而三个直辖市中，上海、北京和天津的竞争性服务业竞争力排名分别为第 8、9、12 位。从整体来看，我国沿海地区的生产性服务业竞争力在全国处于上游水平，其余地区的生产性服务业竞争力水平有待提高。因此，提高我国生产性服务业的整体竞争力仍任务艰巨。

三、我国生产性服务业存在的问题

（一）区域发展不均衡

我国生产性服务业竞争力强的省份，多集中在沿海地区，以及直辖市区域。沿海城市与直辖市地区城市规模大、等级高，能够吸引更多的优质资源、专业人才流向该地区，从而使得生产性服务业发展得较好。另外，高端生产性服务业具有信息流动效应、人才聚集效应和知识溢出效应，比如改善生态环境的绿色创新行业，其创新技术有利于生态效率的提升。我国西部地区的生产性服务业相对落后，西部地区本身发展较为落后，大部分人才都向东部流动，所以其生产性服务业的发展具有一定的低端化倾向。

（二）现代服务业发展较快，但行业结构有待进一步优化

虽然我国生产性服务业发展较快，但发展等级还不够高。在生产性服务业内部，传统服务业的增加值占生产性服务业总增加值的近一半。而新兴生产性服务业和创新性比较高的生产性服务业对增加值的贡献率并不高。这说明我国新兴生产性服务业尚未达到高端知识密集型阶段，这样的结构不利于制造业与服务业的协同发展。

（三）高端管理和专业人才短缺

目前我国正处于生产性服务业结构转型的关键阶段，我国沿海地区以及直辖市地区虽然由于人才聚集效应吸引了很多专业技术人员，人才队伍结构也相对合理，但高端人才供给依旧较缺乏，不足以支撑我国生产性服务业向高端服务业转型升级。2013年底，全国信息传输计算机服务和软件业、租赁与商务服务业、科学研究和技术服务及地质勘查业行业从业人员分别为327.3万名、421.9万名、387.8万名，而2017年底，分别为395.4万名、522.6万名、420.4万名。5年时间虽然人数有一定的上升，但是大多数人才都聚集在沿海地区和直辖市地区，西部和西北地区人力资源匮乏，更缺乏高科技人才。

第二节　我国制造业产业发展水平的测度

　　制造业能够显著地体现一个国家的生产力水平，制造业这一指标在发达国家与发展中国家中差异明显。自从改革开放以来，经过多年的快速发展，我国经济总体上已经取得了举世瞩目的成就，制造业也取得了长足进步。目前，我国已经形成了具有庞大规模的制造业体系，并在某些产业上居于世界前列，并越来越面向智能化、环保化、全球化发展。当然，我国制造业发展过程中也存在着结构不够完善、生产效率不够高、对国外技术依赖较高等不足，从而面临巨大的竞争压力。因此，对我国不同地区的制造业产业竞争力进行测度与比较，精准诊断我国制造业发展中存在的问题，从而为我国在现阶段发展中如何提升制造业在国民经济中所占的比例，进而提高我国经济综合实力，就非常必要。

一、指标选择与数据获取

　　本节关于制造业发展水平以长三角、珠三角、京津冀三个经济带为主要分析地区，其中珠三角用广东省代替。本节所选取的影响制造业竞争力强弱的指标共有 10 种，分别是工业总产值、工业增加值、人均总产值、固定资产总额、出口交货值、销售收入、利润总额、资产总计、平均用工人数、外商资本。通过 SPSS 方法进行测度。首先为了减少数据误差，使数据无量纲化，对数据进行了标准化处理，并使用主成分分析法得到了不同指标的权重。分析所使用的数据来源于各城市 2019 年的年鉴。

　　经过标准化后的数据如表 5-6 所示。

表 5-6　标准化处理后的制造业竞争力相关性指标

工业总产值	工业增加值	人均总产值	固定资产总额	出口交货值	利润总额	销售收入	资产总计	平均用工人数	外商资本
−0.462	−0.345	−0.233	−0.496	−0.397	−0.386	−0.422	−0.384	−0.466	−0.315
0.537	−0.644	−0.295	−0.162	0.300	−0.034	−0.0575	−0.125	−0.138	0.180

续表

工业总产值	工业增加值	人均总产值	固定资产总额	出口交货值	利润总额	销售收入	资产总计	平均用工人数	外商资本
0.0077	−0.340	−0.363	−0.308	−0.283	−0.325	−0.325	−0.286	−0.292	−0.324
−0.459	−0.456	−0.395	−0.254	−0.524	−0.425	−0.393	−0.401	−0.278	−0.416
−0.656	−0.379	2.655	−0.324	−0.566	−0.47	−0.472	−0.443	−0.511	−0.546
−0.518	−0.297	−0.157	−0.463	−0.526	−0.433	−0.437	−0.442	−0.494	−0.505
−0.407	−0.237	−0.393	−0.294	−0.551	−0.405	−0.386	−0.388	−0.426	−0.505
−0.521	0.0854	−0.376	−0.348	0.266	−0.158	−0.145	−0.176	−0.020	−0.166
2.479	2.616	−0.440	2.650	2.550	2.6380	2.640	2.640	2.620	2.590

二、主成分法的测度和分析

由表 5-6 可知工业总产值与固定资产总额、出口交货值、利润总额、销售收入、资产总计、平均用工人数、外商资本的相关性都很大，均为 0.9 以上。

表 5-7　总方差解释表

成分	初始特征值			提取载荷平方和	
	总计	方差百分比	累计 %	方差百分比	累计 %
1	8.859	88.586	88.586	88.586	88.586
2	0.955	9.552	98.138		
3	0.132	1.324	99.461		
4	0.040	0.405	99.866		
5	0.008	0.081	99.947		
6	0.005	0.047	99.994		
7	0.010	0.005	99.999		
8	9.397E-5	0.001	100		
9	7.287E-17	7.287E-16	100		
10	−1.528E-16	−1.528E-15	100		

从总方差解释表中可以看出，在以上所有指标中，工业总产值的方差贡献率最大，为88.586%，其次是工业增加值的指标，方差贡献率为9.552%。两个因子的方差贡献累加值达到了98.138%。因此仅用前两个指标便能较为全面地反映所有信息。

表5-8　成分矩阵表

	F1	F2
工业总产值	0.109	−0.052
工业增加值	0.109	0.074
人均总产值	−0.029	1.012
固定资产总额	0.112	0.093
出口交货值	0.111	−0.006
利润总额	0.113	0.039
销售收入	0.113	0.037
资产总计	0.113	0.049
平均用工人数	0.113	0.018
外商资本	0.112	0.006

根据成分矩阵表，可以求得 $F1=0.109x1+0.109x2−0.029x3+0.112x4+0.111x5+0.113x6+0.113x7+0.113x8+0.113x9+0.112x10$

$F2=−0.052x1+0.074x2+1.012x3+0.093x4−0.006x5+0.039x6+0.037x7+0.049x8+0.018x9+0.006x10$

将两个因子特征值的累加贡献率98.198，定位，得出因子1和因子2的权重分别是0.9和0.1，由此可得到最终竞争力表达式：

我国制造业产业竞争力 $=0.9×F1+0.1×F2$

三、制造业竞争力的测度结果

通过测度制造业竞争力，可以得出我国不同地区、不同经济带的制造业产业竞争力发达程度，如图5-9所示。

表 5-9 部分区域制造业竞争力

	地区	制造业竞争力发达程度	排名
城市	上海	15.7	1
	天津	11.3	2
	北京	8.6	3
	江苏	8.5	4
	广东	5.8	5
	浙江	5	6
	河北	3.6	7
	安徽	3.3	8
经济带	长三角	8.125	1
	京津冀	7.8	2
	珠三角	5.8	3

由表 5-9 可知,上海的制造业竞争力发达程度最高,其次是天津、北京,而河北、安徽的制造业竞争力发达程度较弱。从经济带的角度来看,长三角、京津冀以及以广东为代表的珠三角差异不是非常明显。以上 8 个省市都属于经济较为发达的地区,之所以制造业竞争力发达程度不同,甚至相差巨大主要是各省市发展的侧重点不同。例如天津的制造业相对发达一些,而南方一些省份,例如广东、浙江、安徽等,则以发展服务业为主,由此造成了这些省份之间某一项指标的不均衡。

对于制造业竞争力的相关研究,周五七等通过对制造业竞争力动态评价的方法来研究长三角城市,发现长三角城市制造业综合竞争力整体上呈现出先下降后提升的"U"形变化趋势,尽管地区之间的制造业综合竞争力排序比较稳定,但地区之间的制造业竞争力差距较为显著。张建清、卢飞等通过对中国中部地区制造业竞争力的研究,发现中部地区制造业竞争力在中国四大板块中居于第二位,中部地区制造技术、制造规模、制造效益等优势较西部地区和东北地区明显。陈凯、冯晓玲等通过对我国主要省市装备制造业产业竞争力比较的研究,发现我国主要省市的国民经济总量的排序与装备制造业产业竞争力排名比较吻合,同时国内装备制造业发展的活力和动力与前几年相比已经得到了明显增强。

第三节　我国生产性服务业集聚对制造业竞争力的影响实证研究

20 世纪 90 年代以来，我国制造业的发展取得了很大进步，并在 2010 年后成为制造业大国。但我国制造业的发展一直主要依赖要素投入驱动，这使得我国制造业发展质量不高，缺乏创新能力。随着我国产业结构不断调整，我国工业经济逐渐向服务业转化，服务业供给的外部化效应越来越明显。近年来，我国信息技术的快速发展，有效地促进了服务业发展，尤其是促进了生产性服务业与制造业的协同发展。生产性服务业的集聚与制造业的发展形成互动，不仅优化了我们的产业结构，更促进了制造业由"大"向"优"的转变。因此，我国在加快制造业转型升级的过程中，探索生产性服务业集聚对制造业发展的影响，这对推进我国产业优化升级具有重要意义。

生产性服务业集聚对于中国制造业竞争力的提升有重要意义。Keeble（2002）认为生产性服务业集聚就是在一定的地理空间内，很多生产性服务业的企业集聚在一起。代文、秦远建等认为生产性服务业集聚是基于现代化管理和信息技术产生的，因此具有知识和信息密集度高的显著特点。李文秀等指出追求收益剩余是生产性服务业集聚的动力来源。

生产性服务业集聚能够推动市场分工的专业化与细化，能够降低集聚区内企业的边际生产成本。由于生产性服务业具有知识密集型特征，能够促进"知识和技术信息"的研发资本的跨地区流动，从而提高集聚区内生产性服务业的服务质量，并形成知识溢出效应，促进制造业的技术进步和技术效率提升，为实现制造业的结构"软化"和转型升级提供技术支撑。下面从实证角度对生产性服务业集聚是否对制造业竞争力的提升有影响进行检验。

一、我国生产性服务业集聚的发展水平

（一）生产性服务业集聚的测量方法

关于生产性服务业聚集的测度，国内外并没有统一的方法，梳理相关文献可以发现，学者们主要通过赫芬达尔指数法、空间基尼系数法和区位商法对生产性服务业集聚进行测度。本节主要借鉴陈元刚等在研究中使用的方法——选取就业人数的区位熵来测算生产性服务业的集聚度。

根据生产性服务业集聚度测算指标，在全国省份的选择方面，考虑到区位因素，选择了东北、环渤海、长三角、中部地区和珠三角一共17个省、市的生产性服务业数据；在行业方面，基于我国《国民经济行业分类》的行业分类标准，考虑到数据的可获得性和统计口径的一致性，本节选取科学技术、技术服务和地质勘查，租赁与商务服务，信息传输、软件和信息技术服务业，金融业，交通运输、仓储和邮政业，批发和零售业6个细分行业代表生产性服务业，并对此进行指标测算。生产性服务业集聚度用下列公式进行计算：

$$PS_{it} = \frac{Y_{it}/X_{it}}{Y_t/X_t} \qquad (5-4)$$

公式中各字母的含义为：Y_{it}指i地区t年的生产性服务业各细分行业就业人数，X_{it}指i地区t年的全部就业人数，Y_t指t年全国生产性服务业各细分行业就业人数或产值的总和，X_t指t年全国的就业人数。PS_{it}的值越大，表示i地区生产性服务业的集聚水平越高，反之亦然。

（二）我国各省市生产性服务业集聚的发展水平

根据式（5-4），可求得基于就业人数的我国各省市生产性服务业区位熵，结果如表5-10所示。

表5-10　基于就业人数的我国各省市生产性服务业区位熵

年份	长三角			中西部					
	上海	江苏	浙江	湖北	湖南	山西	江西	四川	陕西
2017年	2.07	0.71	0.86	0.92	0.82	0.85	0.72	0.96	1.08

	长三角			中西部					
年份	上海	江苏	浙江	湖北	湖南	山西	江西	四川	陕西
2016 年	2.08	0.73	0.84	0.91	0.85	0.90	0.70	0.97	1.10
2015 年	2.09	0.73	0.83	0.92	0.86	0.92	0.73	0.96	1.10
2014 年	2.08	0.73	0.82	0.94	0.85	0.92	0.76	0.95	1.09
2013 年	1.97	0.78	0.83	0.96	0.86	0.92	0.78	0.91	1.05
2012 年	1.65	0.86	0.86	0.89	0.86	0.94	0.76	0.80	1.04

	东北			环渤海				珠三角	
年份	辽宁	吉林	黑龙江	北京	天津	河北	山东	广东	
2017 年	1.10	0.94	1.08	2.49	1.39	0.96	0.82	0.96	
2016 年	1.07	0.90	1.06	2.51	1.27	0.96	0.84	0.96	
2015 年	1.05	0.91	1.04	2.54	1.18	0.97	0.84	0.93	
2014 年	1.03	0.94	1.03	2.53	1.09	0.97	0.86	0.93	
2013 年	1.01	0.96	1.00	2.51	1.05	0.94	0.85	0.92	
2012 年	1.03	1.04	0.94	2.56	0.18	0.89	0.76	1.07	

由表 5-10 可知，2012—2017 年，我国各省市生产性服务业集聚水平差异比较大，其中，长三角地区的上海、中西部地区的陕西、东北地区的辽宁和黑龙江、环渤海地区的北京和天津几个省市的生产性服务业集聚度处于相对较高水平，江苏、江西两省生产性服务业集聚度则处于较低水平。2017 年，我国生产性服务业区位熵排名依次为北京、上海、天津、辽宁、陕西、黑龙江、四川、河北、广东、吉林、湖北、浙江、山西、湖南、山东、江西、江苏，其中北京、上海、天津、辽宁、陕西、黑龙江生产性服务业区位熵指数大于 1。总体来看，我国各省市生产性服务业的集聚水平还不高。

二、生产性服务业集聚影响制造业竞争力的实证研究

（一）模型设定

结合数据的可获得性和本节的分析要求，我们将模型的时序区间设定为 2012—2016 年，截面样本包括表 5-10 列示的 17 个省市，建立面板数据模型如下：

$$LnMPF_{it} = c + \beta_1 LnPS_{it} + \beta_2 LnGOV_{it} + \beta_3 LnHNM_{it} + \beta_4 LnTRA_{it} + \beta_5 LnCITY_{it} + \varepsilon_{it} \tag{5-5}$$

其中，i 代表我国 17 个省市，t 代表年份，ε 表示地区非观测效应和随机误差项。MPF 表示制造业竞争力指标；PS 表示生产性服务业集聚指标；GOV、HNM、TRA、CITY 均为控制变量，分别表示政府参与程度、人力资本水平、交通发达程度以及城市化水平。

（二）数据来源及变量选取

本节数据均来自 2013—2017 年的《中国统计年鉴》《中国工业统计年鉴》《中国劳动统计年鉴》，以及 17 个省市历年的统计年鉴。根据已建立的计量经济模型，现分别将被解释变量、解释变量、控制变量的指标选取与数据处理阐述如下。

根据相关文献研究，目前衡量制造业竞争力的指标主要包括以下几种：由因子分析法测算出的综合得分、制造业规模比、制造业利润率以及制造业劳动生产率。由于劳动生产率在一定程度上体现了一个产业的竞争力水平，因此，本节借鉴张胲等所用的研究方法，采用劳动生产率这一指标来衡量制造业竞争力水平，由于考虑到制造力指标的数据缺失，所以用规模以上工业企业劳动生产率代替。

生产性服务业集聚的测量有就业人数区位熵和产值区位熵两种方法。因为服务业提供的产品属于无形产品，和制造业提供的有形产品相比较，在统计口径和方法上存在不完善的地方，因此采用就业人数区位商来衡量生产性服务业的集聚，而不是采用产值区位商来进行测量。

现有文献表明，影响制造业竞争力的因素有很多，本节有选择地添加了 4 个控制变量，分别为政府参与程度、人力资本水平、交通发达程度和

城市化水平。政府参与程度用地区政府的财政支出占地区 GDP 的比重衡量；人力资本水平用 R&D 人员全时当量占工业销售产值的比重衡量；交通发达程度采用年度地区的人均货运总量，即货运量与总人口的比值来衡量；城市化水平用城镇就业人员占总就业人员的比重衡量。

该计量模型中各变量的描述性统计如表 5-11 所示。

表 5-11　变量指标的描述性统计结果

变量名称	观测值数目	平均值	标准差	最小值	最大值
LnMPF	85	3.3947920	0.2295626	2.808	3.8351
LnPS	85	0.0213671	0.3131013	−0.3542	0.9409
LnGOV	85	−1.6564320	0.2410967	−2.1366	−1.2919
LnHNM	85	0.9605118	0.4555384	0.0824	1.6767
LnTRA	85	3.3073120	0.3797781	2.2244	3.9237
LnCITY	85	−0.7304529	0.3642034	−1.4866	−0.0092

（三）结果分析

考虑到数据的可得性，本节选取 2012—2016 年我国 17 个省市的面板数据进行实证检验。各检验结果如表 5-12 所示。

表 5-12　各检验的 P 值

检验测试	统计量	df	Prob
Cross-section F	5.35	16.142	0.0000
Cross-section Chi-square	84.47	16	0.0000
Cross-section random	0.00	5	1.0000

表 5-13　Hausman 检验

Test Summary	Chi-Sq. Statistic	Chi-Sq. d.f.	Prob
Cross-section random	0.00	5	1.0000

由表 5-12 可知，F 值较大，P 值远小于 0.05，所以在混合回归模型与固定效应模型中选择固定效应模型；由表 5-13 可知，Hausman 检验值较小，P 值又远大于 0.05，所以在固定效应模型和随机效应模型中选择随机

效应模型。综合以上分析，本节的计量模型应该选择随机效应模型。

本节基于模型（5-5），采用双向固定效应模型来估计我国生产性服务业集聚对制造业竞争力的影响，结果如表5-14所示。

表 5-14　生产性服务业集聚对制造业竞争力影响的样本总体分析

变量名称	模型1
LnPS	0.124478***（0.0000）
LnGOV	0.152474***（0.0000）
LnHNM	−0.137633***（0.0000）
LnTRA	−0.072702***（0.0000）
LnCITY	−0.066367***（0.0000）
C	3.971118
N	85
R2	0.205442

注：*、**、*** 分别表示在10%、5%、1% 的水平上显著；系数后括号内为 P 值。

表5-14 的面板回归结果表明：

（1）生产性服务业集聚对制造业竞争力提升具有明显的促进作用。LnPS 的回归系数为 0.124478，且在 1% 的显著性水平上通过了假设检验，这表明生产性服务业集聚度和制造业竞争力水平的提升之间存在正相关关系。若其他变量不变，生产性服务业集聚度每提高 1 个百分点，能够导致制造业竞争力指数将提高 0.124478%。

（2）从各控制变量对制造业竞争力的影响来看，政府参与程度有利于制造业竞争力的提升，其他三个控制变量——人力资本水平、交通发达程度以及城市化水平则对制造业竞争力的提升有负面影响。其中，政府参与程度的回归系数为 0.152474，且在 1% 的显著性水平上通过了检验，这表明政府参与度与制造业竞争力的提升呈正相关，因此，政府出台促进制造业发展的优惠政策可以提升制造业的竞争力。人力资本水平的回归系数为 −0.137633，并通过了 1% 的显著性水平检验，表明人力资本水平与我国制造业竞争力水平提高呈负相关，其原因可能与我国人力资本结构不合理、人力资本质量低及人力资本培养体系有缺陷等有关。交通运输的回归

系数为 −0.072702，表明交通运输水平与我国制造业竞争力呈负相关，但实际上交通运输对制造业竞争力的影响，既与交通运输对其后向联系制造业的需求状况相关，同时又取决于这些后向联系制造业在整个制造业中的地位，两者关系复杂，在这里不予深入讨论。城市化水平的回归系数为 −0.066367，并通过了 1% 的显著性检验，表明城市化水平与我国制造业竞争力呈负相关，城市化水平越高，越不利于制造业竞争力的提升，这与我国制造业发展和城市化水平的适应性有关。

三、结论

生产性服务业与制造业之间的关系一直是学术界关注的重点。本节研究生产性服务业集聚对制造业竞争力的影响，首先，结合前人的研究成果，采用从业人员区位熵法测算出我国 17 个省市生产性服务业集聚度，发现我国各省（区、市）生产性服务业集聚度存在明显差异。其中长三角地区的上海、中西部地区的陕西、东北地区的辽宁和黑龙江、环渤海地区的北京和天津几个省市的集聚度比较高，而江苏、江西两省生产性服务业集聚水平较低。2017 年，我国 17 个省市生产性服务业集聚度从高到低依次是北京、上海、天津、辽宁、陕西、黑龙江、四川、河北、广东、吉林、湖北、浙江、山西、湖南、山东、江西、江苏。

其次，我们利用上节测算出的 17 个省市制造业竞争力的指标，采用 2012—2016 年我国 17 个省市的面板数据，借助 stata15 软件，通过计量回归法验证了生产性服务业集聚度对制造业竞争力的影响。结果显示：生产性服务业集聚对制造业竞争力的提升有显著的促进作用，除此之外，政府参与程度对制造业竞争力的提升也有显著作用。

四、政策启示

（一）在进行产业布局时，应注重协调性

当前，大部分发达国家的生产性服务业都得到了一定程度的发展，我国与其有较大的差距，有可能成为今后经济发展，产业结构调整与提升的

短板，因此，需要遵循产业演进规律，按照生产性服务业的分工，借助信息化和体系化建设，完善生产性服务业发展环境，延长服务链条，促进生产性服务业集聚。在进行产业布局时，应该注重各地区发挥优势互补效应。东部、沿海等对自然资源依赖度低的区域应该细化生产性服务业集聚，使生产性服务业集聚从专业化向多样化转变，进一步促使生产性服务业的多样化和制造业融合发展。西部自然资源依赖度高的区域应根据自身情况，发挥资源优势，促使生产性服务业集聚专业化。

总之，各区域应当以当地现实情况为基础，综合权衡经济基础、要素禀赋、技术水平和配套服务，尤其是制造业发展的状况，来制定本地区生产性服务业发展规划，对生产性服务业产业重点领域、鼓励措施、集聚地选择等做出合理选择。

（二）健全市场机制

生产性服务业的发展比制造业更为复杂，对市场的制度环境要求更高，因此，需要通过完善法律法规、提高政策透明度、提高行政效率等方式不断健全市场机制。同时，要加大对技术创新的支持力度，强化基础性服务和公共服务，从而形成良好的投资环境，使生产性服务业在服务于制造业的过程中得到良好的发展。

由于经济发展水平和技术条件的制约，我国生产性服务业发展所需要的许多条件还有欠缺，因此，要继续坚持对外开放，不断完善相关政策，提高对外开放水平，从而吸引更多知识密集型生产服务业投资，促进我国生产性服务业高水平发展、集聚发展，进而推动制造业转型升级。

（三）发挥资源错配的纠正效应

为发挥生产性服务业集聚时的资源错配纠正效应，政府在制定产业政策时，应该设置考核体系，以减弱地方政府对低端生产性服务业的过度干预和保护主义倾向，防止地方政府的财政补贴与税收优惠政策向低端、同质生产性服务业集聚。另外，政府应通过制定产业政策给具有发展潜力的生产性服务业营造良好的成长环境，使生产性服务业自主发挥集聚效应，对资源进行合理配置，更好地与制造业融合发展。

（四）完善创新体系

我国生产性服务业虽然在近几年取得了长足的发展，但是发展质量还不够高，产业创新能力较弱，所以，我们应该完善创新体系，提高生产型服务业的发展质量。在此基础上，还应加大对基础教育的投入，培养创新型人才，提高从业人员的知识层次、专业水平、业务能力与创新意识。应完善人才交流体系，加大对引进高端人才的投入，注重吸引国外专业人才、技术人才，加强交流合作，引进先进技术，加强学习。同时，政府应该加大对创新型企业的支持，帮助创新型企业解决发展中的资金难题，不断缩小与发达国家的创新差距，在提升我国制造业发展的同时，实现制造业与服务业的协同发展。

第四节 我国制造业产业结构软化的测度

在本节里，通过具体的数据分析，来得出国际上的发达国家、新兴经济体、发展中国家以及我国的产业结构软化程度。同时，通过测算结果，结合不同国家的发展状况，一方面证实产业结构软化和生产性服务业与制造业耦合机理的合理性，另一方面为我国未来经济发展的产业重心提供方向。

一、产业结构软化的国际比较分析

对于产业结构的软化测算，可以使用多种方式。李健、骆珣在《论产业结构软化》中提到产业结构软化度的三种测算方法：产业结构软化度 = 无形产品总产值 / 国民生产总值；或者产业结构软化度 = 第三产业总产值 /

国民生产总值；作为近似计算，产业结构软化度还可以表示为，产业结构软化度＝第三产业就业人数／就业总人数。借助上述方法，经过数据的收集以及计算，可以得到第三产业总产值的占比，也就是产业结构软化的情况。

在李健和骆珣计算方法的基础上，我们同时在公式的分子中加入第四产业。第四产业是近些年新提出的一个概念，主要包括一系列具有社会公共性质以及在行政管理中具有职能性的产业，例如教育、文化、广电、卫生（疾控）、体育、民政（残疾、福利、慈善）、环保、国防、司法、治安、社会保障、计生、宗教及民族事务等。这一产业主要以信息为基础，以数字技术作为中介，以意识（广义的意识概念）作为最终的成果，全社会各领域都可以作为其市场。其对社会生产的影响，包含网络经济产业、通信产业、卫星产业等，都属于该产业范畴。事实上，第四产业相较于第一、二、三产业更能体现体力劳动和物质资源消耗的相对减少，取而代之的是更多脑力劳动和知识的消耗，以及知识和技术密集型产业逐渐取代了劳动和资本密集型产业，最终知识和技术密集型产业占据了主导地位。这一过程，也体现了软产业不断上升，对信息、服务、技术和知识等软要素的依赖程度加深，更能体现产业结构软化。

表 5-15 部分国家第三产业占比

单位：%

年份	中国	印度	日本	英国	美国
2010	44.2	48.7	72.4	79.2	78.47
2011	44.3	49	73.8	79	78.1
2012	45.5	43	73.8	79.2	78.55
2013	46.9	50.6	73.8	78.8	78.11
2014	48.3	51.8	73.4	79.2	78.4
2015	50.8	53	72.4	79.9	79.47
2016	52.4				80.17
2017	52.7				79.86

数据来源：《中国统计年鉴 2019》，世界银行数据库 https://data.worldbank.org.cn/indicator，日本国财务省官网 https://www.mof.go.jp/，国家统计局数据库 http://www.stats.gov.cn/tjsj/。

如图 5-4、5-5 所示，我们可以很容易地观察到，中国的第一、第二产业有一个明显的下降趋势，而第三产业有明显的上升趋势。具体原因是，第一产业主要包含的农林牧渔产业，随着我国科技的不断进步，原有手工完成的操作逐渐被人工智能替代。随着相关的农业机器人、生物技术、基因技术等的普及与完善，第一产业所需要的人力越来越少，以往几十人才能完成的任务，现在十几人甚至几个人便能完成。因此，随着国家的不断发展，第一产业下降是正常现象。而对于美国来说，如果没有革命性技术的出现，在现有的科技水平下，原本占比非常低的第一产业就很难再下降了。

科技的发展对于促进第二产业占比降低表现得更为明显。第二产业所包括的如制造业、采矿业、建筑业等，通过机械工程自动化、电气工程自动化的发展和广泛应用，很多工作例如地质勘探、施工建造、产品组装、质量检测等都可以通过机器来完成。这样，劳动力逐步转移到服务业，第一、第二产业就业占比下降，第三产业占比逐步增加。

其次，分析产业结构的软化程度。通过将数据代入公式，可以得出产业结构的软化情况，继而分析出一国知识密集型产业占国家产业的比重，并结合国情进行具体分析。

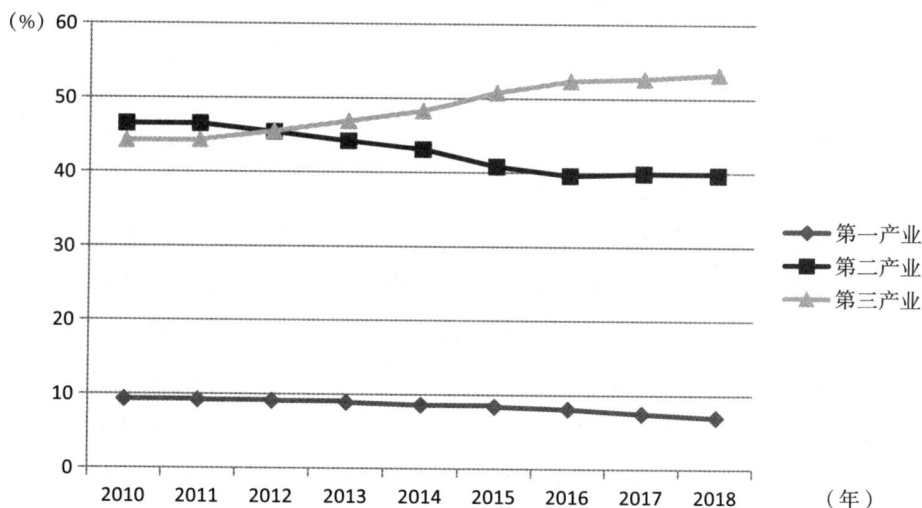

图 5-4 中国近年三大产业构成

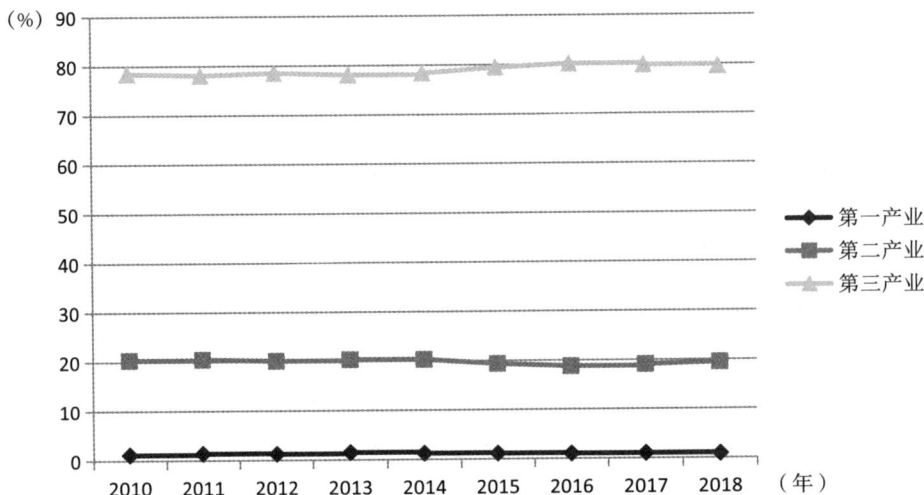

图 5-5　美国近年三大产业构成

从表 5-16 中可以看出，软化程度与第三产业的比重大小趋势基本一致，出入比较大的是日本，在产业结构软化度中，两个时间段中提高最大的是日本，软化度增加了 0.15。其次是中国，提高了 0.07。然而在第三产业比例中，日本第三产业比例增加值仅排第三，同时日本的第三产业比例也没有美国、英国高，但是在 2015—2018 年间，其软化程度比英国高出很多。经过分析，可以发现日本的 GDP 一直呈增长状态，但是日本的 GNP 不仅没有增长，反而在近年呈现下降状态。因此，不是第三产业总产值的上升导致日本软化程度增高，而是国民生产总值的下降导致日本整个产业结构软化程度数值上升。由此我们也可以发现，尽管大多数产业结构软化的数值可以说明一个国家脑力及知识的消耗与体力及物质的消耗相比较的情况，或者知识技术密集型产业与劳动资本密集型企业相比较的情况，但也可以侧面反映一个国家的发达程度。不过，通过这种方式得出的结论并不是完全准确的，例如上述日本的情况。同时，产业结构软化度还与一个国家的人均 GDP、GDP 总量以及 CPI 等指标有关，实际分析中应结合具体情况综合分析。

表 5-16　部分国家近十年的产业结构软化度均值

年份	中国	印度	日本	英国	美国
2010—2015	0.37	0.37	0.6	0.64	0.77
2015—2018	0.44	0.4	0.75	0.68	0.79

二、我国产业结构软化测度

经济的发展与产业结构的软化是分不开的，一方面，产业结构的软化是顺应时代发展的必然趋势，会促进一国或一地区经济的发展。另一方面，一国或一地区的发展反过来会使第三产业的比重增加或使无形资产的投入增加，进而促进产业结构软化程度提升。

在对国际产业结构软化程度比较分析之后，我们需要通过计算对一国国内各地区之间、各产业之间的产业结构软化程度进行比较。在进行该项工作时，除了上文所运用产业结构软化度，还结合生产性服务业与制造业相互融合的发展趋势，引入经济软化指数进行分析。如前第三章所述，经济软化指数这一概念最先由日本的研究机构提出。经济软化指数有 A、B 两个指标，其中：经济软化指数 A 代表了非物质投入与总成本的比值；经济软化指数 B 代表了劳动加上非物质投入的总和，再与总成本之间做比值。在这里，由于指标 A 与指标 B 区别不大，因此我们选择指标 A 来进行计算和分析。非物质投入属于无形资产，在这里我们统一使用领导者才能作为非物质投入的计算标准。

由于我国内部发展不均衡，因此对全国做一个分地区分产业的分析是有必要的。在这里，我们选取了长三角（上海、江苏、浙江、安徽）、珠三角（广州、深圳、佛山、肇庆、东莞、惠州、珠海、中山、江门）、京津冀（北京、天津、河北），作为主要分析的三个经济带。数据的来源主要是各省（区、市）的统计年鉴，分析的生产性服务业主要是工业及建筑业，由于北京和上海还有"科学技术"这一指标，也能体现生产性服务业经济软化程度，而且经济软化指数相当高，但是仅有上海及北京两个城市的统计年鉴中有这两个指标，因此这一指标不计入我们的整体计算中。同时，由于度量的指标是生产性服务业，同时由于非物质投入即领导者才能的计算中，个别产业的成本不好度量，因此农业、交通邮电业、批发零售业、财政金融业、旅游业等是不在我们本次的计量中的。

首先，我们进行地区间产业结构软化度的计算与比较，即第三产业总产值与国民生产总值之比。通过计算，得到的结果如表 5-17 所示。

表 5-17　部分经济带 2018 年产业结构软化度

地区	产业结构软化度
长三角	0.48
珠三角	0.43
京津冀	0.65

由表 5-17 我们可以得出京津冀地区的产业结构软化度较高，长三角与珠三角两地产业结构软化度差别不大，但与京津冀地区存在有一定的差距。但是，仅仅对经济带的分析显然不够。接下来我们再对比具体城市之间的产业结构软化度。

表 5-18　经济带中具体城市之间产业结构软化度

经济带	城市	软化度	城市	软化度	城市	软化度
珠三角	佛山	0.42	广州	0.61	深圳	0.58
	肇庆	0.61	东莞	0.31	惠州	0.43
	珠海	0.47	中山	0.22	江门	0.33
长三角	上海	0.66	江苏	0.41	浙江	0.43
	安徽	0.41				
京津冀	北京	0.82	天津	0.60	河北	0.53

在珠三角城市群中，产业结构软化度最高的城市是广州，最低的是中山。同时，我们可以发现，两者相差达到了 0.39。这也就解释了为什么珠三角的产业结构软化度是最低的，其原因是城市发展的不均衡导致较高软化程度的城市被较低软化程度的城市所拖累。珠三角所涉及的城市较多，很难让所有的城市发展均衡，这也是珠三角产业结构软化程度最低的主要原因之一。长三角经济带中最低的是安徽与江苏，均为 0.41，上海的产业

结构软化度最高，为 0.66，比较符合现实中上海的经济发展水平。在京津冀地区，北京是三个城市中最高的，同时也是全国最高的，产业结构软化程度达到了 0.82。因此，北京的产业结构软化度如此之高，是京津冀经济带在三个经济带中产业结构软化度居首的主要原因之一。由于我国 2018 年产业结构软化度为 0.533，因此，通过比较可知，河北处于全国平均水平，广州、深圳、肇庆、上海、北京、天津超出了全国平均水平。这一数据与我们现实社会中城市的发展状况也是相符的。

接下来我们分析不同地区两个最主要行业的经济软化指数，即两行业之间的非物质投入与总成本之比。具体数据如表 5-19 所示。

表 5-19 各城市建筑业和工业产业结构软化度

地区	建筑业（%）	工业（%）
珠三角		
佛山	3.4	8.6
广州	7.6	15.1
深圳	2.6	7.5
肇庆	2.2	8.0
东莞	5.0	3.6
惠州	6.0	11.3
珠三角合计	4.5	9.0
长三角		
上海	2.1	9.4
江苏	3.9	7.8
浙江	3.0	7.7
安徽	3.1	8.5
长三角合计	3.0	8.4
京津冀		
北京	6.3	8.6
天津	2.1	8.5
河北	3.7	7.6

地区	建筑业（%）	工业（%）
京津冀合计	4.0	8.2

经过比较我们可以发现，尽管在整体的产业结构软化指数上，国家及地区的发展可以基本代表国家及地区的发展程度，但是在各行业间的经济软化指数上，尤其是工业、建筑业这两个生产性服务业的指标上，似乎各地区之间并没有太大差异。产业结构软化度指标与经济软化指数之所以不同，是因为产业结构软化度中很多成本难以计量的第三产业，或者非生产性服务业的指标都会计算在内，如运输邮电业、金融业、旅游业等，而这些恰恰在产业结构软化度中占有非常大的比重。因此两者相差比较大是可以理解的。

经过比较，在建筑业的经济软化指数中，东莞、惠州、广州的经济软化指数超出珠三角经济带平均值，江苏、安徽超出长三角经济带平均值，北京超过京津冀经济带平均值。在工业的经济软化指数中，广州、惠州超过珠三角经济带平均值，上海、安徽超过长三角经济带平均值，北京、天津超过京津冀经济带平均值。

导致工业、建筑业的经济软化指数与城市间经济发展情况相差较大的主要原因分析如下：工业、建筑业属于第二产业，因此两者的经济软化指数比较高，仅仅说明城市的第二产业较为发达，而对第三产业无法衡量，但是衡量一个城市发达程度的恰恰是以第三产业的比重为主要指标的。另一方面，对于大城市来说，工业、建筑业的发展大多趋于饱和，城市会转变方向，以发展第三产业为主要目标。如天津作为一个老牌工业城市，早在2018年就提出了"加速新旧动能转换，提升第三产业比重"的口号。在这种情况下，第二产业的非物质投入降低是可以预见的，而一些欠发达城市可能此时正是加大城建投入和固定资产投资建设的时候。

通过以上的数据及分析，我们可以得出结论：从产业结构软化度的角度来看，发展不够均衡是三个经济带的通病，北京、上海、广州都遥遥领先于各自经济带的其他地区。这也是经济带虽然已经相对全国其他地区更为发达，但是经济带总体上想要进一步发展则相当困难的原因。这一点在珠三角经济带表现得尤为明显。该经济带之所以落后于长三角、京津冀两个经济带，就是由于其发展极度不均衡。由此也揭示了这些经济带未来持续发展的一个重要方向是协同发展。只有将产业、资源均衡分配，加快中小城市的发展速度，才能使整个经济带得到快速的发展。同时，珠三角的工业、建筑业经济软化指数是三个经济带中最高的，这意味着在各行各业（不仅包括金融、旅游、餐饮等传统第三产业，还包括传统第二产业的软化，即增加所有产业的非物质投入比例）提高相应的软化指数，对城市的发展也是有好处的。

第五节 我国制造业与生产性服务业耦合发展测度

如前所述，耦合是指两个及以上的系统通过相互作用而相互影响的现象。耦合系统由于内部子系统参量之间的协同作用，使得耦合系统由无序走向有序，它也决定了系统相变的特征与规律。这种协同作用可以经过耦合度这一指标精确度量。因此，我们将制造业与生产性服务业通过选取的耦合元素测定其彼此之间的耦合程度，即制造业与生产性服务业之间的协调发展程度。

一、制造业与生产性服务业耦合协调模型的构建

参照第四章的相关内容，可以构建制造业与生产性服务业耦合协调模型。

设变量 μ_i（$i=1, 2, \cdots, n$）是构成耦合系统的第 i 个子系统的综合序参量，x_{ij}（$j=1, 2, \cdots, n$）是第 i 个序参量的第 j 个指标值，$\alpha\beta_{ij}$，β_{ij} 是系统稳定临界点序参量的上、下限值。其中 x_{ij} 取值越大，则代表子系统的有序

度越高；其取值越小则子系统的有序度越低。则有：

$$\mu_{ij} = \frac{x_{ij} - \beta_{ij}}{\alpha_{ij} - \beta_{ij}} \ (\mu_{ij} \ 具有正功效) \tag{5-6}$$

$$\mu_{ij} = \frac{\alpha_{ij} - x_{ij}}{\alpha_{ij} - \beta_{ij}} \ (\mu_{ij} \ 具有负功效) \tag{5-7}$$

式中，μ_{ij} 表示变量对 x_{ij} 系统功效贡献的大小，其取值范围为 [0, 1]。各子系统对总系统有序度的贡献可以通过集成方法来实现。其值越大，对系统功效的贡献度越高。

$$U_i = \sum_{i=1}^{m} \lambda_{ij} \mu_{ij}, \ \sum_{i=1}^{m} \lambda_{ij} = 1 \tag{5-8}$$

根据物理学中的容量耦合模型，我们可以将制造业与生产性服务业耦合度模型表示为：

$$C = 2\sqrt{\frac{\mu^1 \mu^2}{(\mu^1 + \mu^2)^2}} \tag{5-9}$$

式中 $C \in [0,1]$，C 值大小反映了制造业与生产性服务业的耦合程度。

C 值不能够准确表达产业发展水平，因此引入耦合协调度评价指数，并以 D 来表示，以准确表达产业间的耦合协调程度：

$$\begin{cases} D = (C \times T)^{\theta} \\ T = au^1 + bu^2 \end{cases} \tag{5-10}$$

式中，C 表示耦合度，D 表示耦合协调度，T 为反映制造业与生产性服务业两者整体协同效应或贡献的综合评价指数，θ、a、b 为待定系数，一般取 $\theta = 0.5$。同时为便于使用，最好使 T 处于 0—1，这样就保证了 D 处于 0—1。

二、关于制造业与生产性服务业指标的选取

现有研究中，制造业与生产性服务业指标选取已经比较成熟和规范，本节采用了钟升等人的相关研究的指标。

表 5-20 分别从不同的角度出发，反映了制造业与生产性服务业之间多层次、多角度的关系。在分析过程中运用 SPSS 软件，采用主成分分析法

分析。其中个别权重小的成分忽略不计。

表 5-20 制造业与生产性服务业指标

制造业指标	权重（%）	生产性服务业指标	权重（%）
制造业增加值占 GDP 比重	27.4	生产性服务业增加值占 GDP 比重	41.0
制造业就业人数占总就业人数比重	22.4	生产性服务业就业人数占总就业人数比重	25.9
高技术制造业增加值占比	15.7	知识密集型生产性服务业增加值占比	13.3
高技术制造业就业人数占比	13.7	知识密集型生产性服务业就业人数占比	10.9
制造业非国有就业人数占比	9.8	非国有第三产业就业人数占比	4.1
制造业增加值增长率	5.5	生产性服务业增加值增长率	3.5
制造业固定资产投资增长率	3.5	生产性服务业固定资产投资增长率	0.8
制造业就业增长率	2.0	生产性服务业就业增长率	忽略不计
制造业利税增长率	忽略不计	生产性服务业税收增长率	忽略不计

三、制造业与生产性服务业耦合发展测度

在这里我们以长三角、京津冀、珠三角（以广东省代替）的数据为例，对制造业与生产性服务业之间的耦合关系进行研究与测度。通过构建耦合协调度模型来分析制造业与生产性服务业的耦合协调度，并用 SPSS 进行测度。

表 5-21 制造业相关指标中的公因子方差

	初始	提取
制造业增加值占 GDP 比重	1	0.906
制造业就业人数占总就业人数比重	1	0.711
高技术制造业增加值占比	1	0.783
高技术制造业就业人数占比	1	0.701

	初始	提取
制造业非国有就业人数占比	1	0.899
制造业增加值增长率	1	0.902
制造业固定资产投资增长率	1	0.794
制造业就业增长率	1	0.666
制造业利税增长率	1	0.762

表 5-22　制造业相关指标中的成分矩阵

	成分			
	1	2	3	4
制造业增加值占 GDP 比重	-0.257	0.885	-0.228	-0.074
制造业就业人数占总就业人数比重	0.397	0.647	-0.365	0.034
高技术制造业增加值占比	0.237	-0.177	0.833	-0.03
高技术制造业就业人数占比	0.814	0.195	-0.018	-0.008
制造业非国有就业人数占比	-0.218	0.739	0.542	-0.112
制造业增加值增长率	0.781	0.06	-0.97	0.529
制造业固定资产投资增长率	-0.248	-0.097	-0.01	0.85
制造业就业增长率	-0.396	0.412	0.372	0.448
制造业利税增长率	-0.804	-0.133	-0.301	0.084

表 5-23　服务业指标中的公因子方差

	初始	提取
生产性服务业增加值占 GDP 比重	1	0.897
生产性服务业就业人数占总就业人数比重	1	0.882
知识密集型生产性服务业增加值占比	1	0.906
知识密集型生产性服务业就业人数占比	1	0.769
非国有第三产业就业人数占比	1	0.923
生产性服务业增加值增长率	1	0.965

	初始	提取
生产性服务业固定资产投资增长率	1	0.657
生产性服务业就业增长率	1	0.556
生产性服务业税收增长率	1	0.673

表 5-24　生产性服务业指标中的成分矩阵

	成分		
	1	2	3
生产性服务业增加值占 GDP 比重	0.802	0.469	−0.183
生产性服务业就业人数占总就业人数比重	0.9	0.267	−0.004
知识密集型生产性服务业增加值占比	0.397	0.672	0.545
知识密集型生产性服务业就业人数占比	0.838	0.253	0.049
非国有第三产业就业人数占比	−0.505	0.817	−0.01
生产性服务业增加值增长率	−0.604	0.757	−0.167
生产性服务业固定资产投资增长率	−0.397	−0.291	0.644
生产性服务业就业增长率	−0.452	0.324	0.497
生产性服务业税收增长率	0.632	−0.307	0.423

最终得到的结果适用 SPSSAU 进行耦合协调度分析，得到的结果如表 5-25 所示。

表 5-25　部分城市制造业与生产性服务业协调程度

地区	D	协调等级	耦合协调度
全国	0.5501	6	勉强协调
北京	0.737	8	中级协调
天津	0.698	7	初级协调
河北	0.5836	6	勉强协调
广东	0.636	7	初级协调
上海	0.814	9	良好协调

地区	D	协调等级	耦合协调度
江苏	0.568	6	勉强协调
浙江	0.597	6	勉强协调
安徽	0.593	6	勉强协调

由表 5-25 可以发现，上海达到了良好协调，为测度省份里协调程度最好的。其次是北京，达到了中级协调的程度。天津、广东达到了初级协调。其余省份为勉强协调。与此同时，还应当注意到，尽管目前协调程度没有达到下一等级，但是天津、浙江、安徽三省市 D 值较高，接近下一等级。可以预见接下来的时间里这三省市很可能迈入下一协调等级。同时我们发现，表 5-25 中 8 个省（区、市）的耦合协调程度均高于全国平均水平，因此，可以推断长三角、珠三角、京津冀这三个经济带属于全国领先水平。

协调经常被用于系统科学观以及相关的协同理论之中，协调是指可以将组织内外各种关系进行有效处理，创造良好的环境与条件促进组织内部的正常运转，进而促进了组织目标的实现。内部的子系统通过良好的相互协作、相互配合，最终达到良好的循环态势。通过分析制造业与生产性服务业的耦合发展，我们可以发现不同省市之间存在着明显的差异。我们可以发现，经过十几年的发展，我国的制造业与生产性服务业，尤其是在相对较为发达的沿海经济带，耦合程度已经初具规模，形成了良好的发展态势。我国正在努力突破阻碍区域经济持续发展和制造业竞争力提升的瓶颈，继续大力发展生产性服务业，进一步推进与趋于制造业的良好协同，向由制造业大国发展为制造业强国的目标迈进。

本章参考文献

[1] 单元媛，朱冰清.浙江省生产性服务业发展现状和竞争力分析 [J]. 企业经济 ,2015(1)：145-149.

[2] 王然.中部地区制造业产业结构软化的度量与比较 [J]. 商业经济研究，2015（6）：134-135.

[3] 周五七.长三角城市制造业竞争力动态评价研究 [J]. 经济问题探索，2018（4）：66-72.

[4] 张建清，卢飞.中国中部地区制造业竞争力研究 [J]. 区域经济评论，2018（1）：55-64.

[5] 陈凯，冯晓玲.全国主要省市装备制造业产业竞争力比较 [J]. 社会科学辑刊，2011（2）:128-132.

[6] KEEBLE D, NACHUM L. Why do business service firms cluster? Small consultancies, clustering and decentralization in London and southern England[J]. Transactions of the Institute of British Geographers, 2002, 27(1):67-90.

[7] 代文，秦远建.基于产业集群的现代服务业发展模式研究 [J]. 科技进步与对策 ,2006(3)：123-125.

[8] 李文秀，谭力文.服务业集聚的二维评价模型及实证研究：以美国服务业为例 [J]. 中国工业经济 ,2008(4)：55-63.

[9] 高康，原毅军.生产性服务业空间集聚如何推动制造业升级 [J]. 经济评论，2020（4）：1-17.

[10] 陈元刚，王慧.生产性服务业集聚对制造业转型升级的影响及对策研究：基于长江经济带 11 个省市面板数据的实证分析 [J]. 重庆理工大学学报（社会科学）,2020,34(2):45-57.

[11] 张朕.生产性服务业集聚对制造业竞争力影响研究 [D]. 济南：山东财经大学 ,2017.

[12] 李健，骆珣.论产业结构软化 [J]. 北京理工大学学报，1999

（8）:479.

[13] 钟升. 重庆市生产性服务业与装备制造业共生发展研究 [D]. 重庆：重庆理工大学,2011.

[14] 刘军跃,万侃,钟升,等. 重庆生产服务业与装备制造业耦合协调度分析 [J]. 武汉理工大学学报 (信息与管理工程版),2012,34(4):485–489.

[15] 周志春. 我国地区装备制造业竞争力的测度与评价 [J]. 经济问题探索，2009（8）.

第六章　生产性服务业与制造业耦合的制约因素和发展对策

随着经济快速发展，技术不断进步，制造业与生产性服务业不断优化升级，与此同时，生产性服务业与制造业两者耦合发展的态势越来越明显，并加速融合。一方面，制造业可以为生产性服务业的发展提供强有力的物质基础；另一方面，生产性服务业既能够为制造业发展提供必要的服务，提升企业竞争力，还能够降低制造业发展的中间服务成本。生产性服务业与制造业两者在相互影响和相互作用中良性互动，协调发展。

生产性服务业与先进制造业在不断耦合发展的同时，也存在着制约因素，从而提高了耦合运行成本，成为耦合发展的障碍。制约生产性服务业与制造业耦合的因素有很多，主要包括两类：第一类是与技术进步和人力资本等相关的内部因素，这些因素在生产性服务业和制造业耦合过程中起决定性作用；第二类是和生产性服务业的聚集程度、经济发展水平、跨国公司相关联的外部性因素，在生产性服务业和制造业耦合过程中起到次要作用。

通过对生产性服务业与制造业耦合发展制约因素的研究与分析，并提出相应的解决对策，不仅能够有利于生产性服务业和先进制造业各自发展，也对生产性服务业与先进制造业耦合良性发展具有重要意义。

第一节　生产性服务业与制造业耦合发展的内部制约因素

生产性服务业与制造业在不断耦合发展中的内部制约因素是多方面的，但主要是与生产性服务业和制造业自身发展密切关联的因素。

一、技术进步的不确定性

科学技术进步加速进行，并在许多方面不断取得突破，其影响遍及生产性服务业和制造业发展的各个方面。一方面，技术的飞速发展有利于生产性服务业和制造业的耦合良性发展；但另一方面，技术进步存在不确定性，这会使生产性服务业与制造业两者在发展过程中面临无法预知的不良后果，从而使原有的耦合状态受到影响，甚至解构。

如前所述，技术进步是推动社会经济发展的根本性力量，也是推动区域内产业的协同集聚和耦合发展的主要因素。

技术进步是由技术创新驱动的，而技术创新的基本特征之一就是它是一个充满不确定性的过程。由于技术创新的不确定性，因而往往会带来风险，也会给创新及其应用过程当中的相关行为带来抑制作用，使原有可能发生的行为的可能性下降。导致科学技术的不确定性的原因是科学技术理论层面的不确定性、科学技术功能的不确定性、科学技术研究的不确定性和人类主观意志的不确定性。

快速变化动荡的技术环境给生产性服务业与制造业两者耦合发展带来了新的市场机遇，为两者新产品提供了更多的可能性。但动荡的技术变化及不确定性给生产性服务业与制造业耦合发展带来一定的挑战与制约。技术的不确定性对生产性服务业与制造业两者的耦合会产生多方面的影响，主要通过以下几个方面得到体现。

（一）技术的不确定性会动摇耦合的基础

生产性服务业与制造业的耦合，从本质上看，意味着两者之间具有持续的相对稳定关系。这种耦合关系，很大程度上是建立在一定的技术基础及与之相关联的融合关系之上的。当出现外部冲击，导致耦合的黏性不能够得到有效发挥时，耦合就会受到影响，耦合的基础就会动摇。

技术的不确定性以不同的方式和力量影响着生产性服务业与制造业在技术上的升级速度与技术上的改良进程，导致两者在技术环境变化时，会由于各自技术能力和战略性资源的差异，在面对技术动荡变化时呈现出不同程度的适应性，从而使二者原有的耦合关系出现裂痕，影响二者之间的耦合。

遇到这种情况，通常需要进一步增加研发投入，以便催生新的技术和制度来协调二者之间的关系，从而使耦合升级，达到新的耦合协调度。一旦创新投入不足，二者之间的耦合遭到破坏，新的耦合关系还没有建立时，创新就会受到严重的抑制，技术更新就会放缓，生产性服务业与制造业的耦合就会受到严重的抑制。

一旦技术不确定性导致生产性服务业与制造业协同集聚区域内的技术创新难以为继，生产性服务业与制造业两者相关产品所具有的竞争优势和市场地位下降，生产性服务业和制造业耦合的基础就会进一步恶化，从而导致恶性循环。

（二）技术不确定性会影响协同集聚区内的创新

技术的不确定性会通过影响生产性服务业与制造业协同集聚区内的创新从而使二者的耦合受到较大影响。

首先，技术的不确定性会影响到两者技术研发的成果与收益。研发成本投入在一定程度上是确定的，但由于技术的不确定性，会使得研发收益面临不确定。而技术研发本身就是一个非常不确定的过程，诸多偶然因素都会影响结果，技术的不确定性的主要表现形式就是创新收益的不稳定性和不可预测。因此，当技术创新收益低于创新成本时，创新就会受到抑制。

其次，技术的不确定性会影响到两者技术研发的策略选择和技术协同创新。生产性服务业与制造业两者之间的技术关联程度会有明显的差别，即使是各自内部不同的细分行业也会有很大的差异，因此，在研发投入数量、投入重点和策略等方面会有所区别。技术的不确定性会放大这种差异性，导致生产性服务业与制造业两者技术关联的更大不确定，从而给生产性服务业和制造业的协同创新带来阻碍，影响二者之间的耦合发展。

再次，技术的不确定性会对二者商业模式产生不同影响。商业模式很大程度上是由技术决定的。随着互联网技术的发展及其与人工智能、大数据、5G等新兴技术的不断结合，传统产业的商业模式出现颠覆式的变化，生产性服务业与制造业两者在商业模式上也出现了一些新的特征。新技术的冲击，具有更大的技术不确定性，给生产性服务业与制造业商业模式带来了不同的影响，从而使两者持续良性耦合发展受到制约。

最后，技术的不确定性会影响二者的技术关联性。生产性服务业和制造业在协同集聚过程中形成了以技术为基础的融合发展关系。但这种技术关联处于动态变化之中，在耦合发展的过程中有着不确定性的特征。生产性服务业能够提供的产品和服务所具有的可替代性程度大小决定了生产性服务业与制造业两者之间技术关联性的强弱。生产性服务业提供的产品和服务能够对制造业生产经营活动产生的影响越大，而对提供同类产品和服务的生产性服务业的影响越小，则两者之间的技术关联性也就越强，反之越弱。同时，不同种类的生产性服务业能够提供产品与服务的专业化程度也影响着生产性服务业与制造业两者的技术关联程度。技术的不确定性对于生产性服务业和制造业的关联性会产生持续影响，从而影响二者之间的耦合。

二、人力资本与创新要素投入

人力资本对于生产性服务业和制造业耦合在两个方面起到了非常重要的作用。一方面，人力资本有利于生产性服务业与制造业协同集聚，从而促进了二者之间耦合度提高。另一方面，人力资本作为关键的创新要素之一，通过影响创新来对生产性服务业和制造业之间的耦合产生影响。

如前所述，技术及其创新是生产性服务业与制造业在市场上取得竞争优势的根本性要素，也是影响两者之间的耦合的关键性因素之一。创新要素投入，尤其是人力资本投入是决定技术创新的核心要素。因此，人力资本水平的高低，以及其他创新要素，特别是研发投入数量的多少，影响着技术创新，也是制约生产性服务业与制造业耦合的重要因素。

（一）人力资本

生产性服务业通过人力资本和知识技术等要素向生产者，特别是制造业生产者提供中间产品和服务。人力资本是生产性服务业最重要的生产要素，是生产性服务业其他生产要素以及提供最终服务的载体，因此，其直接决定了生产性服务业的发展水平和服务质量的高低。高质量的人力资本能够满足产业间协同发展的需要，并促进生产性服务业和制造业之间的耦合程度不断提高。

人力资本主要通过三种机制来促进生产性服务业与制造业协同集聚，

进而促进二者之间的耦合。

1. 吸引机制

人力资本的流动性和物质资本相比较要缓慢得多，而人力资本是决定生产性服务业发展水平和提供服务质量最重要的投入要素，因此，人力资本是生产性服务业企业区位选择当中必须重点考虑的因素。从人才招聘成本、人才的可得性角度考虑，人力资本丰富的区域，例如大学密集的地区，就比较容易吸引生产性服务业集聚。

2. 强化机制

人力资本具有的主观能动性是发挥强化机制的基础。正因为人力资本具有其他生产要素所不具备的主观能动性，因此，生产性服务业和制造业集聚过程中，人力资本自身能够不断自我学习，提高工作技能，从而得到自我强化。人力资本的自我强化对生产性服务业集聚的推动作用表现在三个方面。首先，通过人力资本的自我强化提高了生产性服务业企业的生产效率，推动集聚区内的生产性企业规模扩大，实力增强；其次，生产性服务业企业和行业的发展壮大提升了集聚区内生产性服务业的竞争力和影响力，盈利能力得到提升，从而能够吸引更多的生产性服务企业进入该集聚区；再次，随着集聚区内企业数量不断增加，集聚规模不断发展壮大，集聚区内的企业面临更为激烈的竞争，因此促使每个企业不断进行创新，进而会促进集聚区内的技术溢出。

3. 创造机制

人力资本对生产性服务业和制造业耦合产生的创造机制主要体现在两个方面。第一，人力资本密集有利于促进专业化分工。随着技术的进步，制造业所需要的各种专业化的生产性服务业越来越多，越来越复杂，从而对生产性服务业提出了更高的要求。人力资本密集的区域，具有劳动力素质和专业化程度方面的比较优势，因而能够有效进行专业化分工，满足生产性服务业行业不断进行细分的需要。通过分工的细化，生产性服务业企业能够充分发挥比较优势，集中力量发展自己最有优势的业务，更好地服务于制造业企业。第二，人力资本密集能够促进创业。人力资本密集的区域，具有企业家才能的人才要相对比较丰富，政府部门不仅会为创业者提供创业基地、孵化基地、创业基金等便利措施，也会提供其他资金和技术方面的支持，从而促使更多创业企业的产生。

总之，借助更多高水平的人力资本，生产性服务业渗透到了制造业生产的各个环节与阶段，并通过工作过程中知识和技术的相互交流和碰撞，新技术新知识得到扩散，产品技术不断提升，生产性服务业和制造业耦合不断加强。

（二）创新要素投入

影响技术创新的因素很多，但创新要素是最为基础的决定因素，人力资本和研发投入是最为核心的创新要素。

人才，尤其是高层次人才是人力资本的代表。高水平人才既是技术创新的核心，也是生产性服务业与制造业持续性发展的关键。高层次人才决定了生产性服务业和制造业各自技术创新数量和质量，也对二者耦合程度具有决定性的影响。

研究表明，对于我国许多地区，由于高等教育、职业教育的发展与产业发展的实际情况相比较相对滞后，生产性服务业与制造业所需要的高层次人才短缺，尤其是具备创新能力和管理能力的复合型人才更是少又少。高层次人才稀缺导致核心技术能力缺乏，制约了区域生产性服务业与制造业的协同集聚与耦合发展。表 6-1 是 2014 年服务业企业对开展创新活动各项政策影响程度的认可度。从所选择的 8 个行业来看，"鼓励企业吸引和培养人才"这一政策得到的认可程度最高，说明无论是政府，还是企业都意识到了人才的重要性。

表 6-1　2014 年我国服务业企业对开展创新活动各项政策影响程度的认可度

单位：%

	税收优惠政策					创新环境政策			
	企业研发费用加计扣除税收优惠	高新技术企业所得税减免	企业研发活动专用仪器设备加速折旧	科技开发用品免征进口税	技术转让、技术开发收入免征增值税和技术转让减免所得税	鼓励企业吸引和培养人才	优先发展产业支持	金融支持	创造和保护知识产权
服务业	41.5	40.5	38.9	34.0	37.2	53.0	48.4	50.4	47.1

	税收优惠政策				创新环境政策			
批发和零售业	37.5	36.9	36.7	33.1	34.0	49.8	44.9	48.9	42.6
交通运输、仓储和邮政业	43.1	40.7	40.4	37.7	38.8	55.2	52.4	51.0	47.0
信息传输、软件和信息技术服务业	66.4	67.6	54.1	37.2	60.9	69.4	66.4	57.8	72.5
金融业	28.4	20.8	20.3	17.2	18.6	53.0	43.8	60.0	42.6
租赁和商务服务业	42.7	40.2	38.6	35.5	37.2	54.5	50.4	51.1	49.8
科学研究和技术服务业	52.7	51.8	46.8	36.3	44.9	60.3	54.0	51.8	60.2
水利、环境和公共设施管理业	42.3	39.6	39.1	33.0	35.9	56.2	55.5	54.1	52.1

数据来源：国家统计局，政策对企业创新的影响分析（"2014 年全国企业创新调查资料开发"课题组）http://www.stats.gov.cn/tjzs/tjsj/tjcb/dysj/201702/t20170208_1460349.html。

因此，对于我国来说，面对高层次人才稀缺，政府应该继续通过相关支持政策来鼓励生产性服务业和制造业加大对人才的引进和培养，从而促进技术的创新。

制造业在技术研发方面投入不足会影响制造业技术创新能力，从而成为制约生产性服务业与制造业耦合发展的内部因素之一。表 6-2 是 2014 年我国高技术产业在技术创新方面费用支出情况，能够局部反映创新投入的基本状况。

表 6-2　2014 年我国高技术产业创新费用支出情况

指　标	创新费用支出（亿元）	创新费用支出占高技术制造业比重（%）	创新费用支出强度（%）
高技术制造业	3420	100.0	2.7
医药制造业	670	19.6	2.9
航空、航天器及设备制造业	326	9.5	12.1
电子及通信设备制造业	1881	55.0	2.8
计算机及办公设备制造业	224	6.6	1.0
医疗仪器设备及仪器仪表制造业	319	9.3	3.2

数据来源：国家统计局，我国高技术企业创新状况分析（"2014 年全国企业创新调查资料开发"课题组）http://www.stats.gov.cn/tjzs/tjsj/tjcb/dysj/201704/t20170421_1487052.html。

　　产业的技术进步，可以通过创新投入进行自主创新来实现，也可以通过技术引进方式来实现。过度依赖技术引进且对引进技术的消化吸收不足会导致制造业和生产性服务业在核心技术上无法自主突破。因此，技术创新对于产业发展尤为重要，只有不断加强技术研发的投入，才能使产业获得持续发展的根本动力。

　　产业创新投入反映了产业自主创新的潜在能力，一般可以用创新费用支出来表示产业创新投入的多少。充足的研发资金投入是获得技术研发成果的保证。研发投资不足将直接影响到生产性服务业与制造业两者在技术研发上的进程，很大程度上会使得研发活动难以继续进行下去，从而导致研发的失败。

　　表 6-2 中的数据表明，2014 年我国高新技术制造业创新费用支出强度不均衡且普遍强度偏低，创新费用的支出强度还有待进一步提高。目前我国很多地区的生产性服务业与制造业在技术自主创新能力上不强，缺乏技术核心关键环节，加之高层次人才欠缺，生产性服务业与制造业的耦合发展即受到了制约。

三、现代服务业发展水平与生产性服务业集聚

　　生产性服务业是现代服务业的重要组成部分，因此，现代服务业发展

水平的高低，直接制约着生产性服务业与制造业耦合发展。生产性服务业集聚发展是生产性服务业与制造业协同集聚的重要阶段，也会对二者的耦合发展产生决定性的影响。

（一）现代服务业发展水平

生产性服务业是现代服务业的主要组成部分，也是最为关键和核心的组成部分，因此，现代服务业发展水平对于生产性服务业与制造业协同集聚，进而是二者之间的耦合具有基础性作用。

作为经济增长的新动力，我国服务业尤其是现代服务业得到了快速发展，综合实力日益增强，并在促进经济增长、推动就业、促进制造业协调发展方面发挥了越来越重要的作用。但是，我国服务业尤其是以知识密集型服务业为代表的现代服务业仍存在供给不足、供给单一等问题，从而制约着服务业长远发展。

从生活性服务业角度来看，其发展趋势是融入了越来越多的技术要素和现代服务业内容。在这方面，我国发展起步较晚，相关服务业尤其是现代服务业人才供给不足，加之医疗科教、旅游、娱乐文化等生活性服务业市场化水平较低，产品供给不足、产品供给单一等原因，使我国生活性服务业的发展进程相对比较缓慢。

我国生产性服务业也存在市场化低、准入门槛高等问题。另外，在我国，外资制造业与本土服务业的关联程度较低，对本土研发或者技术服务等商务需求度低，从而造成本土服务业尤其是现代服务业增值作用减少。

由于上述原因，我国现代服务业发展总体水平不高。表 6-3 是 2015 年我国每千人拥有医师数与德、法、英、美四个国家 2010 年在该指标上的比较，可以从一定程度上体现我国与发达国家的差距。

表 6-3　2015 年我国每千人拥有医师数与德法英美四国 2010 年该指标的比较

国家年份	中国（2015）	德国（2010）	法国（2010）	英国（2010）	美国（2010）
每千人拥有医师数	2.21	3.69	3.45	2.74	2.41

数据来源：国家统计局，《求是》杂志发表宁吉喆署名文章：如何看待我国服务业快速发展 http://www.stats.gov.cn/tjgz/tjdt/201610/t20161018_1410921.html。

由表 6-3 可知，2015 年，我国每千人拥有医师数为 2.21 人，而在
2010 年德、法、英、美四个国家每千人拥有医师数分别为 3.69 人、3.45
人、2.74 人和 2.41 人，反映了我国在医疗服务业领域人才供给的不足。而
且，我国公共设施存量仅为西欧国家的 38%，是北美国家的 23%，一定程
度上制约了公共服务的供给能力。

另外，在我国，科技信息服务业、商务服务业等知识密集型的新兴现
代服务业在国民经济中所占的比重偏低，生产性服务业的中间投入效率低
下直接影响到新兴生产性服务业的供应规模和发展水平，进而也限制了传
统生产性服务业产业结构的优化与升级。高层次人才供给是知识密集型服
务业得以快速发展的关键，但由于人力资源发展相对落后，导致我国知识
密集型生产性服务业在创新和质量提升方面受到较大程度的制约，从而制
约着生产性服务业与制造业的耦合发展。

（二）生产性服务业的集聚

生产性服务业和制造业协同集聚，进而耦合发展，是发展到一定阶段
的必然产物，因此，生产性服务业和制造业集聚是影响生产性服务业和制
造业耦合的重要因素，但生产性服务业的集聚在其中起到了主导作用。

生产性服务业的集聚能够产生规模经济并促进制造业的转型。生产性
服务业集聚通过共享大量相同的生产要素而获得规模经济，从而降低自身
成本，有利于制造业朝服务化方向转型升级，实现耦合发展。

生产性服务业的集聚能够有效降低制造业寻求生产性服务业的成本和
交易成本。制造业发展到高级阶段需要借助大量的个性化和细分化的专门
知识和技能来实现产品服务化以提高竞争力，但要获得满足于先进制造业
的特定生产性服务会提高寻求成本和交易成本。生产性服务业与制造业的
集聚可以提高二者之间耦合发展程度，从而实现了生产性服务与制造业的
匹配度，优化了制造业的资源配置效率。

生产性服务业的集聚将会提高服务质量，促进与制造业的耦合。生产
性服务业集聚程度越高，集聚区域内生产性服务业竞争程度就越激烈，迫
使生产性服务业不断创新求变，提高服务水平与质量，完善服务流程，从
而使集聚区内的制造业获得了更好的生产性服务，二者的耦合得到进一步
完善。

生产性服务业集聚将会促进新技术和知识的产生，有利于生产性服务业企业创新。生产性服务业的集聚，使提供生产性服务业的主体，即高技能劳动力之间有更多机会进行交流，尤其是非编码化知识的交流，同时也能加强企业之间的合作，有利于知识和技能的碰撞，从而使生产性服务业在动态中不断完善和创新。新技术和知识推进了生产性服务业的发展，也使制造业获得知识溢出效应，二者的耦合程度得到提升。

因此，生产性服务业的集聚促进了生产性服务业和制造业的协同发展，提高了它们彼此之间的耦合协调程度。

四、先进制造业的国际竞争力

生产性服务业与制造业的耦合与制造业发展水平和国际竞争力密切相关。

制造业尤其是先进制造业体现着一个国家生产力的发展水平，是制造业转型升级的关键环节，也是一国制造业参与国际竞争的先导力量。

尽管我国先进制造业的发展具有一定的基础，但与美国和其他先进国家相比较仍有很大差距。在先进制造业领域，我国虽然融入了机电等产品制造的全球产业链，但是在技术密集型制造业相关产品方面由于我国未掌握一定的核心技术，因而还处在产业链中低端的劳动密集型环节。在航空、航天等技术密集型制造业重要领域，我国与美国和其他发达国家之间还有着相当大的技术差距，表明我国技术密集型制造业在国际上的国际竞争力还有待提高。

从国际竞争力看，我国的差距也同样十分明显。技术差距直接导致我国制造业尤其是技术密集型制造业在国际上的竞争力不高。我国制造业出口产品的技术含量在不断提升，但是总体而言，技术密集型制造业国际竞争力较弱，处于中等偏下的水平，并仍然表现出明显的劳动密集型的特征。

我国在一些先进技术的制造业方面，与发达国家之间的国际竞争力差距尤为明显。表6-4是代表性年份高技术产品出口/进口比值的情况，能够在一定程度上反映我国先进制造业的技术水平。

表6-4 代表性年份高技术产品出口／进口比值

年份	高新技术产品：总体	生物技术	生命科学技术	光电技术	计算机与通信技术	电子技术	计算机集成制造技术	材料技术	航空航天技术	其他技术
2000	0.71	2.17	0.83	1.06	1.31	0.30	0.09	0.40	0.26	0.22
2005	1.10	1.89	1.00	2.10	2.94	0.24	0.13	0.30	0.16	1.51
2010	1.19	0.84	1.19	0.55	3.80	0.39	0.22	0.76	0.21	0.47
2015	1.20	0.61	0.92	0.72	3.78	0.45	0.35	1.30	0.21	0.90
2016	1.15	0.50	0.87	0.73	3.80	0.41	0.37	1.56	0.23	0.89
2017	1.14	0.40	0.85	0.74	4.04	0.39	0.33	1.72	0.21	0.72

数据来源：国家统计局，我国货物贸易的发展、不足与挑战（统计科学研究所宏观经济预测分析小组）http://www.stats.gov.cn/tjzs/tjsj/tjcb/dysj/201810/t20181012_1627392.html。

从表6-4中的数据看，以加工贸易为主的计算机与通信技术产品贸易的出口／进口比值明显高于1，其他产品的出口／进口比值，一些接近1，一些小于1，尤其是生物技术、计算机集成制造技术、电子技术以及航空航天技术这4类产品明显低于1，这反映了我国高技术产品主要依赖进口。

从总体上看，我国不仅在生物医药、新材料、飞机、芯片、仪器仪表等技术密集型高精尖制造业领域与发达国家之间有差距，而且在能源、冶金、化工、车辆制造等传统制造业领域，技术水平也相对落后。

总之，我国已经成为制造业大国，但存在大而不强、制造业产品附加值低、重规模轻研发等问题，这导致我国技术密集型制造业国际竞争力低下，离制造业强国差距较大。通过技术的不断突破与进步推动制造业升级，打造真正的制造业强国，形成具有较高国际竞争力的技术密集型制造业，我国还有很长的路要走。

五、产业结构调整与价值链地位

产业结构会因技术进步、经济发展、国际竞争、制度调整等多种因素的影响而总是处于不断调整过程当中。产业结构的调整，会使原有的生产性服务业和制造业的耦合关系因内部结构变化和利益再分配而发生改变。

（一）产业结构调整

目前，我国产业结构不是十分合理，尤其是现代服务业发展相对滞后。我国服务业比重与其他同等收入国家相比低了将近17%。产业内部结构的失衡、生产性服务业发展滞后等制约着我国生产性服务业与制造业的产业发展，进而对它们之间的耦合带来多方面影响。

因此，在我国，随着国际竞争越来越激烈，技术进步越来越快，必须优先发展信息科技、物流、金融保险等知识密集型生产性服务业，提升其竞争力，从而推动产业结构的升级和优化。

图6-1中数据表明，我国第一、二产业增加值占国内生产总值的比重在2015年至2019年间逐步下降，而第三产业增加值占国内生产总值比重呈增加趋势，产业结构的调整使得第三产业成为国民经济发展的主导产业。

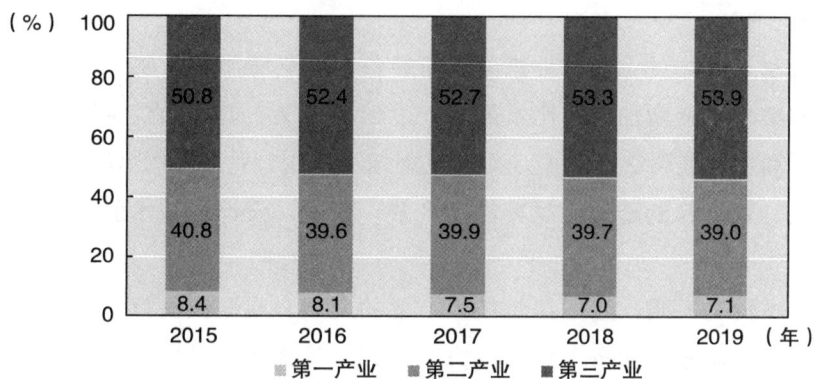

图 6-1　2015—2019 年三次产业增加值占国内生产总值比重

数据来源：国家统计局，中华人民共和国 2019 年国民经济和社会发展统计公报 http://www.stats. gov.cn/tjsj/zxfb/202002/t20200228_1728913.html。

国内产业结构调整的总趋势有利于我国生产性服务业发展，从而能够在未来推动我国生产性服务业与制造业耦合发展。比较可喜的是，我国高新技术产业发展迅速，日益成为国民经济发展的主导产业。表 6-5 是 2018 年我国专利密集型产业增加值，从一定程度上可以代表我国高新技术发展水平。

表 6-5　2018 年我国专利密集型产业增加值

分类名称	增加值（亿元）	构成（%）
专利密集型产业	107090	100.0
1.信息通信技术制造业	21551	20.1
2.信息通信技术服务业	19472	18.2
3.新装备制造业	32833	30.7
4.新材料制造业	14130	13.2
5.医药医疗产业	9465	8.8
6.环保产业	2424	2.3
7.研发、设计和技术服务业	7215	6.7

数据来源：国家统计局，2018 年全国专利密集型产业增加值数据公告，http://www.stats.gov.cn/tjsj/zxfb/202003/t20200313_1731898.html。

从表 6-5 中的七类产业来看，新装备制造业增加值为 32833 亿元，占专利密集型产业增加值的比重最高，达到 30.7%；其次为信息通信技术制造业，其增加值为 21551 亿元，所占比重为 20.1%；再次为信息通信技术服务业、新材料制造业、医药医疗产业，研发、设计和技术服务业，环保产业。

上述数据表明，我国高新技术产业的发展，在医药医疗、环保，以及研发、设计和技术服务业等产业方面，还有巨大的上升空间，应该是未来产业结构调整的重点。

（二）价值链地位

在开放条件下，一国的产业发展水平，尤其是生产性服务业和制造业发展水平决定了该国产业在全球价值链中所处的地位，进而对该国的生产性服务业和制造业耦合发展产生影响。

20 世纪末以来，随着全球价值链分工体系的不断深入，我国凭借着劳动力要素禀赋的比较优势，成了"世界工厂"，但 2008 年的金融危机发生之后，世界经济贸易体系进行了深度调整，面对发达国家的强劲制约、制造业的回流和其他发展中国家制造业的蓬勃发展，我国传统的经济增长和发展模式受到了严重挑战，陷入价值链低端的困境。

在传统的发展模式中，由于劳动力要素的禀赋特征，我国被动地融入了由发达国家占主导地位的全球价值链分工体系中。在这一体系中，我国制造业存在创新研发能力不足、落后产能过剩且排放比较高、核心技术研发能力薄弱、发展质量不高等诸多问题，因此总体上我国制造业大而不强的困境没有得到很好解决，一直处于全球价值链中低端，获得的附加价值相对较小。

从表6-6代表性年份主要商品出口／进口比值情况（按HS分类）来看，属于劳动密集型商品的纺织和鞋帽两大类出口／进口比值远大于1，说明我国有竞争力的出口商品依然主要以附加值较低的劳动密集型商品为主。另外一类出口／进口比值接近于1的是机电商品，也属于附加值不高的加工贸易产品，是我国作为"世界工厂"的表现之一。

表6-6　代表性年份主要商品出口／进口比值（按HS分类）

年份	2.植物产品	5.矿产品	6.化工及相关产品	7.橡胶及塑料制品	11.纺织原料及纺织制品	12.鞋帽伞等	15.贱金属及其制品	16.机电及音像设备	17.车辆、航空器材、船舶及运输设备	18.光学、医疗、钟表等
1995	1.0	0.9	0.8	0.5	2.3	18.1	1.0	0.6	0.8	1.0
2000	1.2	0.4	0.6	0.5	3.0	29.2	0.8	0.9	1.5	1.0
2005	0.7	0.2	0.6	0.6	4.6	33.9	1.0	1.2	1.4	0.6
2010	0.5	0.1	0.8	0.6	6.7	32.0	1.1	1.4	1.4	0.6
2015	0.4	0.1	0.9	1.1	8.5	22.1	2.0	1.6	1.1	0.8
2016	0.5	0.1	1.1	1.1	8.9	17.7	2.0	1.6	1.0	0.8
2017	0.4	0.1	0.9	1.0	8.3	15.4	1.7	1.6	1.0	0.8

数据来源：国家统计局，我国货物贸易的发展、不足与挑战（统计科学研究所宏观经济预测分析小组）http://www.stats.gov.cn/tjzs/tjsj/tjcb/dysj/201810/t20181012_1627392.html。

这些产品的生产在我国所进行的只是附加值低的劳动密集型加工和组装的制造环节，而核心技术、知识产权和营销渠道等高附加值环节都不在我国。因此，我国只是全球价值链中的一个劳动密集程度高的节点，附加值不高，即我国处于价值链中低端。这种状况，在装备制造业方面尤为明显。改革开放后，我国装备制造业凭借劳动力要素禀赋比较优势获得了大量的代工生产订单，但在此领域，发达国家的跨国公司垄断了全球价值链中市场、品牌和技术等重要战略资源，他们仅仅将低附加值的制造和装配环节转移到了我国。因此，我国装备制造业依靠从国外直接进口相关核心技术，从而被锁定在全球价值链的低端。

当前，我国经济的"大而不强"特征仍然比较明显。科学技术、人力资源和生产资本等要素的水平仍然在一定程度上落后于其他发达国家。2016 年的数据表明，代表核心技术能力的被受理和授权的国家专利申请数量占全部专利数量的百分比不到 40% 和 20%。目前，我国每百万人口中研究人员的数量约为 1000 名，这一数字明显要低于高收入国家 4000 名左右的水平。与此同时，我国关键领域的基础核心技术落后状况尚未得到明显改善，企业的国际竞争力也不够强，特别是在品牌、质量和标准方面，与一些发达国家相比，差距仍然较大。

我国企业缺乏自主创新和研发的动力和能力，原创技术过度依赖技术引进，更加固化了我国处于全球价值链中低端的位置。另外，与发达国家相比，我国对技术外溢吸收能力不足，也制约着我国向全球价值链高端攀升的进程和速度。而且，在我国从价值链低端向价值链高端提升的过程中，往往会受到一些发达国家跨国公司凭借其自身的技术和市场优势进行的阻截，这也会固化我国的全球价值链"低端锁定"。

总之，我国产业总体上处于全球价值链中低端，技术创新动力和能力不足。这严重制约着生产性服务业与制造业耦合的良性发展。

第二节 生产性服务业与制造业耦合发展的外部制约因素

生产性服务业与制造业耦合发展时，除了受到内部因素制约外，同样还面临着国际分工与摩擦、价值链高低的冲突等外部制约因素。

一、国际贸易摩擦

（一）国际贸易摩擦与贸易保护

国际贸易的基础是国际分工。通过分工，各国能够发挥各自的比较优势，进而通过贸易，使参与国际贸易的各国福利水平得到提升。

完全自由的国际贸易尽管有利于参与贸易的各国，也能够使整个世界的总福利水平上升，但是，参与国际贸易的各国在国际贸易当中得到的利益大小是有差别的，因此，会造成国家之间因利益分配不均衡导致贫富差距扩大，从而带来贸易摩擦和冲突。在更多的情况下，贸易摩擦是由贸易不平衡带来的。当一国存在巨大的贸易逆差的时候，迫于各方面的压力，该国往往会采取相应的保护措施，从而引发贸易摩擦和冲突。当然，引发贸易摩擦还有其他更为复杂的原因。总之，在开放经济条件下，贸易摩擦是不可避免的现象。

一旦存在贸易摩擦，相关国家就会采取相应的措施对本国产业进行保护。保护的措施分为关税和非关税壁垒两类。关贸总协定和后来的世界贸易组织主张自由贸易，极力推动降低成员国之间的关税，因此，激发了非关税保护措施的快速发展。尽管世界贸易组织对非关税壁垒采取了种种限制措施，但各国依然不断采取变通的手段来对本国产业进行保护。

（二）贸易保护对产业发展的影响

如果各国持贸易保护主义立场，并采取相应措施对本国产业进行保护，就会引发多种效应。其中，最为重要的效应就是会提高进口国进口产品的价格，从而提高产业发展的成本，给一系列以中间产品进口为主的制造业企业和生产性服务业企业带来一定的抑制和阻碍，进而影响制造业与生产性服务业的耦合发展。

目前的全球经济是一个高度分工的经济，生产性服务业与制造业的某一环节和阶段的中间产品交货延迟，会对相关产业的下游生产过程带来显著冲击。而贸易摩擦不可避免地会给生产性服务业和制造业带来更为全面和深入的影响，因此，对于二者的耦合发展更有冲击力，从而制约了耦合的顺利发展。

（三）国际贸易摩擦新趋势及对我国的影响

传统的贸易保护主要由在全球经济竞争中相对弱势的发展中国家对本国产业实施贸易保护，而发达国家通常是自由贸易和投资自由化的积极推动者。但从 2008 年金融危机以来，部分发达国家以贸易逆差和不平等贸易为借口，实施了新的贸易保护措施，尤其是 2017 年以来，美国不断采取贸易保护措施，干预国际贸易，引发了对包括我国在内的多个国家的经贸摩擦，使全球贸易环境恶化。

美国政府认为在中美贸易中，美国存在巨大的逆差，而这种逆差很大程度上是由不公平的措施造成的，因而美国利益受到损害，因此，美方必须采取必要的保护措施。基于这种单方面不合理的判断，美国采取了一系列单边措施从而引发了中美贸易摩擦。在贸易摩擦中，美国经常采用各种措施来限制我国相关企业在美的投资，很大程度上影响了我国跨国企业的良性发展，而且也制约着我国经济的长远发展，给我国进出口贸易带来消极作用，使得我国生产性服务业与制造业中以贸易出口为主的企业陷入困境。

中美贸易摩擦的存在，严重制约了我国生产性服务业与制造业的耦合发展。在中美贸易摩擦过程中，美国通过各种措施限制我国生产性服务业与制造业在美国的投资，抑制了我国生产性服务业与制造业跨国公司的发展。我国生产性服务业与制造业原本已步入融合发展的良好轨道，因为美国采取的各种限制措施，我国生产性服务业与制造业的国际化发展需求大幅度下降，这严重制约了二者之间耦合发展的国际化进程。

二、外资的作用与波动

跨国公司是对外直接投资的主体。外资对东道国的影响主要以跨国公司为载体来实现。跨国公司在对东道国进行直接投资的过程中会给东道国带来大量的资本、先进的设备，并伴随着技术、管理和高水平的人力资本，从而成为促进东道国生产性服务业和制造业耦合发展的重要外生性因素。但由于各种因素的影响，会导致东道国利用外资与对外投资的波动，从而对生产性服务业与制造业耦合发展带来不利影响。

（一）跨国公司在生产性服务业和制造业耦合中的促进作用

跨国公司对东道国生产性服务业和制造业耦合发展的促进作用主要通过以下三个方面来体现。

第一，跨国企业会带动东道国企业发展。跨国公司在东道国经营过程中，由于成本、贸易壁垒、市场准入等各种原因，对其所需要的生产性服务和中间投入品，会优先考虑选择本地的供应商，从而带动了东道国当地关联企业，尤其是生产性服务业的发展。在上述过程中，跨国公司将先进的产品生产技术和高质量的生产性服务知识传递给了东道国本地企业，有效提高了本地市场产品质量和标准，也促进了生产性服务业和制造业之间的协同发展。

第二，跨国公司能够为东道国改善人力资源结构。由于成本原因，跨国公司在东道国投资建立的企业所需要的人力资源不可能全部来自母国，绝大多数需要在东道国招聘和培训，从而能够为东道国培养大量研发、设计、技术、市场营销与品牌经营等方面的人才，并通过本地人力资源市场的流动，改善本地人力资源结构。人力资源得到改善的同时，也能够将技术和知识扩散到本地企业，促进本地生产性服务业和制造业的协同与耦合发展。

第三，跨国公司能够促进东道国市场竞争，提升经济效率。跨国公司可以借助本身具有的优势打破东道国市场上的垄断格局，促进市场竞争，从而使东道国资源配置效率得到提升。同时，在一个市场合理竞争的环境下，生产性服务业和制造业的创新潜能得到释放，相互之间的协同发展也能够达到恰当的程度，从而实现良好的耦合发展。

（二）外资对我国生产性服务业和制造业耦合的推动与波动

我国在引进外资方面处于全球领先水平。自 1949 年以来，我国利用外资不断增加，改革开放以来，我国利用外资数量步入新阶段。外资不仅投入了制造业，也大量投入了我国的生产性服务业，从而对我国生产性服务业和制造业耦合发展产生了积极影响。

表 6-7 是 2019 年外商直接投资（不包括银行、证券、保险）及其增长率，反映了我国在利用外资方面受到的严重冲击，这对生产性服务业和制造业耦合发展带来负面影响。

表 6-7　2019 年外商直接投资（不包括银行、证券、保险）及其增长速度

行业	企业数（家）	比上年增长（%）	实际使用金额（亿元）	比上年增长（%）
总计	40888	-32.5	9415	5.8
其中：农、林、牧、渔业	495	-33.2	38	-27.9
制造业	5396	-12.3	2416	-11.0
电力、热力、燃气及水生产和供应业	295	3.9	239	-17.6
交通运输、仓储和邮政业	591	-21.6	309	-1.6
信息传输、软件和信息技术服务业	4295	-40.5	999	29.4
批发和零售业	13837	-39.5	614	-4.5
房地产业	1050	-0.3	1608	8.0
租赁和商务服务业	5777	-36.5	1499	20.6
居民服务、修理和其他服务业	361	-25.6	37	-0.4

数据来源：国家统计局，中华人民共和国 2019 年国民经济和社会发展统计公报 http://www.stats.gov.cn/tjsj/zxfb/202002/t20200228_1728913.html。

世界贸易局势紧张和贸易摩擦不断严重,对全球外商直接投资产生了较大的冲击,进而会使全球价值链和产业链重构,因此,整体上不利于我国的发展。从表6-7的数据可以看出,2019年全年外商直接投资(不包括银行、证券、保险)为40888家,比上年下降32.5%,很多行业在外商直接投资中实际使用金额较上年下降。2019年外商直接投资中,制造业无论是企业数量还是实际使用金额都呈现大幅度下降,制造业企业数量下降33.2%,实际使用金额下降27.9%,表明在贸易摩擦的影响下,外商在制造业的直接投资受到严重影响,侧面反映了减少的外资投资使我国制造业的发展失去了一定的动力,使得制造业发展进程变缓,除此之外2019年外商直接投资服务业的比重也呈现大幅度下降的趋势,受贸易摩擦影响的外商在服务业与制造业中的直接投资的下降,大大影响着我国生产性服务业与制造业的耦合发展进程。

我国企业对外投资是我国经济总体实力提升的结果,同时,也能够进一步提高我国制造业和生产性服务业的国际需求,从而推动两者之间的耦合度快速提升。

但近年来受多种中美贸易,以及全球其他贸易摩擦不断升级的影响,以美国为首的一些国家对我国对外直接投资采取了一系列限制措施,给我国跨国企业的发展带来一定消极作用,使得我国生产性服务业与制造业中出口依赖度高的跨国企业面临发展的困境。

从表6-8中的数据来看,2019年对外非金融类直接投资额为1106亿美元,下降8.2%。其中,对"一带一路"沿线国家非金融类直接投资额为150亿美元,下降3.8%。2019年我国制造业和一些生产性服务业对外直接投资呈下降趋势,这成为我国生产性服务业与制造业耦合发展的制约因素。

表6-8 2019年对外非金融类直接投资额及其增长速度

行业	金额(亿美元)	比上年增长(%)
总计	1106.0	-8.2
其中:农、林、牧、渔业	15.4	-13.0
采矿业	75.2	-18.5
制造业	200.8	6.7

续表

行业	金额（亿美元）	比上年增长（%）
电力、热力、燃气及水生产和供应业	25.2	−20.5
建筑业	85.1	15.6
批发和零售业	125.7	18.6
交通运输、仓储和邮政业	55.5	−4.3
信息传输、软件和信息技术服务业	61.2	−10.5
房地产业	48.2	22.0
租赁和商务服务业	355.6	−20.3

数据来源：国家统计局，中华人民共和国2019年国民经济和社会发展统计公报，http://www.stats.gov.cn/tjsj/zxfb/202002/t20200228_1728913.html。

三、价值链高低的冲突

（一）全球价值链与利益分化

在开放经济条件下，随着贸易自由化和投资自由化的不断深入，全球生产体系形成，进而从价值链的角度，形成了以跨国企业为核心的全球价值链，即在全球内实现商品和服务的生产、销售、售后、回收等过程。全球价值链导致了国际利益格局的重新调整，发达国家和发展中国家在全球价值链中所处的位置不同，其获得的利益存在巨大差别。

发达国家和发展中国家在全球价值链中所处地位的差异如图6-2的"微笑曲线"所示。

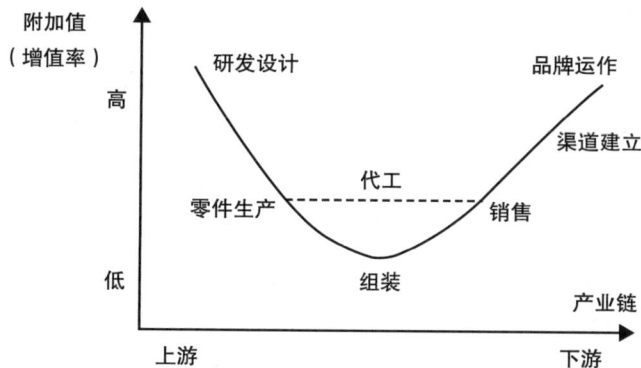

图 6-2　微笑曲线

在图 6-2 中，横轴表示全球产业链，纵轴表示产业链附加值高低。微笑曲线是一条两端朝上的曲线。在产业链中，微笑曲线两端是高附加值的研发、设计和营销等环节，而中间是代工、组装等附加值最低的制造环节。

通常情况下，发展中国家劳动力相对比较丰富，资本和技术比较稀缺，因此，发达国家的跨国公司往往会把价值链中的低附加值的代工和组装等环节布局到发展中国家，因此，发展中国家在全球产业链中处于中低端，即上图微笑曲线的中间位置。而发达国家的跨国公司利用发达国家资本和技术上的优势，拥有更先进的基础设施和技术研发能力，因此，总体上处于全球价值链中高端的位置。发达国家把价值链中高附加值的研发、设计和营销等环节布局在本国，从而在微笑曲线中处于两端的位置。

由于发达国家和发展中国家在微笑曲线中位置的不同，导致了在国际分工当中两者地位的差异。显然，发达国家在国际分工中处于有利地位，能够在全球价值链中获得更多的利益，而发展中国家则相反。这样的利益分配格局，使原本就存在的发达国家和发展中国家贫富差距日益扩大，从而激化了两者之间的矛盾，导致相互之间的利益冲突，具体表现为贸易摩擦，并对贸易自由化和投资自由化持不同的立场和采取不同的措施。

从发展趋势上来看，随着技术的进步和社会经济的发展，由于发达国家在技术上具有优势并成为技术引领者，因而，微笑曲线表现为两端更为陡峭，中间更为接近横轴，即发达国家因为处于微笑曲线的两端，从而获得的附加值更多，而发展中国家因为处于微笑曲线中间，获得的附加值更少，从而进一步拉大了两者之间的距离，贫富差距进一步扩大。显然，这会更加激化两者之间的矛盾。

（二）价值链高低冲突对产业耦合发展的影响

自 2008 年金融危机以来，全球价值链高低引发的冲突更为明显。金融危机导致了世界经济发展乏力，发展中国家和发达国家之间的贸易不平衡，进一步导致了贸易保护主义重新抬头。国际经济发展环境的变化，使各国在全球价值链中所处位置高低不同和获益不同的矛盾转化为现实中国家间的贸易冲突，恶化了国际贸易和投资环境。这样的局面会抑制生产性服务业和制造业耦合发展。

发达国家和发展中国家因贸易不平衡，引发了贸易摩擦。部分发达国家和发展中国家之间出现贸易不平衡，以美国为代表的一些发达国家存在贸易逆差。从发达国家看，其认为不平衡的主要原因是不公平贸易，要求对贸易规则进行调整。从发展中国家看，这种贸易不平衡，并不代表发展中国家能够获得更多贸易的利益。发达国家贸易逆差的形成，主要原因是发达国家跨国企业在进行全球生产布局时，由于发展中国家拥有廉价的劳动力和其他资源，因此成为很多产业的生产地。发展中国家生产出来的这些产品绝大部分会返销到发达国家，从而发达国家出现了货物贸易的逆差。如前所述，这种局面，在全球价值链中，发展中国家主要处于生产低附加值货物贸易位置，而发达国家往往主导着高附加值的服务贸易。欧美发达国家依然是全球价值链中获益最大的受益者。因此，发达国家和发展中国家由于角度不同，都会对贸易自由化和全球化价值链持不同观点，从而引发两者之间的贸易冲突。

国际贸易冲突，直接的结果就是导致了全球价值链受到严重影响，并影响生产性服务业与制造业耦合发展。对于许多发展中国家，尤其是新兴市场国家，在通过全球价值链，将本国资源和市场融入全球市场当中，成为减少贫困、经济得到发展的重要驱动力。在这一过程中，各国生产性服务业和制造业借助国内外的资源能够得到很好的耦合发展。但贸易冲突，重新提高了贸易壁垒降低，IT 和运输环节改善带来的利益也被部分抵消，因而可能导致全球价值链紧缩或断链，从而进一步提高国家间价值链高低冲突的风险。如果贸易冲突进一步恶化，就会导致投资者丧失信心，将对全球经济增长和消除贫困造成重大的影响，保护主义的重新抬头有可能导致全球价值链的重新构建或者转移至新地点，全球价值链的发展停滞，生产性服务业和制造业耦合发展就会受到打击。

贸易摩擦还会引发其他社会经济问题，从而抑制生产性服务业与制造业的耦合发展。在全球价值链分工模式下，大国之间的贸易冲突会以贸易壁垒提高的形式表现出来，而贸易壁垒的提高，其本质就是生产成本的提高，会在全球范围内由跨国公司进行前向和后向传导。在上述传导过程中，就会引发通货膨胀。如果一个国家受到的国际传播型通货膨胀得到有效缓解，同时又遭受汇率冲击、经济衰退等打击，就可能引起一系列的社会经济动荡，这样的结果肯定会制约生产性服务业与制造业的耦合发展。

（三）我国在价值链中的地位与产业耦合发展

如前所述，总体上看，我国在国际分工中很长一段时期以劳动力相对丰富为基础，以生产劳动密集型产品为主，进而在全球价值链中处于中低端的位置。而且，在国际分工中主要进行简单的加工组装环节生产，会对关键核心技术的研发产生负面的抑制作用，甚至落入"比较优势陷阱"。网络信息化时代的飞速发展，使得创新节奏加快，制造业日益信息化，在给国际市场带来巨大变化的同时，也进一步固化了我国制造业在国际分工中的低附加值地位。但与此同时，这种情况也给提升我国在全球价值链中的地位，促进我国经济发展带来了巨大的机遇。

随着全球经济的不断融合发展，我国通过国际贸易获得了巨大的利益，并在促进经济发展的同时，借助技术进步，不断致力于价值链向两端攀升，从而对全球价值链的格局产生了重要影响。以我国为代表的发展中国家价值链攀升的努力必然会威胁到发达国家在价值链中的地位，因此，发达国家会通过采取各种政策和措施来对发展中国家进行严格限制，从而导致国际贸易冲突和贸易摩擦不断涌现。中国在国际贸易中面临的冲突都是基于各个国家之间不断争夺价值链制高点的矛盾体现。

价值链高低的冲突会给我国生产性服务业与制造业的耦合发展造成一定的制约。处于价值链环节中低端的我国，正常情况下，可以借助不断积累生产经验，通过人才培养和技术研发提升本国产业竞争力，逐步从全球价值链的生产制造环节向两端延伸，从而改变在全球价值链中的不利地位。但贸易摩擦的存在，使发达国家采取多种措施限制我国的发展，从而使处于全球价值链低附加值两端的生产性服务业与制造业难以形成核心竞争力，进而抑制了我国生产性服务业与制造业耦合发展。

第三节 生产性服务业与先进制造业耦合发展的对策

前文已就制约我国生产性服务业与制造业耦合发展的现状，以及内部和外部制约条件做了初步的分析。在此基础上，对于如何促进我国生产性服务业与先进制造业耦合发展，需要提出有针对性的对策。

一、针对内部制约条件的发展对策

（一）多管齐发，降低技术不确定性和技术创新风险

如前所述，技术进步具有不确定性，并对生产性服务业和制造业耦合具有明显的制约。因此，政府、行业和企业应该通过各种方式设法降低技术进步的不确定性及技术创新风险。

1.加强基础学科研究，从源头上降低技术不确定性

技术进步不确定性重要原因之一是科学研究的不确定性。科学研究是技术进步的基础和前提，而科学研究有未知性，也有不确定性，更重要的是科学研究不直接创造价值。因此，从经济学角度看，科学研究具有一定的公共产品性质，需要政府加大投入，重视基础学科的研究，才能够在科学理论前沿问题上保持正确的方向，而不会出现偏差；在科学研究重大问题上进行正确的选择，有的放矢，而不是盲目投入，分散力量。尤其对于我国来说，科学研究总体水平偏低，与领先国家相比较处于追赶阶段，因

此，更应该把有限的资源放在关键的科学研究领域，才有利于我国在某些领域进行持续的研究，取得原创性的突破，从而提高我国科学研究水平，改善我国在科学研究原创性方面的不利局面。

我国应该在科学研究上不断加大投入，以保证我国的科学研究在正确轨道上，并与全球科学研究的理论前沿基本同步，甚至领先。而且，许多重大的科学理论创新，需要国与国之间的合作与协同，因此，更需要我国政府在这方面做出更多努力。

最为重要的是，在加强基础学科研究的同时，还要有长远的眼光，要考虑到我国的国情，尤其是社会经济发展对于技术的需要，有针对性地选择未来能够对国民经济发展产生至关重要影响的一些战略性前沿技术所需要的基础学科进行研究，从而保证这些技术重大创新具有理论上的持续不断的支持。

总之，政府的投入，能够使本国科学研究的不确定性降低，从而为技术创新和应用奠定坚实的基础。

2. 跟踪技术发展方向，做出合理规划

在加强基础科学研究的基础上，我国应该由政府牵头，通过大学、科研机构和企业的协作，对技术创新的前沿及其应用做出正确判断，并制定合理的发展规划，从而为企业的应用创新提供指引。

科学研究转化为成果，是一项复杂的系统工程，单一企业或行业很难做到对技术前沿应用做出准确判断，因而会带来发展方向选择方面的风险。只有政府牵头，组织各方面力量，才能够对数字技术、人工智能、5G 等技术的发展方向和具体的应用予以有效准确的判断，从而降低系统风险。例如手机发展与网络技术、信息处理技术等密切相关，诺基亚公司就是因为轻视了手机与网络技术的密切结合而惨遭淘汰。

制定完善的技术发展和应用规划，能够为企业的应用创新提供着力点，也能够为现代服务业和制造业耦合找到进一步发展的切入点。《中国制造2025》为我国制造业发展制定了"创新驱动、质量为先、绿色发展、结构优化、人才为本"的基本方针，以及"坚持市场主导、政府引导，立足当前、着眼长远，整体推进、重点突破，自主发展、开放合作"的基本原则，提出了通过三步走"实现制造强国"的战略目标。2012 年，科技部发布的《现代服务业科技发展"十二五"专项规划》，是生产性服务业发展的纲领性文件，该规划把现代服务业定义为"以现代科学技术特别是信息网络技术为主要支撑，建立在新的商业模式、服务方式和管理方法基础上的服务产业"，并指出现代服务业既包括随着技术发展而产生的新兴服务业态，也包括运用现代技术对传统服务业的改造和提升。2014年，国务院印发了《关于加快发展生产性服务业促进产业结构调整升级的指导意见》，对我国加快生产性服务业，促进产业结构调整提出了具体可操作的措施。这些规划能够降低技术风险，也能提前预判生产性服务业和制造业耦合发展中可能会遇到的问题，特别是风险问题，从而有利于生产性服务业和制造业的耦合。

3. 完善相关制度，降低创新风险

通过完善相关制度来降低技术创新风险是持续有效的降低风险途径。

风险投资是借助市场力量，通过政府与市场合作有效降低技术创新风险的重要机制。我国在这方面已进行了多年的探索和实践，出台了一系列的相关政策，取得了较好的效果。对于这方面的相关体制机制，还需要进一步完善，特别是要从生产性服务业和制造业耦合发展的角度来有意识地修订相关条款，可以进一步对于创新行为进行保障和激励。

知识产权保护是保障创新主体获得创新收益，从而激发创新动力的主要机制。我国知识产权保护体系在逐步完善，对知识产权的保护力度在不断加大，创新权益受保护的程度在不断提高，从而使创新得到了应有的回报，创新行为得到了激励。但我国知识产权保护由于多种原因，依然还存在诸多问题，还有许多提升的空间，因而，也是降低创新风险可以取得重要突破的一个领域。随着知识产权保护制度的完善，知识和技术密集型的生产性服务业将会得到更快发展，与制造业的耦合也会更加顺畅。

企业是创新的主体。在现有条件下，我国应该进一步激发企业创新的积极性和主动性。要在国有企业和民营企业两者之间建立能够合作共赢的机制，国有企业应该注重核心技术研发与基础研究的投入，同时积极向民营企业进行相关技术转让，使技术应用于市场并得到回报，从而有效降低技术创新风险。国家可以进一步完善相关制度建设，推动建立企业与高校的联合创新机制，鼓励高新技术产业的聚集，发挥区域的创新聚集效应。通过完善市场经济制度，企业的创新活力得到发挥，尤其是生产性服务业与制造业协同集聚区域的创新活力得到发挥，将有力地推动二者之间的耦合发展。

4.加大鼓励高新技术创新，为产业提供持续发展的动能

高新技术产业是国民经济发展的重要推动力量。我国高新技术产业已经具有一定规模，发展速度日益加快，但研发投入与发达国家相比还有较大差距，在技术上还不具备绝对优势，需要通过加大技术研发投入、增强技术人才的引进与培养等途径来鼓励我国高新技术产业技术创新，并为未来发展提供持续发展的新动能。

目前，我国借助高科技产业园区和高科技研发实验室的建设，增加了研发投入，加强了生产、教育和科研的合作，并通过高新技术产业示范园区建设，提高了科技成果转化率，使我国高新技术创新步入了快速发展的轨道，创新的风险也大为降低。在注重高新技术产业发展的同时，还大力利用高新技术产业来改造升级传统的制造业，使我国传统型的制造业焕发出新的生机，从而使高新技术创新的效益得到体现，风险得以降低。

但我国在高新技术创新方面依然存在很多问题，提高了创新风险，因此，我国应进一步完善相关制度和政策，化解高新技术创新风险，从而从技术角度为促进生产性服务业和制造业耦合发展奠定坚实的基础。

5.建立企业创新风险预警机制，加强创新风险管理

企业是创新的主体，其创新过程当中面临着技术风险、市场风险、财务风险、政策风险、生产风险和管理风险等诸多创新风险，从而会抑制企业的创新行为。为降低企业创新风险，保障企业创新行为，企业应该建立完善的风险预警机制，加强对创新风险的有效管理，从而在降低企业创新成本的同时，提升企业创新活力，促使企业在未来竞争中处于有利地位。

尤其是在生产性服务业和制造业协同集聚区域内的生产性服务业企业和先进制造业企业，自身的创新行为比较频繁，创新投入较多，创新的风险更大，因此，要有相对完善的预警机制，使创新风险管理达到较高水平，才能够在降低企业自身创新风险的同时，保障协同集聚区域内生产性服务业和制造业的耦合发展顺利进行。

（二）大力培养人才，为生产性服务业与先进制造业耦合发展奠定坚实基础

人才是创新的基础和关键，也是促进生产性服务业与先进制造业耦合发展的载体和实施者，因此，对于生产性服务业和制造业协同集聚发展区

域，要高度重视人才的集聚，并将其作为推动区域内生产性服务业和制造业耦合发展的关键。人才集聚，对于生产性服务业和制造业耦合发展具有事半功倍的效果。

在生产性服务业与制造业协同集聚发展区域，要充分考虑生产性服务业与先进制造业耦合发展对人才的特殊需求，通过进一步深化教育改革，提高教育教学质量，培育能够满足生产性服务业与先进制造业耦合发展需求的专门人才。

区域内的高校和职业院校在注重教育改革的同时，还需注重生产性服务业企业和制造业企业的需求，尤其是二者耦合发展对人才的特殊需求，以社会经济发展为导向，不断调整专业人才培养方案，并在专业建设和课程建设过程中融入最新市场需求因素，尤其是生产性服务业与制造业耦合发展的特殊需求因素，来提高人才培养与企业需求的匹配度。通过高校和企业之间开展多层次、多形式的合作，构建稳定良好的校企合作关系，为企业培养越来越多的具有扎实专业知识、管理能力、高素质和高能力的制造业和生产性服务业领域高端人才，为生产性服务业与先进制造业两者的耦合发展提供人才保障。

企业自身也是人才培养的重要机构。生产性服务业企业和制造业企业要根据协同集聚的需要，不断加强对从业人员的培训，要保证从业人员在技能和职业能力上达到较高要求，尤其要针对二者耦合发展的需要，加强和扩大符合产业融合发展的高层次人才的培训，从而在解决生产性服务业与先进制造业缺乏技术人才困境的同时，也能为高层次人才的培养提供更好的发展平台。

政府、高校和企业要联合加大对先进制造业核心技术研发人才的培养。制造业核心技术创新是产业获得竞争优势的关键，也是促进生产性服务业与先进制造业耦合发展的根本保障。政府、高校和企业要通过完善体制和机制，加大核心技术研发的人力、物力、资金等方面的投入，提高先进制造业技术创新和核心技术研发能力，并在这一过程中培养出优秀的研发人才，从而为生产性服务业与先进制造业的耦合发展提供人才保障。

（三）加速现代服务业发展，促进生产性服务业集聚

1.加快现代服务业发展，为生产性服务业集聚发展提供坚实基础首先要大力发展生产性服务业。生产性服务业是现代服务业最为关键和核心的部分，尤其是为先进制造业服务的金融、商业服务、现代物流和科技服务等知识密集型、技术密集型服务业。

其次，要大力发展信息服务业、文化创新产业、软件业和服务外包等新兴服务业。

再次，要重视现代服务业新业态新模式的发展。经过互联网、大数据、云计算等信息技术的不断渗透，传统服务业产业内部及其产业之间的价值链出现了重构和融合，从而形成了新的运营组织形态，即现代服务业新业态新模式。现代服务业新业态新模式给我国商贸流通业和居民服务业增加了技术含量，注入了新的活力，并产生了颠覆性的影响。

总之，要做大做强现代服务业，才能够为生产性服务业发展及其集聚提供坚实的基础，从而更好地服务于生产性服务业与制造业的耦合。

2. 促进生产性服务业集聚发展

生产性服务业集聚发展能够通过规模经济和外溢效应很好地与先进制造业耦合，并不断提高我国制造业的国际竞争力。

第一，要做好生产性服务业集聚发展总体规划布局。要选择先进制造业相对发达的区域，在不断提升生产性服务业服务先进制造业的服务能力和水平的同时，不断在地理空间或网络空间上集聚现代服务业，从而通过规模经济来实现生产性服务业与制造业协同耦合发展。要加强打造高端型服务业集群示范区，积极围绕"一带一路"、大都市区建设、长三角一体化发展，进一步提升发展现有的生产性服务业集群，可以在经济开发区、高新技术园区等区域建设能够在全国范围内形成有较强影响力的生产性服务业集群，进一步深入开展国家服务业示范试点，进一步开展提升产业集群竞争力、服务业制造化、制造业服务化等深度融合发展试点，加快推进我国生产性服务业向规模化、数字化、高端化、专业化发展。

第二，要完善生产性服务业集聚区配套服务。生产性服务业要充分发挥其服务制造业的能力，需要生产性服务业集聚区域内有完善的信息基础设施，高效的公共信息平台，功能齐备能够提供投资咨询、知识产权、人才培训、展示交易、研发设计和国际交流等服务的公共服务平台。另外，生产性服务业从业人员具有较高的素质，因而对生态环境和精神文化方面有较高的要求，因而，要求生产性服务业集聚区内能够提供良好的生态基础设施和文化基础设施。

第三，要构建生产性服务业集聚区发展的保障体系。制定科学合理的生产性服务业集聚区内产业发展规划；通过对集聚区内生产性服务业总体规模、行业结构、经济效益等动态进行统计、监测和分析，实时掌握生产性服务业发展状态；通过税收优惠、政府补贴、完善土地供应等各类政策，促进生产性服务业发展。

（四）创新与集群发展并重，提升先进制造业国际竞争力

以智能化、数字化、网络化和绿色化为标志的先进制造业的发展，必须注重科技创新，并走集群式的发展道路，才能够不断提高发展质量，并通过制造业服务化和高端化提升国际竞争力。

1. 以技术创新推动制造业高质量发展

技术创新是提升先进制造业国际竞争力的根本推动力量。我国应该从多方面采取举措来推动制造业创新，进而推动其高质量发展。

第一，壮大科技型企业总体规模和实力。要通过加大科技投入、加强科技型企业孵化培育、搭建科技型企业发展平台等多种方式，不断增加我国科技型中小企业、雏鹰企业、瞪羚企业的数量，提升其实力，使我国科技型企业总体规模不断扩大，实力不断增强，从而为提升先进制造业国际竞争力奠定坚实的基础。

第二，加强关键核心技术攻关，持续提升先进制造业核心竞争力。我国应该在智能制造、互联网跨界融合、新一代人工智能、信创产业等领域进行关键核心技术攻关和集成应用示范，从而不断提高制造业核心竞争力。

第三，加强科技创新平台建设，强化制造业创新驱动能力。要继续加强以国家级为引领以地方为辅助的技术创新中心、重点实验室和产业技术创新联盟等创新平台建设，进一步完善以企业为主体、市场为导向、产学研相结合的制造业创新体系，不断强化我国制造业创新能力，促进先进制造业发展。

第四，推动科技成果转化，助推制造业优化升级。我国要进一步完善科技成果转化的体制机制，着力解决科技成果转换率的难题。

2. 培育世界级先进制造业集群

德国是先进制造业的领先国家，在培育世界级先进制造业集群方面积

累了丰富的经验，非常值得我国借鉴。我国在制造业集群发展方面，已经取得了一定的成绩，要提升国际竞争力，在培育世界级先进制造业集群方面要借鉴德国的经验，具体而言，包括：

第一，通过建立集群组织使集群能够在一定程度上实体化。集群是一个虚拟组织，建立集群组织，能在先进制造业集群内起到联络者、协调者、经营者、决策者和治理者等方面的作用，能够具备一定的实体组织的功能。这些功能主要包括可以为集群内企业、大学、研究机构和支持机构提供仲裁调解服务；可以开阔视野，提供远景构想；可以起到激励集群内部各方面相互接触、自愿建立合作关系的作用。

第二，注重网络运营。在集群内通过信息和智力共享，建设研发合作网络来促进研发；通过集群内开放合作和优势互补，来实现互利共赢。对于人才、资源和资金等方面相对不足的中小型企业可以通过网络化来加强合作、建立信任，并能够规避风险、发挥比较优势。

第三，搭建工业互联网平台，加速先进制造业发展。在"互联网＋"的背景下，工业化与信息化不断融合，通过构建工业互联网平台，工业大数据能够充分发挥作用，从而有利于实现产品市场和要素市场的供需均衡，并使集群内产业间的创新合作与技术转移顺利进行，从而推进先进制造业的发展。

（五）加速产业结构调整，促进制造业向价值链高端攀升

我国需要充分利用总体经济实力得到提升，世界经济进入深度分化调整期，新技术应用进入爆发临界点的机遇，加速产业结构调整，促进制造业向价值链高端攀升，从而推动生产性服务业与制造业耦合发展。

1. 以创新为驱动，推动产业价值链攀升

通过加强创新驱动，不断提高产业技术密度和科技含量，才能够提高我国制造业在国际市场上的核心竞争力，并推动产业价值链攀升。

当前，新技术变革导致了全球价值链重建和产业分工重塑，为我国传统劳动密集型制造业转型升级、提升国际竞争力提供了重要机遇。我国要充分利用大数据、5G、云计算、区块链、新一代人工智能等新兴技术推动劳动密集型制造业向智能化、服务化、高端化发展。要充分利用产业链条效应，支持鼓励劳动密集型制造业企业在新技术推动下延伸产业链条，并

实现产业链、价值链、供应链一体化发展。

2. 以生产性服务业为核心提升价值链

首先要借助信息技术加速生产性服务业发展。信息技术是生产性服务业发展的重要推动力，网络技术的快速发展和普遍应用为生产性服务业的创新和发展提供了重要的平台。要大力推进生产性服务业与信息技术、网络技术的融合发展，为我国在国际产业链中地位的改善奠定基础。

其次，有针对性地发展现代服务业。处于价值链两端具有高附加值的是技术研发设计、商务服务、市场营销、售后服务等生产性服务业，因此，我国要改善在全球价值链中的地位，必须要大力发展全球价值链两端相关的生产性服务业，包括以核心技术研发、科技信息、软件开发、科技金融、知识产权、检验检测认证技术等高附加值的生产性服务业，并着重发展移动互联网服务、信息技术咨询、数据运营与管理、大数据处理、信息安全等新兴生产性服务业态。随着5G的发展，还需要加快部署5G技术的商用服务发展。

3. 加快制造业数字化高端发展

创新发展的不断推进，加快培育了新业态、新发展模式，可以充分利用目前我国数字经济在全球范围内的领先优势，将促进生产性服务业与先进制造业耦合作为数字经济发展的重要内容之一，加快制造业数字化的高端发展。要进一步采取相关措施加快生产性服务业与先进制造业相关企业在大数据、云计算、人工智能等新兴技术方面的应用，促进先进制造业向微笑曲线附加值高的两端发展，可以根据个性化、品质化、多元化的消费需求，进一步发展生产性服务业，应该重点发展以制造业共享、平台型经济为主要核心的新业态新发展模式，致力于提升核心技术研发、智能制造、检验检测等生产性服务业，不断推进智能生产线、智能机器人、设备与服务、智能仓储等设施的共享，支持鼓励建设面向产业集群的智能化高端化的制造与服务型平台。

4. 全面推进产业国际化发展，提升产业向价值链高端发展

不断地加深产业国际化，有利于我国产业在全球范围内进行合理有效的资源配置。在全球经济快速发展且变幻莫测的背景下，加深产业国际化，是推动我国产业高质量发展，提升我国产业国际竞争力以及产业创新驱动发展的关键。加深产业国际化可以通过培育本土跨国企业，形成创新型的

具有较强竞争力的国际化产业集群，可以以龙头企业为重点，完善各项支持跨国企业发展的政策，大力支持企业在海外不断扩展市场，不断提高自身的国际竞争力，进一步提高跨国企业在海外的经营能力和对风险的控制能力，跨国企业要致力于树立国际大品牌，鼓励产业间不同企业在国际化过程中加强相关的专研探讨、经验交流，而且还应该鼓励引进国际性产业会议，优秀的跨国企业要积极申请国际专利，在国际市场上掌握行业竞争的主导权。政府需要及时给予跨国企业国际化信息指导，开展相关海外业务拓展的培训，还需要进一步加强培育中小型的科技型企业，积极支持和扶持这些科技企业国际化的发展，让它们能够成为国际市场上具有国际领先水平的跨国企业。加深产业国际化还需要注重国际化平台的构建，完善国际化信息的交流，注重国际化技术转移平台的完善，进一步完善国际资本平台，这有利于信息流、技术流、资本流的快速交换和转移，促进产业内各类企业关于国际人才的及时对接。推进国际科技园的建设，打造国际人才聚集地，构建更加开放的资本市场，加深产业国际化需要全面提升国际化服务功能。

二、针对外部制约条件的发展对策

（一）积极应对贸易摩擦与贸易保护主义新趋势

国际贸易中由于利益分配的不均衡，一定会存在贸易的摩擦，当贸易摩擦达到一定程度，出现与自由贸易相悖的贸易保护主义也是常见现象。对于贸易摩擦和贸易保护主义的新趋势，我们既要积极应对，有效化解矛盾，也要主动作为，争取主动权。在处理与美国的贸易冲突中，要以合作共赢为前提，有智慧地处理好冲突，为我国产业发展获得更为有利的发展空间。更为重要的是，要从长远上，进一步加强改革开放，顺应国际规则，融入国际社会，进而获得话语权，在提升软实力的同时，以合作者的身份成为国际规则的制定者之一，从而从根本上化解矛盾。

1. 积极应对，有效化解摩擦

我国目前遇到的在国际贸易领域的摩擦，是我国在经济发展速度快，经济总体实力不断增强，对外贸易规模不断扩大的过程中产生的，因此，需做到以下几点。

（1）理性分析，综合预判。

对于我国对外贸易的总体形势、贸易产品结构和地理结构等方面要有全面深入的分析，尤其要对我国主要的贸易伙伴，要有长期的跟踪分析，以便对有可能出现的贸易摩擦能够进行提前研判和预警，从而为应对策略提供依据。从生产性服务业与制造业耦合的角度，要重点分析我国制造业进出口产品中可能引发的矛盾，以及对我国制造业，尤其是先进制造业带来的不利影响；要侧重分析国际贸易摩擦对我国生产性服务业贸易的影响，尤其是与先进制造业耦合有影响的生产性服务业。

要根据世界贸易的历史、现状，结合世界政治、经济和技术等方面的情况，理性分析其趋势，综合预判世界范围内贸易保护主义的演变新趋势及其新的表现形式，以及对我国可能产生的影响，并制定合理的应对策略。

（2）合理利用国际规则化解矛盾。

对于我国对外贸易中存在的一些具体冲突，要合理利用世界贸易组织、东盟等国际性和区域性贸易组织的规则来化解矛盾。例如，可以利用世界贸易组织的争端解决机制来解决具体的贸易冲突，从而避免冲突双方的摩擦升级，进而给双方贸易带来更大的伤害。

（3）加强互利合作，缓解矛盾。

我国和贸易伙伴之间一般都会有良好的外交关系，也会有很好的其他方面的合作关系。因此，一旦出现贸易摩擦，要充分利用其他方面的关系，积极主动采取非贸易的方式来缓解贸易摩擦，为双方化解贸易摩擦提供有利条件。

2. 主动作为，开辟贸易新渠道

国际贸易摩擦很大一部分是由在有限的国际商品市场上进行激烈的竞争所引发的。因此，我国应该主动开辟贸易新渠道，拓展我国出口产品市场，从而化解贸易摩擦。

（1）继续坚持"一带一路"倡议。

我国自实施"一带一路"倡议以来，与"一带一路"沿线国家的贸易关系更为密切，彼此合作更为频繁，为我国开辟贸易新渠道，拓展我国出口商品新市场发挥了重要的作用。

我们应该深入全面分析在实施"一带一路"倡议过程中遇到的问题和

困难，尤其是从影响我国生产性服务业和制造业耦合发展的角度分析遇到的特殊问题，从而有针对性地采取有效的方式，逐步予以解决，这样既可以推动我国对外贸易和合作，也可以有效避免国际贸易带来的摩擦，从而有利于我国生产性服务业与制造业耦合发展。

（2）积极参与国际性和区域性国际组织的协调。

国际性和区域性国际组织在缓解和处理国际冲突，尤其是贸易冲突方面发挥着重要的作用。我国除了被动地适应与遵循这些国际组织制定的规则，还应该积极参与这些国际组织规则的修订，参与相关国际摩擦的处理，从而逐渐灵活利用国际性和区域性国际组织来协调国际冲突和摩擦。

同时，一旦要成立新的国际性和区域性国际组织，也要积极参与，成为创始国，在规则制定和作用发挥等方面获得主动权。

3. 有效化解中美贸易摩擦

随着我国经济实力不断提升，中美之间的贸易摩擦频发，可以预计，中美之间的贸易摩擦将成为常态。这对于生产性服务业和制造业耦合发展来说，肯定会有负面影响。除了寄希望于国家层面对于中美贸易摩擦本着合作共赢，求同存异，从大局出发进行化解外，生产性服务业和制造业自身也应采取有效的策略进行应对。

（1）建立多元化的技术进口渠道，规避技术依赖风险。

我国制造业，尤其是先进制造业的技术水平相对比较低，很大程度上不能够自主研发，需要进口，而且在短时期内也暂时难以解决。而我国技术进口的来源之一是美国，有很多技术即便不是直接来自美国，也常常受美国的制约。因此，我国制造业对于美国的技术及与美国相关联的国家的技术进口依赖度较高，中美贸易摩擦对我国制造业发展的影响较大。

为了规避对美国技术依赖风险，我国制造业的技术进口渠道应该多元化，从而分散风险。同时，也应该做好技术依赖风险预警分析，以便对风险进行预判，从而有序应对。

（2）拓展产品和服务市场，推动生产性服务业与制造业耦合发展。

中美贸易摩擦，一方面直接限制了我国产品和服务的出口，从而制约了我国制造业和生产性服务业的发展，另一方面则是通过限制我国企业对外国际投资，从而使我国制造业与服务业的国家化需求受到抑制。这两方面都严重制约了我国生产性服务业与制造业的耦合发展。

面对上述情况，我国在化解中美贸易摩擦的同时，还要积极拓展我国产品和服务的市场，加大我国在"一带一路"沿线国家的投资，从而使我国产品和服务市场得到稳定持续扩展，推动生产性服务业和制造业的耦合发展。

4. 从根本上缓解我国贸易摩擦带来的不利影响

从长远看，要从根本上缓解我国对外贸易摩擦，需要通过完善市场经济制度，以及加强汇率制度、投资制度改革，不断与国际规则达成一致，从而从根本上避免冲突；要不断提升我国自主创新能力，尤其是原始创新能力，降低对国际市场的依赖，同时也提高我国出口产品的技术含量，改善出口产品结构，从而优化出口布局；要不断提升软实力，获得话语权，变国际规则的被动遵守者为国际规则的主动制订者。这样，我国生产性服务业和制造业耦合发展受贸易摩擦带来的影响才可能降到最低程度，从而促使其得以顺利发展。

（二）合理利用外资，注重自我能力提升

持续不断吸引外资，有利于促进我国生产性服务业与制造业耦合的发展，但需要防范外部条件变化对利用外资形成的冲击，也要避免对外资形成过度依赖从而掉入"比较优势陷阱"。

1. 以良好的投资环境和持续的对外开放政策持续吸引外资进入

我国在吸引外资方面已经走在世界前列，不仅有效地弥补了我国资本不足的短板，而且改善了我国投资结构，提升了投资效率。因此，利用外资有利于我国经济发展，也能够促进我国生产性服务业与制造业耦合的发展。

但在利用外资过程中，当规模达到一定程度，对我国生产性服务业与制造业耦合发展起到比较大的作用时，如果外部条件发生变化，有可能导致利用外资规模和结构上的巨大波动，从而对生产性服务业与制造业耦合发展形成冲击。因此，我们需要采取措施来保持利用外资的稳定性和可持续性。

首先，要不断改善我国投资环境，以保持利用外资的稳定性。外资相对于本国资本由于会面临更大的风险、更高的成本和更多其他影响投资的因素，因而对投资环境更为敏感。我国要持续不断优化投资环境，以吸引

更多国外投资。要从给予超国民待遇来吸引外资,逐步转向以不断改善竞争环境为主导来吸引外资。随着我国总体经济实力不断增强,市场容量越来越大,技术水平越来越高,投资环境不断得到优化,我国利用外资的规模将会进一步扩大。

其次,要保持利用外资政策的连续性。我国国内经济发展条件,以及其他方面条件的变化,对于利用外资政策会产生一定的影响。但从总体上看,我国改革开放的大政方针不会改变,继续积极利用外资的政策不会变化。这些,要通过具体的政策法规予以体现,从而使利用外资的政策具有连续性,能够保持利用外资的规模和结构基本稳定,从而不会对生产性服务业和制造业的耦合发展造成过大的冲击。

2. 提高预判能力,降低利用外资的波动

由于世界政治和经济形势日趋复杂,加之技术变动也不断加快,因此,对于外资的流动性会形成更多的外部冲击,进而会影响到我国外资的利用。因此,我国应该加强对世界经济发展规律的研究,尤其针对影响对外投资的因素建立风险预警机制,提高对于风险的预判能力和应对风险的处理能力,从而能够有效降低利用外资的波动,以及一旦因外部条件变化导致了波动能够降低因此而带来的负面影响。

3. 提升自身能力,掌握自我发展主动权

大量利用外资,一方面在投资于制造业的同时,能够带来先进的技术和管理,促进了我国制造业的创新。另一方面,近年来,我国服务业利用外资的规模不断扩大,增长速度加快,促进了我国现代服务业,尤其是生产性服务业的发展。因此,利用外资有利于我国生产性服务业和制造业的耦合发展。但在外资持续大量引入的过程中,也容易造成对外资的依赖,恶劣的情况下会陷入“比较优势陷阱”,使自我技术创新能力弱化,既不利于制造业升级为先进制造业,也不利于现代服务业发展。

因此,在利用外资的过程中,要通过干中学,不断提升我国制造业的自主创新能力,将国外企业先进的管理经验融入我国国内。同时,要把国外发展生产性服务业的先进理念与互联网应用在我国速度快、范围广、越来越深入的优势结合起来,推动我国生产性服务业快速发展。

只有不断提升自身能力,才能够使我国产业步入自主可持续发展的良性发展轨道,进而使我国生产性服务业和制造业的耦合发展得以顺利进行。

（三）正视现实，有效缓解价值链高低冲突带来的冲击

我国作为世界上最大的发展中国家，随着经济实力的不断提升、技术水平的日益提高，尤其是生产性服务业发展水平的提高和结构的改善，在全球价值链中的地位不断向微笑曲线两端延伸，从而不可避免地与原先处于价值链两端的发达国家发生摩擦和冲突。其结果，一定是发达国家以各种借口对我国的对外贸易和投资等行为加以限制，从而对我国生产性服务业与制造业的耦合发展产生负面影响。

如前所述，我们已就如何应对贸易摩擦与贸易保护主义新趋势提出了一些建议。除此之外，我们也应该正视我国在产业价值链攀升过程中与发达国家形成的摩擦，并采取积极有效的措施予以化解与缓解，从而为我国生产性服务业与制造业耦合发展创造良好的发展环境。

1. 把摩擦当作发展的常见条件之一

经济发展过程当中会存在各种问题、困难，也会存在摩擦。我国经济发展到现阶段，在产业价值链中的地位在不断改善，与其他国家发生各种类型的摩擦属于常见现象，今后还将长期存在，因此，我们要在积极应对的同时，调整好心态，将其作为今后发展的正常条件之一，并纳入产业发展应该考虑的因素之一。

随着今后我国在价值链攀升中取得的成就越来越多，这种摩擦也会更为频繁，我们积累的化解方法也会越来越丰富，因而就不会对我国生产性服务业和制造业耦合发展带来过度的冲击，反而会内化为二者耦合发展的重要因素之一。

2. 积极化解产业链攀升过程中的风险

我国产业链攀升，具体表现为劳动密集型产业所占的比重会下降，技术密集型、知识密集型的产业所占的比重会上升，产业结构会产生剧烈的变动。在产业结构调整过程中，由于存在与发达国家之间的摩擦和冲突，会使产业结构调整难以顺利进行，从而引发各种问题，因此，需要采取有效的方式予以处理。

产业结构调整带来的主要问题是就业结构问题。生产性服务业和先进制造业需要更多高层次人才才能够很好地耦合发展，而人才的来源无非就是外引和内培两个主要渠道。当我国与发达国家发生摩擦和存在冲突时，这两个渠道都会受到影响，因此，我们应该有完善的高端人才培养与引进的替代方案，以避免高层次人才不足从而给生产性服务业和制造业耦合发展带来较大冲击。另一方面，劳动密集型产业的收缩会导致就业压力，进而引发多种问题，因此，也要有多种途径来积极应对。

产业结构调整，还会带来由于比较优势变化，劳动力成本上升，引发劳动密集型产业转移。产业转移过程中，要防止产业空心化，以避免先进制造业失去发展的根基，从而从根本上动摇生产性服务业与制造业耦合发展的基础。

另外，我们要防止出现"中等收入陷阱"导致的产业发展停滞不前，尤其是制造业创新能力下降不能推动先进制造业发展，也不能推动生产性服务业出现，从而使我国生产性服务业与制造业耦合发展严重受阻。

3. 提升自我攀升能力，抢占价值链高端

我国与发达国家之间因价值链所处位置不同，当我国不断采取各种措施和手段积极努力改善现状时，就会引发摩擦和冲突。这种摩擦和冲突，是价值链垂直差异造成的摩擦和冲突。

未来，我国经过长期努力，争取在价值链中所处的位置日益接近发达国家所处的高端，甚至居于最高端。此时，我国与其他发达国家依然会存在摩擦和冲突，只不过此时是处于价值链同一高度的水平摩擦和冲突，而同时，也会与其他发展中国家存在价值链垂直差异造成的摩擦和冲突，因此，情况会更为复杂。但经历过艰难发展过程之后，我国处理类似情况的能力也会得到大幅度提升，因而，生产性服务业和制造业的耦合发展，将会在更高水平上稳步进行。

本章参考文献

[1] 张婷婷. 中国生产性服务业与制造业协调发展研究 [J]. 湖北第二师范学院学报,2017,34(3):67-70.

[2] 肖恋川. 金融科技创新风险视野下技术创新风险研究 [D]. 大连：东北财经大学,2019.

[3] 吴永忠：论技术创新的不确定性 [J]. 自然辩证法研究，2002(6)：37-39,48.

[4] 叶立国：科学技术的四种不确定性及其风险规避路径：基于约纳斯"责任伦理"的考察 [J]. 中国石油大学学报（社会科学版），2018(4)：78-82.

[5] 原毅军,耿殿贺,张乙明. 技术关联下生产性服务业与制造业的研发博弈 [J]. 中国工业经济,2007(11)：80-87.

[6] 隆艳平. 人力资本与生产性服务业集聚的互动关系研究 [J]. 物流工程与管理,2017,39(3)：120-122.

[7] 张竹青. 我国生产性服务业和装备制造业融合发展探究 [J]. 辽宁经济职业技术学院学报,2018(6)：10-12.

[8] 罗富碧,范波,孟卫东. 高新技术企业股权激励下的研发投资不足演化博弈分析 [J]. 现代管理科学,2015(7)：28-30.

[9] 廖洁. 我国现代服务业发展路径思考 [J]. 现代营销（下旬刊）,2019（7）：97-98.

[10] 江波,李江帆. 生产性服务业的多维考量与困境摆脱 [J]. 改革,2016(10)：84-95.

[11] 朱梦瑶,许继清. 国内生产性服务业空间集聚研究述评 [J]. 中外建筑,2020(11)：75-77.

[12] 梅诗晔,刘林青. 技术密集型制造业经济复杂性：国际比较及影响因素 [J]. 工业技术经济,2018,37(11)：112-119.

[13] 万东华,余芳东,原鹏飞,等. 我国货物贸易的发展、不足与挑

战 [J]. 调研世界 ,2018(10)：3-10.

[14] 段敏芳，左爽 . 我国制造业国际竞争力比较研究 [J]. 中南民族大学学报 (人文社会科学版),2019,39(2)：107-111.

[15] 李奕 . 全球价值链分工下大国贸易冲突的影响及对策 [J]. 商业经济研究 ,2018(11)：140-143.

[16] 郁夏，朱华银 . 浅谈我国产业结构中存在的问题及调整思路 [J]. 现代营销 (下旬刊),2020(1)：4-5.

[17] 段敏芳，左爽 . 我国制造业国际竞争力比较研究 [J]. 中南民族大学学报 (人文社会科学版),2019,39(2)：107-111.

[18] 我国制造业亟待探索转型升级新路径 [J]. 现代制造技术与装备 ,2018(8)：3.

[19] 刘佳斌，王厚双 . 我国装备制造业突破全球价值链 "低端锁定" 研究：基于智能制造视角 [J]. 技术经济与管理研究 ,2018(1)：113-117.

[20] 吕越 . 破解全球价值链下 "低端锁定" 困局 [N]. 中国社会科学报 ,2019-09-18(4).

[21] 张雨，戴翔，张二震 . 要素分工下贸易保护效应与中美贸易摩擦的长期应对 [J]. 南京社会科学 ,2020(3)：48-53，70.

[22] 李金霞 . 中美贸易摩擦的原因分析及影响探讨 [J]. 现代营销 (下旬刊),2020(3)：4-5.

[23] 韩鹏，陈德棉，张黎 . 跨国公司对中国本地企业知识溢出模型分析 [J]. 科学管理研究 ,2004(4)：78-81.

[24] 林欣，李春顶 . 中国利用外资 70 年：回顾、现状及展望 [J]. 国际贸易 ,2019(10)：4-10，18.

[25] 唐翠仙 . 管理咨询的机会和作用研究 [J]. 中国高新科技 ,2018(14)：107-111.

[26] 李奕 . 全球价值链分工下大国贸易冲突的影响及对策 [J]. 商业经济研究 ,2018(11)：140-143.

[27] 邬金 . 网络信息产业对我国制造业国际分工地位的影响探究 [J]. 财富时代 ,2019(12)：112.

[28] 孙亚君 . 全球价值链视角下国际贸易摩擦对我国的影响研究 [J]. 商业经济研究 ,2019(4)：142-145.

[29] 郑建明,杨策,王万军.我国在全球价值链重构中面临的挑战和机遇:基于中美贸易摩擦视角 [J]. 国际贸易,2020(9):31-37,75.

[30] 国务院关于印发《中国制造 2025》的通知 [J]. 中华人民共和国国务院公报,2015(16):10-26.

[31] 科技部印发现代服务业科技发展"十二五"专项规划 [J]. 中国科技产业,2012(3):56.

[32] 杨洪博.结构调整中我们如何生存和发展:《国务院关于加快发展生产性服务业促进产业结构调整升级的指导意见》解读 [J]. 农业机械,2014(15):48,50,52,54.

[33] 李海燕.加快发展现代服务业新业态新模式研究 [J]. 经济管理文摘,2020(9):23-24.

[34] 刘斌.上海生产性服务业集聚区发展对策研究 [J]. 华东经济管理,2012,26(1):1-3.

[35] 张佩,赵作权.世界级先进制造业集群竞争力提升机制及启示:以德国工业 4.0 旗舰集群为例 [J]. 区域经济评论,2020(5):131-139.

[36] 中国人民大学宏观经济分析与预测课题组,张杰.进入创新和产业融合发展关键期的中国经济 [J]. 经济理论与经济管理,2017(12):5-22.

[37] 邹运龙.关于培育壮大先进制造业的粗浅思考 [J]. 产业创新研究,2020(6):46-47.

[38] 罗明.信息通信技术应用与生产性服务业的创新发展 [J]. 中国新通信,2019,21(22):14.

[39] 叶新良.推动先进制造业与现代服务业深度融合 [J]. 宁波通讯,2020(5):49-50.

[40] 常敏,黎晓春,张乐才.新时代我国高新区全面推进产业国际化发展问题研究:以杭州滨江高新区为例 [J]. 甘肃理论学刊,2018(1):100-107.

后 记

　　本书是 2019 年天津市哲学社会科学规划重点项目"产业结构软化、生产性服务业与先进制造业的耦合机制研究"的成果。

　　课题的研究和本书的撰写过程，正是新冠肺炎疫情肆虐时期，这也给课题研究任务的完成和本书的撰写带来了诸多困难。感谢课题组全体成员在特殊时期同舟共济，在付出更多艰辛的情况下完成了课题研究。

　　感谢课题组成员的辛勤努力，天津商业大学经济学院李颖博士、孙云鹏博士以及本人的学生天津商业大学产业经济学 2017 级硕士研究生杨敏、徐勤凤发表的相关学术论文，为课题的完成提供了支撑。天津商业大学经济学院产业经济学 2019 级硕士研究生陈思嘉、袁君、张峰伟、周玉歌，世界经济 2019 级研究生丁智元，国际商务 2019 级专业硕士研究生齐畅、王一妃、刘甜、龙明佳等同学参与了文献资料的收集及数据处理等工作。

　　本书的写作思路、主要学术观点和撰写、统稿、修改等工作由本人负责。本书撰写过程中，引用了大量前人的学术成果，在此表达深深的感谢和崇高的敬意。

　　由于本人学识和能力的限制，本书还存在诸多不足，例如生产性服务业和先进制造业耦合对区域经济影响的实证分析、生产性服务业与先进制造业耦合的发达国家经验借鉴、生产性服务业竞争力指标体系的构建等方面，仍需进一步完善。另外，由于生产性服务业和先进制造业耦合问题涉及诸多领域，本书仅仅从其中一个方面进行研究和分析，管中窥豹、挂一漏万在所难免。

　　上述问题和不足，有待本人在不断学习中予以完善，亦祈请方家斧正。

2021 年 5 月于天津